公共关系实务

陈　雅　丁　旻　陆青霜　主　编

陈　佳　孙亚军　李泽玲　副主编

清華大學出版社

北　京

内容简介

本书深入贯彻教育部关于加强与改进教材建设的系列意见和要求，打破学科体系、知识本位的束缚，以行业标准、职业标准、教学标准为引领，根据企业岗位规范与任职要求，提炼公共关系的主要工作任务，并以公关工作基本流程为逻辑主线，将不同模块的任务串联起来，任务之间既各自独立，又内在关联。在纸质教材之外配以在线精品课程、数字化教学资源等，是一本可以线上线下结合使用、具有“活页式”特点的立体化新形态教材。

全书分六大模块，共21个任务，基本覆盖公共关系工作的主要内容。每个任务包含案例导入、相关知识、课堂分析与讨论、任务实训、内容小结、课后自测、课外拓展等内容，配合课程标准、微课视频、案例库、习题库、活动库、试题库等线上数字资源，便于教师采用以学生为中心的混合式教学、翻转式课堂等创新教学模式，可操作性强。本书结构合理、逻辑清晰，语言表述流畅、生动，简明易懂。

本书可作为高等院校文秘专业、人力资源管理、行政管理、市场营销、电子商务、物流管理、国际贸易、商务英语、旅游管理等相关专业学生学习公共关系实务课程的教材，也可供在职人员培训、学习或参考。

图书在版编目(CIP)数据

公共关系实务 / 陈雅，丁旻，陆青霜主编. —北京：清华大学出版社，2022.1(2025.1 重印)

ISBN 978-7-302-59637-0

I. ①公… II. ①陈… ②丁… ③陆… III. ①公共关系学－高等学校－教材 IV. ①C912.31

中国版本图书馆 CIP 数据核字(2021)第 248757 号

责任编辑： 王　定
封面设计： 周晓亮
版式设计： 思创景点
责任校对： 马遥遥
责任印制： 沈　露

出版发行： 清华大学出版社
网　　址：https://www.tup.com.cn，https://www.wqxuetang.com
地　　址：北京清华大学学研大厦 A 座　　邮　　编：100084
社 总 机：010-83470000　　邮　　购：010-62786544
投稿与读者服务：010-62776969, c-service@tup.tsinghua.edu.cn
质 量 反 馈：010-62772015, zhiliang@tup.tsinghua.edu.cn
课 件 下 载：https://www.tup.com.cn，010-62794504

印 装 者： 大厂回族自治县彩虹印刷有限公司
经　　销： 全国新华书店
开　　本： 185mm×260mm　　**印　　张：** 19　　**字　　数：** 474 千字
版　　次： 2022 年 1 月第 1 版　　**印　　次：** 2025 年 1 月第 3 次印刷
定　　价： 59.80 元

产品编号：095655-01

前言

公共关系是社会组织通过活动策划、信息传播等方式，建立良好公众关系与塑造良好组织形象的综合性管理职能。公共关系学是研究公共关系活动规律的应用性学科。国际关系变幻加剧、中国“一带一路”倡议、后疫情时代等政治、经济、环境因素的变化，使公共关系学科的意义更加重要，信息传播技术的不断发展也对公共关系工作提出全新的要求。本书反映公共关系领域最新的理论成果与发展趋势，提炼最新的行业企业案例，创设最新的公共关系任务情境，以训练学生实际能力为主导，设计有效的实训方式，为社会培养适应时代需要的高技能应用型公共关系人才。

本书深入贯彻教育部关于加强与改进教材建设的系列意见和要求，在内容设计上，打破学科体系、知识本位的束缚，以行业标准、职业标准、教学标准为引领，根据企业岗位规范与任职要求，提炼公共关系的主要工作任务，并以公关工作基本流程为逻辑主线，将不同模块的任务串联起来，任务之间既各自独立，又内在关联。本书主要特点如下。

(1) 内容充分体现职业特点与岗位能力要求。本书编者通过调研各类型组织公共关系岗位的工作内容，了解人才市场上公共关系相关岗位的工作职责与任职资格，概括并提炼了公共关系工作的主要任务。本书针对各任务，分析相应的能力点与知识点，不仅提供最基本的理论相关知识，还通过案例导入、课堂分析与讨论、任务实训、内容小结、课后自测、课外拓展等内容，激发学生自主探索的兴趣，可以帮助学生锻炼技能，建构知识体系。

(2) 整体设计上采用模块化、任务式结构框架。全书分六大模块，模块一、模块二奠定公共关系实务所需的理论与技能基础，其余模块根据工作内在逻辑进行排列，每个模块细分为不同的任务，全书共 21 个任务，基本覆盖公共关系工作的主要内容。本书内容覆盖面广，任课教师可根据实际需要，自由地选择、排列、组合，体现了新型“活页式”教材可灵活配置的典型特点。

(3) 具体编写体例力争创新实用。每个任务包含任务描述、目标与成果、案例导入、相关知识、课堂讨论、任务实训、课后自测、课外拓展等板块，配合课程标准、微课视频、案例库、习题库、活动库、试题库等线上数字资源，便于教师采用以学生为中心的混合式教学、翻转式课堂等创新教学模式，可操作性强。

(4) 结构合理、逻辑清晰，语言表述流畅、生动，简明易懂。

本书由湖州职业技术学院陈雅教授任第一主编，负责提出编写纲要，并承担任务一～三、五、六、十三、十四、十六、十八、二十一等10个任务的编写以及统稿工作；扬州职业大学丁旻副教授任第二主编，承担任务四、十九、二十等 3 个任务的编写；浙江经贸职业技术学院陆青霜老师任第三主编，承担任务七～十等 4 个任务的编写。浙江建设职业技术学院陈佳担任副主编负责任务十一、任务十二的编写，湖州职业技术学院孙亚军担任副主编负责任务十五的编写，李泽玲担任副主编负责任务十七的编写。

本书免费提供教学大纲、电子教案、多媒体课件、习题参考答案，读者可扫二维码获取。

教学大纲　　电子教案　　多媒体课件　　习题参考答案

本书编写过程中参阅和吸收了大量相关论著、论文的研究成果，参考和引用了众多公关案例，在此谨向相关作者致以深深的敬意和由衷的感谢！

改革之路在探索中行进，本书尚存许多不足，恳请大家批评指正，对本书提出宝贵的意见和建议。

陈　雅

2021 年 10 月

目录

模块一　公共关系基础理论

模块二 公共关系基本技能

模块三 组织形象塑造与传播

模块四　公众关系维护与发展

模块六　公共关系危机预防与管理

模块一　公共关系基础理论

任务一　公共关系概述

【任务描述】

1. 用自己的语言描述什么是公共关系。
2. 搜集公共关系案例，说明公共关系的基本原则。

【目标与成果】

能力目标	知识目标	课程思政
1. 能准确描述什么是公共关系； 2. 能运用公共关系基本原则分析具体公关案例	1. 掌握公共关系的定义、基本特征、基本原则； 2. 了解公共关系发展简史	1. 明确公共关系的本质是推进社会和谐发展与文明进步； 2. 明确诚实守信是公共关系的基本原则
学习成果	1. 体现公共关系基本原则的案例； 2. 公共关系学习个人计划	

一、案例导入

案例一　幽默公关

钉钉的幽默公关

钉钉智能移动办公平台被教育部选中作为给小学生上网课的平台，苦于网课的小学生们把钉钉当成“出气筒”，当知道 App 的评分低于一星就会被下架后，小学生们集体出征，以“此生无悔入钉钉，分期付款给五星”为理由，疯狂给钉钉打一星，希望能将钉钉“喷”下架。

面对这些新增的年轻用户，钉钉采用了“求饶”的方式，表示“我只是一个五岁的孩子，却加班到脱发”“大家都是我爸爸”，用卖萌、可爱、可怜的形象，成功提升了品牌在年轻人中的好感度。

随后钉钉更是乘胜追击，推出了《甩钉歌》《你钉起来真好听》等一系列 B 站风格的视频，建构起品牌与 B 站的强关联度，成为 B 站网红，获得广大年轻人的喜爱，品牌知名度和影响力有了非常显著的提升。

幽默是一种智慧，自黑是当代人表达幽默的常见方式。当遇到尴尬的事情，自我调侃一下，彼此一笑而过，可以将尴尬轻松化解。在品牌公关中，自黑更不失为一种好方法。用好自黑艺术，不仅可以提升用户好感，扭转口碑，还可以反客为主，掌控舆论风向。

(资料来源：https://www.pinlue.com/article/2020/03/0122/319963095029.html)

思考：钉钉通过哪些努力逆风翻盘？这些努力体现了公共关系的什么特点？

案例二　野影计划

2020“福特汽车环保奖”野生动植物保护短视频评选计划

2020 年，新冠肺炎疫情让野生动植物成为中国公众关注的热点话题，野生动植物的非法利用对公共健康的威胁，让公众切实认识到野生动植物保护的迫切性和重要性。虽然环保公益组织、学术机构和媒体在疫情后紧急开展了科普，但普通公众依然缺乏直观、全面了解中国野生动植物现状的渠道，片面地了解反而会对野生动植物保护产生负面影响。

为了帮助公众正确了解野生动植物及生物多样性的价值，展示环保领域的保护实践和成果，“福特汽车环保奖”在进入中国 20 周年之际，携手快手、野性中国、阿拉善 SEE 基金会共同推出野生动植物保护短视频评选计划(以下简称“野影计划”)，通过短视频全面展示国内野生动植物的现状及保护工作的成果。

“野影计划”面向环保机构与公众全面征集野生动植物相关视频，并对优秀作品进行奖励，希望以此增强公众对于野生动植物保护的认识与参与度，同时提升专业保护组织的公众倡导能力，扩大它们的发声舞台。

在快手平台上，“野影计划”以#野生生物在这里#与#野生生物守护者#两个话题，向专业环保机构征集一手的野生动植物珍贵影像和投身物种保护的人及其故事。同时，以#神奇动物在这里#为主话题面向公众征集野生动植物保护相关原创短视频。还邀请 KOL(关键意见领袖)拍摄主题视频，内容包括：以野生动物保护为主题的创意剧情作品；分享自己拍摄过的野生动物或与野生动物相处的经历，如救助野生动物等；宠物和野生动物同框，模仿野生动物的动作。“野影计划”还采用直播的方式，邀请专家介绍野生动植物的有趣知识、保护野生动植物的难忘经历。

“野影计划”通过与快手的合作，成功实现了野生动植物保护与公众传播的完美融合，通过邀请 100 余位专业人士上传近千部短视频作品，让许多珍贵的影像获得了大范围传播；而公众板块的参与与专家直播，又增加了公众获取野生动植物保护内容的渠道。通过人气评选和专家评审，最终共 32 部视频作品获得奖励。

福特中国始终致力打造“更美好的世界”，“福特汽车环保奖”进入中国 20 年来，一直努力通过各种创新的形式与手段，让尽可能多的公众参与到公益项目中，而“野影计划”便是福特中国践行此愿景的一次全新且成功的尝试。

(资料来源：https://www.sohu.com/a/412629301_363248)

思考：福特中国开展“野影计划”具有什么公共关系意义？

二、相关知识

知识点一　公共关系的定义

“公共关系”一词译自英文 public relations，public 意为大众的、公众的、公共的，relations 指多种关系，public relations 意思就是与各种公众的公开的、公共的关系，所以公共关系也可称为公众关系，简称公关(PR)。

什么是公共关系呢？有几种代表性观点可以帮助我们更好地把握公共关系的定义，如表 1-1 所示。

表 1-1　公共关系的定义及来源

公共关系的定义	来源
公共关系是一种管理功能，是通过优良的品格和负责的行为来影响公众舆论的有计划的努力，它建立在双方满意的双向交流的基础上	美国公共关系学者卡特·李普、阿伦·森特
公共关系旨在传递有关个人、公司、政府机构或者其他组织的信息，包括改善公众对其态度的种种政策或行为	《大英百科全书》
公共关系是一门分析趋势、预测后果、向领导人提供意见、履行一连串有计划的行为，是服务于本机构和公众利益的艺术与社会科学	1978 年，墨西哥世界公共关系协会大会
公共关系是内求团结、外求发展、树立形象、推销自己的艺术	通俗概括
公共关系是社会组织用传播手段使自己与公众相互了解、相互适应的一种活动或职能	
公共关系是“人和”的学问	
公共关系 90%靠自己做得好，10%靠宣传	

本书在公共关系领域现有研究的基础上，对公共关系做出相对简洁而有概括力的定义：公共关系是社会组织或公众人物，遵循一定的原则和方法，运用有效的传播、沟通手段，树立良好形象，谋求公众的了解与认同，从而获得共同利益的一种经营管理艺术。

知识点二　公共关系的基本特征

(1) 公共关系的工作对象是公众。公众是公共关系工作的对象、客体，一切工作均应围绕公众而展开，组织必须坚持着眼于自己的公众，才能生存和发展。

(2) 公共关系的最终目标是塑造良好形象。组织通过各种公共关系活动，有效提高知名度，塑造、维护良好形象，提高美誉度，为自己创造良好的发展环境。

(3) 公共关系的基本手段是传播与沟通。一方面，组织通过各种信息传播方式，将各方面信息传播给公众，使公众认识、了解自己；另一方面，组织还应加强与公众的沟通和交流，及时、全面地收集公众信息以调整、改善自我，赢得公众的好感。

(4) 公共关系的基本态度是真诚互惠。公共关系活动中，社会组织应坚持真实的传播、善意的协调，使公众获得需求的满足、利益的实现。社会组织应与公众保持友好、坦诚、平等、互惠的交往，才能真正赢得公众的信任、支持与合作。

(5) 公共关系以长远发展为基本方针。良好的公共关系状态不是一朝一夕能够建立的，不可能一劳永逸，公共关系要着眼于长远利益，通过有计划的、持久不断的艰苦努力，对公共关系进行维护、调整和发展，是一项长期的战略性任务。

知识点三　公共关系的基本原则

1. 诚实守信原则

诚信是现代公共关系的灵魂。诚实守信原则要求公共关系做到以下几点。

(1) 不传播虚假信息。信息传播是公共关系的重要职能，包括组织内信息沟通、外部信息对内输入和内部信息对外输出，无论哪一种走向的信息，都必须保证信息本身的真实性。所传递信息的真实性受到怀疑，信誉就会遭受破坏，公共关系效果也会受到影响。

(2) 不隐瞒、不歪曲真相。在公共关系运作过程中，要保持组织信息的公开透明，如果刻意掩盖真相、隐瞒事实，只会增加公众的主观臆断，增加误解与谣传。当组织有问题过失时，更要及时公开事实真相，及时处理问题并改进，才能让公众看到组织的真诚，重获公众的谅解与信任。

(3) 信守承诺，绝不言而无信。一个组织正常运行，对内、对外都要有自己的制度、责任与承诺，做出的承诺一定要兑现，绝不失信于公众。能否信守承诺是衡量个人或组织信誉度的标准。

2. 平等互利原则

平等互利原则指组织在公共关系活动中，公众的利益与组织的利益处于同等重要地位，要谋求互利互惠。实际上，任何组织都希望实现组织利益最大化，但一味追求自身利益，则可能损害公共利益与社会利益。所以公共关系特别强调公众利益优先，以公众为本，把能否满足公众利益作为衡量公关效果的重要尺度。有时为了满足公众的合理需求，可能要求组织对眼前利益做出必要的“牺牲”，但从长远来说，这是对组织生存环境的维护，属于组织的公共关系投资，是形象建设的要求。在不违反法律和道德的前提下，让别人先得益，最后对自己也有利，最终实现互利互惠。

3. 双向沟通原则

传播与沟通是公共关系工作的主要内容。组织在信息传播以及与公众沟通的过程中，容易出现偏重信息单向输出的问题。双向沟通原则是指组织一方面应策划对外传播，迅速、有效地将组织各方面信息传播给公众，使公众认识、了解自己；另一方面又要及时、全面地收集公众信息以调整、改善自我，使组织与公众在共享信息、互动交流的基础上增进理解与合作。也就是说，组织不仅要对外宣传自己的价值观念、产品信息，同时还要注意公众的信息反馈，注意公众对组织的需求与评价，通过各种传播平台，加强与公众的双向沟通，亲近与公众的关系，使组织形象更加温暖与丰满。

4. 不断创新原则

公共关系活动是用来协调组织与社会环境关系的动态性社会活动，社会环境以前所未有的速度不断变化，组织自身条件、发展目标以及面临的问题同样在发生变化，这就要求组织通过不断的创新去解决新环境中的新问题。同时，公共关系活动的客体——公众，具有求新、求异、求变的心理需求，为了满足公众的心理需求，公共关系活动策划要永远保持新意，不断推出新的思路、新的形式、新的方法和手段。盲目效仿、简单照搬是没有竞争力的，因循守旧、故步自封是没有出路的，要持有“不断以新的内容和形式的优化组合来改进公关工作”的创新意识，善于别出心裁，与众不同。公关的生命在于创新。

5. 长期努力原则

与公众建立良好的关系，获得良好的声誉，绝非一日之功所能奏效，公共关系不是单个的公关活动，不是单个的项目任务，也不是某一具体的工作目标，它是一个长期的、有计划的、周密的、全面的系统性工程，每一次具体的公关活动都只能看成通往长远目标的一个阶梯。公共关系需要从长远着想，日积月累，长期不懈。要知道建立声誉不易，失去声誉却很容易，有可能“为山九仞，功亏一篑”。已有良好形象与声誉的组织也不能麻痹、懈怠，对良好的公众关系要注意加以维护、巩固和发展；而形象不好的组织也不能奢望通过少量的努力在较短的时间内获得改观。公共关系是一项循序渐进的、需要长期努力的工作。

6. 全员公关原则

全员公关指社会组织公关工作需要组织各部门和全体人员的参与与配合，需要全体成员都具有较强的公关意识，上下齐心，整体协调，合力搞好公关工作，而不仅是依靠公关机构或公关部门中的公关人员。组织形象是通过组织所有人员的集体行为表现出来的，是组织内个人形象的总和，每一个成员与外界发生联系时，其个人形象直接体现组织的整体形象和风貌，直接影响公众对组织的印象与评价，所以，组织成员对内工作时，要坚守职责，为公众提供高质量的产品或服务，对公众负责，对社会负责；对外交往时，必须注意自己的形象，维护与推广组织的形象。全员公关还要求组织的公关工作要有整体性和协调性，把公关作为一个系统，统一思想，严密配合，协同一致，形成整体效应。

知识点四　公共关系的历史与发展

真正意义上的公共关系，其产生需要三大条件：一是民主化的社会政治生活。在独裁、专制、缺乏民主观念的封建政体之下，不可能产生以诚实守信、平等互利为基础的公共关系。二是高度发展的商品经济。社会分工与协作日益深化，人们需要更加自觉、主动地沟通，人与人之间、组织与组织之间需要全方位地协调与合作，相互支持，这为公共关系的产生提供了现实的土壤。三是现代传播技术的发展。现代化的传播手段使世界范围内大规模的信息传播、沟通与交流成为可能，为公共关系的产生和发展提供了必要的技术保障。

现代意义的公共关系用语第一次出现在美国铁路协会 1897 年出版的《铁路年鉴》上，也意味着现代公共关系首先产生于这个时期的美国，因为美国当时的政治、经济、科技、文化环境最先具备了公共关系产生的主要条件。

1. 公共关系发展的几个阶段

现代公共关系发展的典型阶段如表 1-2 所示。

表 1-2　现代公共关系发展的典型阶段

阶段	时期	特点	代表人物
“凡宣传皆好事”阶段	美国 19 世纪中叶	编造新闻，虚构故事，无视公众的利益，不择手段追求宣传效果，该阶段又称“公众被愚弄的时期”和“单向吹嘘式公共关系时期”	报刊代理人、马戏团团长费尼斯·巴纳姆
“说真话”阶段	美国 19 世纪末	“公众应被告知”，要说真话。以公众的需求为出发点，以讲真话、讲实情获得公众的信任，重视公众利益	新闻界人士艾维·李
“投公众之所好”阶段	美国 20 世纪上中叶	以公众态度为出发点，以公众为中心，了解公众的喜好，掌握公众对组织的期待与要求，在此基础上再进行组织的宣传工作；建立系统、科学的公共关系理论；《公众舆论》出版	公共关系顾问爱德华·伯尼斯
“双向对称”阶段	20 世纪 50 年代以来	公共关系实践活动与理论研究进入了全新发展期；1955 年 5 月，国际公共关系协会在伦敦成立；改变传统信息的单向传递模式，强调“双向沟通、双向平衡、公众参与”；《有效公共关系》出版	美国学者斯科特·卡特李普、阿伦·森特

2. 公共关系在中国的发展

在我国，现代公共关系诞生于以思想解放、改革开放和现代化为主题的 20 世纪 80 年代初期，其主要发展阶段如表 1-3 所示。

表 1-3　公共关系在中国的发展阶段

阶段	时期	特点	代表事件
引进萌芽期	20 世纪 80 年代初	一些三资企业建立公共关系部，开展公关活动，迎来第一个公关启蒙的热潮。社会上，公关培训班、函授班、讲习班、讲座大量出现，常常“人满为患”	第一家公关公司、公共关系协会成立，第一本公共关系专著出版，第一份专业性报纸、杂志创刊，第一个公关专业开设
脱轨滑落期	20 世纪 80 年代末	公关学人探索公关的功能价值、策略方法、人才培养，而大众对公关存在庸俗化误解，公关被等同于接待、交际、礼仪、搞关系等，声誉急转直下	公关行业出现的“拉关系”“走后门”“有偿新闻”等现象
自律自救期	20 世纪 90 年代初	明确了公关的价值理想是“致力于社会主体的相遇、沟通、合作，促进对话者之间互蒙其惠，建立信任和认同，并增益共同体利益和公共精神”。市场培育替代观念启蒙成为中国公关界的首要任务	出现“点子热”“谋略热”“CI 热”汇流成的“策划热”，开启新一轮“公关潮”
成型确立期	20 世纪 90 年代中后期	要素基本齐备、业务模式初步成型的中国公关市场得以培育和建立，公关在职业化、产业化、理论化和“化理论为德性”等领域皆有所作为和创造	1997 年 11 月成立中国公共关系职业审定委员会，“公关员”名称列入《中国职业大典》

21 世纪以来，中国取得巨大经济成就，步入社会转型期和攻坚克难阶段。当前，我们面对的是一个风险社会，一个消费文化泛滥的时代，一个新媒体时代，一个全球化加速发展的时代，公共关系成为政府、企业和其他社会组织的基本管理手段，公共关系开始参与到一些重大公共决策和标志性历史事件中。消费文化与新媒体技术分别突显了公关的形塑与对话功能，公关在市场经济中日趋活跃。全球化也推动了国家公关、软实力建设和公共外交的发展。这一切加上公关行业自身的职业化和专业化，共同构成了 21 世纪以来中国公关事业的发展主题。业精于勤，德贵日新，公共关系的价值最终得到了市场的承认，公关公司国内外并购、上市，中国公关行业营业额逐年递增。据中国国际公关协会统计，2000 年中国公关行业营业总额大约 15 亿元，2010 年达到 210 亿元，2020 年增长到了 688.7 亿元。

3. 公共关系未来发展趋势

伴随改革开放的脚步，中国公共关系行业的服务领域更加广泛和深入，行业发展前景广阔，但也面临着更多挑战。

(1) 公关行业分化、行业整合趋势明显。伴随激烈的市场竞争和行业的跨界融合，一部分公关公司通过合作与兼并，做大做强，成为服务领域广泛、跨界整合明显、国际化不断加强的综合性公司；另一部分公关公司则专注于深耕某一垂直领域，成为针对性很强的专业性服务公司。

(2) 科技与营销手段助力公关。科技水平不断发展，科技与公关的融合让公关公司成功转型。在新媒体时代，运用互联网技术，通过社会化媒体干预信息流，构建关系网，开展精准传播和公众互动；通过线上服务、直播带货等多种营销手段拓展业务，提升客户满意度。科技日新月异，如何更好地利用科技服务公关，是一个长期的课题。

(3) 突发公共事件突显危机公关作用。世界范围内的突发公共事件频繁发生，这些事件涉及范围广，波及行业多，影响较大，甚至必须通过国际沟通对话、全人类通力合作来加以解决，这让公共关系危机管理职能备受关注。政府部门对公共关系越来越重视，相关机构购买公关服务的趋势开始显现，提升了公关行业的社会影响和社会地位。如何在新媒体时代进行危机公关，提供历史性事件的公关服务，取得良好的传播效果，对公关从业者提出了更高的要求。

(4) 公关全球化趋势深入推进。随着中国企业布局的全球化，中资客户在海外的业务增多，市场对公关公司的专业化、规范化、国际化提出了更高的要求。公关行业在面临更多机遇的同时，如何利用自身优势，通过创新手段，帮助中国企业走出去并讲好中国故事，成为一大挑战。

此外，世界经济全球化的发展和新经济体的兴起，将促使新的公关领域形成，公关手段与公关技巧更加丰富多彩，市场对公关人才的需求更加迫切，各级各类学校与培训机构将加大对公关人才的培养力度，各行各业会更加重视公共关系教育，公共关系行业的人才竞争也将更加激烈，公关人才市场逐渐形成，公共关系作为一种智力产业，专业化智力劳动的价值将得到前所未有的尊重。

三、课堂分析与讨论

(一) 案例分析

茶颜悦色跨城购买之后

2020 年 4 月，有网友表示，武汉某个小区团购长沙茶颜悦色的产品，因为长途跋涉影响了口感，用户感到消费体验不符合期待值。看到相关的网络舆论后，茶颜悦色及时发长文做出了回应，呼吁消费者停止跨城购买，表示茶颜悦色一向不鼓励外带，因为外带的口感和现喝完全没法比。同时，茶颜悦色还表示，已经团购的消费者可以保留截图凭证，当茶颜悦色的门店开到武汉后，通过凭证可以到门店换取小礼品，来弥补糟糕的消费体验。

（资料来源：https://baijiahao.baidu.com/s?id=1671544001534201735&wfr=spider&for=pc）

分析：茶颜悦色的处理方式体现了公共关系的什么原则？

参考分析	你的分析
茶颜悦色及时回应，完全不回避跨城购买会影响口感这一事实，体现出对产品质量的把控。同时，茶颜悦色也没有完全把锅甩给消费者，表示是自己没有考虑到跨城团购的情况，还提出了补救方案。这些处理方式体现了公共关系诚实守信、平等互利和双向沟通的原则	

(二) 观点讨论

【观点讨论 1-1】讨论公共关系和广告的区别。

参考观点	你的观点
广告主要向消费者介绍企业产品的品质、价格及服务特色；公共关系活动则针对整个企业的形象和信誉。 广告传播通过提高信息的刺激强度与重复率，变换信息的对比度和新鲜度，刺激消费者产生购买的欲望和行为，允许采用夸张手法；而公共关系遵循的是“以事实为根据”的传播原则。 此外，两者在传播范围、手段、周期、传播效果以及在企业中的地位等方面均有不同	

【观点讨论 1-2】讨论公共关系和市场营销的区别。

参考观点	你的观点
对象范围不同，市场营销主要面向消费者，公共关系的公众除消费者之外，还有政府公众、社区公众、内部公众等。 任务不同，市场营销的主要任务是销售商品与服务，公共关系的任务是协调组织与公众的关系，塑造良好的组织形象。 着眼点不同，市场营销着眼于组织的经济效益，公共关系除着眼于经济效益之外还需注重组织的社会效益	

四、任务实训

实训一　“公共关系”大家说

【实训目的】真正理解什么是公共关系，并能够用自己的语言准确表述。

【实训步骤】

(1) 4～5 人为一组，全班同学分成若干小组；

(2) 以小组为单位，每人用一句话说明什么是公共关系；

(3) 以小组为单位，每人说出 1～2 件在生活中观察到的公共关系活动；

(4) 每组派代表在全班做总结发言。

【实训要求】说明“什么是公共关系”，要求语句及内容完整，表述清楚；实训步骤(3)中，要求经过讨论，明确所列举的活动具有公共关系性质，属于公关活动；小组代表做总结发言时，应对小组活动情况做真实的概括，要有较强的总结性。

【实训评价】

评价指标	自我评价	小组评价	教师评价
参与度			
完整性			
准确性			
成效性			

实训二　公共关系案例采集

【实训目的】通过采集公共关系案例，加强对公共关系本质特点与公共关系基本原则的理解。

【实训步骤】

(1) 4～5 人为一组，全班同学分成若干小组；

(2) 小组中，每人通过网络采集至少一个公共关系案例；

(3) 以小组为单位，讨论所采集案例蕴含的公共关系特点与基本原则；

(4) 每组派代表在全班做总结发言；

(5) 将优秀案例提交到网络学习平台上。

【实训要求】采集到典型的公共关系案例，能够联系相关知识，分析案例体现的公共关系特点与基本原则。

【实训评价】

评价指标	自我评价	小组评价	教师评价
参与度			
完整性			
准确性			
成效性			

五、内容小结

任务一主要介绍了公共关系的定义、基本特征、基本原则、历史与发展，如图 1-1 所示。

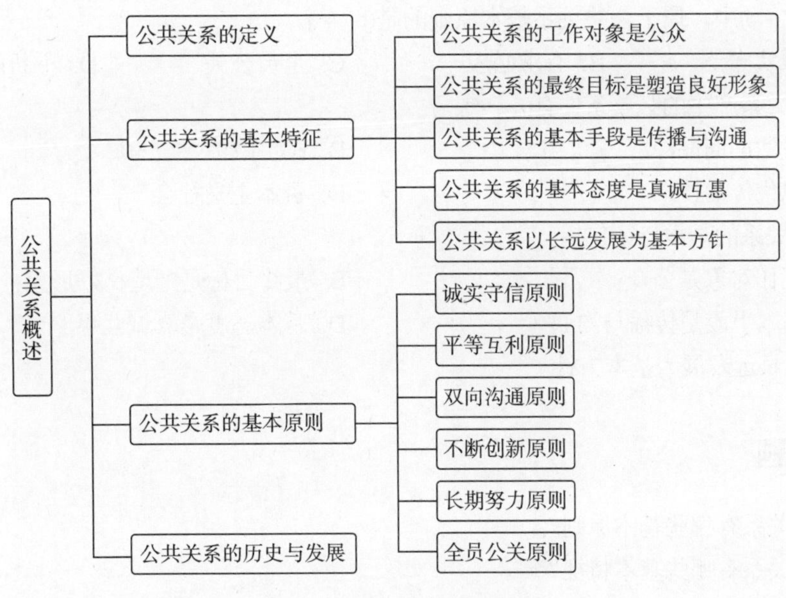

图 1-1　任务一知识点结构图

六、课后自测

(一) 判断题

1. 巴纳姆是“双向对称”阶段的代表人物。 ( )
2. 有了发达的商品经济，足以产生发达的公共关系。 ( )
3. 诚实守信是公共关系的基本原则，所以绝不能对公众撒谎，即便是善意的谎言。 ( )
4. 公共关系是一门综合性的应用学科，而不是一门专门性的理论学科。 ( )
5. 一个精彩、有力的公关活动可以在公众中为组织建立稳定、长远的良好形象。 ( )
6. 最早提出“公众应被告知”，应“以公众的需求为出发点，以讲真话、讲实情获得公众的信任，重视公众利益”的是艾维·李。 ( )

(二) 选择题

1. 公共关系又可称为( )。

A. 公众关系　B. 人际关系　C. 人群关系　D. 社区关系

2. “公共关系”一词译自英文( )。

A. public relations　B. public relation

C. publication relations　D. publication relation

3. 以下各项中，属于公共关系基本原则的是( )。

A. 诚实守信　B. 有求必应　C. 全员公关　D. 不断创新

4. 公共关系产生的必要条件有( )。

A. 发达的商品经济　B. 民主政治

C. 现代传播技术　D. 资本主义社会

5. 公共关系的基本特征包括( )。

A. 工作对象是公众　B. 最终目标是塑造良好形象

C. 基本手段是传播与沟通　D. 基本态度是真诚互惠

E. 以长远发展为基本方针

(三) 简答题

1. 公共关系有哪些基本原则？
2. 公共关系有哪些基本特征？
3. 现代公共关系经过了哪几个发展时期，它们的特点分别是什么？
4. 为什么说公共关系需要长期、不断地努力？

七、课外拓展

(一) 拓展阅读

现代公共关系之父

艾维·李曾任《纽约时报》等几家报纸杂志的记者和编辑。1903年，他在纽约开办了第一家宣传事务顾问所，成为向顾客提供劳务而收取费用的第一个职业公共关系人。艾维·李把他的“讲真话”新思想付诸实践，在处理煤矿工人罢工事件和宾夕尼亚公司主干线的严重事故等多个事件中平息了工人怒潮，改变了企业形象，收到前所未有的效果。艾维·李为改善企业的公共关系和人事关系付出的持久努力，被人们看成现代公共关系的里程碑；他开设的公共关系事务所，被认为是现代公共关系实业的起点；他坚持以诚待人，重视坦白的舆论，揭示了现代公共关系的特征及奥秘。他采用的许多公共关系技巧和方法一直沿用至今，为现代公共关系实务奠定了基础。因此，艾维·李被学术界誉为“现代公共关系之父”。

(二) 推荐阅读

《中国公共关系史》，余明阳、薛可编著，上海交通大学出版社出版。该书采用历史和逻辑相结合的研究方法，全面论述了从1978年中国公共关系萌芽到2018年在新时代下蓬勃发展的中国公共关系理论与实践40年的发展历程。全书分为11章，一方面，从历史学的研究角度，主要论述了中国公共关系从萌芽到繁荣发展各阶段的特点、风格、走势、构架；另一方面，从系统论的研究视角，结合公共关系理论在改革开放、商业应用、公关教育、形象传播等维度的主要内容，具体探讨了公共关系理论、公共关系实务、公共关系教育、公共关系管理、公共关系传播和国际交流等不同层面的发展历程，系统展示了中国公共关系的发展成果。

(三) 课外实践

通过网络或实地调研一家企业的公共关系工作，了解该企业公关工作的部门所属、岗位设置、主要工作内容以及典型公共关系案例。

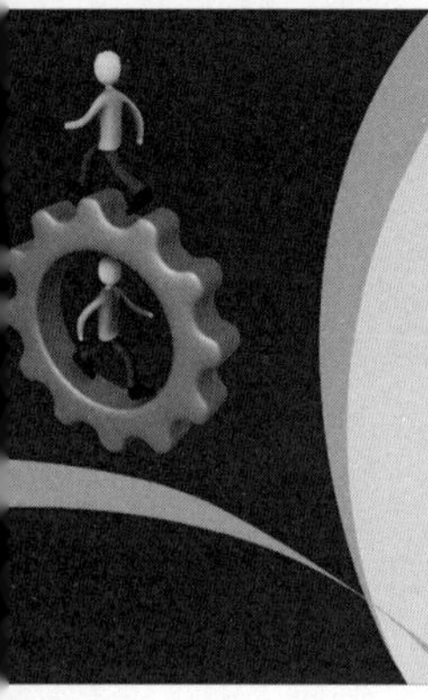

任务二 公共关系的构成要素

【任务描述】

1. 对某公司的公共关系主体进行具体分析。
2. 对某公司的公众类型进行具体分析。
3. 对某公司使用的公共关系传播方式进行具体分析。

【目标与成果】

能力目标	知识目标	课程思政
1. 能对具体组织的公共关系主体进行具体分析; 2. 能对具体组织的公众类型进行具体分析; 3. 能对具体组织的公共关系传播方式进行具体分析	1. 掌握公共关系的基本构成要素; 2. 掌握公共关系的主体、公众类型和特点; 3. 掌握公共关系的主要传播方式	1. 分析公共关系主体时，明确科学性与专业精神; 2. 分析公众类型时，明确公众利益优先; 3. 分析公共关系传播方式时，强调社会效益
学习成果	某公司公共关系构成要素(主体、公众类型、传播方式)内容列表	

一、案例导入

中青旅联科创意打造“治愈爱情渐冻人”冬季营销活动

有一种病叫作渐冻症，得病的人身体像被冻结一样，慢慢丧失行动能力。有的爱情，也像得了渐冻症，原本相爱的两个人在岁月中被消磨得幸福感渐逝。

针对“爱情渐冻症”这一现象，中青旅联科携手新疆维吾尔自治区文化和旅游厅，以寻找爱情灵药为切入点，通过梳理新疆冬季旅游资源元素，为恋人们打造了一条治愈系爱情主题线路，并通过线上、线下整合的创意包装，增强新疆与目标客群的情感沟通，用有创意的玩法和新颖的内容打动消费者。

1. 用心洞察，我们都是“爱情渐冻人”

纵观当下，旅游目的地产品种类繁多，如何才能脱颖而出？通过对消费群体的画像分析，我们发现，“80 后”“90 后”是冬季旅游的核心客群。他们是移动互联网时代的见证者和受益者，也是热衷于尝鲜的一群人。和他们聊旅游，爱情是不错的切入点。

通过对当下都市年轻人情感状态的调查，我们创造性地提出“爱情渐冻症”这一概念，并通过街头采访、H5 测试等形式，使得更多人意识到这一问题。#治愈爱情渐冻人#微博话题持续发酵，引发年轻人的讨论和参与，通过对这一话题的深度讨论进一步锁定核心用户群。

“爱情渐冻指数”测试 H5，通过系列问题测试分出六类对应人物性格，有针对性地推荐新疆 6 个目的地和 6 种冰雪玩法。

同期，我们联合去哪儿攻略，开设#爱情渐冻人#专题招募页面，征集达人实地体验产品线路。获选的达人们不仅产出了丰富的图文、游记、攻略、视频等内容，还通过自有渠道将喜悦的心情和精彩的经历分享给大家，进一步激发了人们对新疆旅游的向往。

2. 用心制作，场景式短片引共鸣

在此阶段，如何基于整个社会对#爱情渐冻人#的讨论热度，唤起更多用户对情感的重视与思考，使用户对新疆建立更强烈的认知度及喜好度？

我们决定，讲一个故事。

很多情侣都认为，两个人在一起时间久了，最重要，同时也最难做到的事情是：仍然对对方保持兴趣。

真的很难，毕竟已经那么熟悉了；又真的很重要，不然两个人该怎么走下去？

“双十二”前夕，一支爱情短片在腾讯、爱奇艺、优酷、秒拍等平台同步上线。影片讲述患有“爱情渐冻症”的都市情侣因一次美丽的误会来到新疆，在旅途中情感得到治愈的故事。不足 5 分钟的短片高度还原了现实生活中的情感状态，揭开观众潜意识里对生活、对美好情感的坚持与热爱。

所谓新鲜感，不是和未知的人一起去做同样的事情，而是和已知的人一起去体验未知的人生。广袤而神秘的新疆，是 166 万平方公里的可能，通过陌生环境的对冲和旅途中的奇遇，关于爱情，在这里你将得到启示与答案。

据不完全统计，短片已覆盖近 5000 万用户，实现 600 万人次的有效观看，并在社交端引发热议。大量暖心评论证明其真正地走进用户心底，越来越多的人意识到，去新疆旅游不仅仅是一种休闲方式，更是情感的承载，“1314，畅享极致爱情”旅游线路的认知度与好感度均被刷新。

李奥•贝纳曾说过，好广告不仅能传达讯息，还能以信心和希望，穿透大众心灵。《治愈爱情渐冻症》的创意短片让观众再一次看到爱情真正的样子，借由短片的场景式代入，也将新疆冬季极致的冰雪美景牢牢扎根于消费者心中。

3. 用心落地，借力“双十二”打造营销闭环

除推出《治愈爱情渐冻人》爱情短片外，我们精准把握“双十二”购物狂欢节热潮，将“1314，畅享极致爱情”主题线路在去哪儿网、遨游网等 OTA 平台上线售卖。

12 月底，活动线下分享会落地西直门西西弗书店。三对情侣嘉宾分享了自己与新疆的有趣故事，通过现身说法，让更多人对新疆产生浓厚兴趣。同时，去哪儿网攻略推出此次活动专题回顾界面，将新疆冬季旅行亮点、出行建议、酒店推荐、游记攻略进行梳理和盘点，及时沉淀目标用户。

本次“1314，畅享极致爱情”营销分为预热期、引爆期、高潮期、收官期四大阶段逐步推进，联合以去哪儿网、遨游网为代表的OTA平台，以腾讯、爱奇艺、优酷为代表的视频平台，以思想聚焦为代表的知名KOL，以西西弗书店为代表的线下连锁渠道，以网易为代表的战略合作媒体矩阵等，通过创意H5、产品专题、街访视频、微电影、分享会、深度报道等形式，采用多平台、多形式的营销手段，增强了新疆与目标客群的情感沟通，将单一的产品售卖转化为一场“有温度”的营销活动。

据不完全统计，本次活动传播覆盖人群超1.5亿，实现了约10%的用户参与转化率。

(资料来源：http://blog.sina.cn/dpool/blog/s/blog_87a6e9390102yjc4.html)

思考：试分析本案例中涉及的公共关系主体与公众类型，并分析案例中使用了哪些公共关系传播方式？

二、相关知识

知识点一　公共关系的基本构成要素

公共关系是社会组织或个人通过传播媒介与公众之间形成信息传递和反馈，从而影响公众的心理与行为的过程。由此可以得出公共关系的三个基本构成要素：公共关系主体(社会组织、公共关系机构、公共关系协会和公共关系人员)、公共关系客体(公众)和公共关系中介(传播媒介)。

知识点二　公共关系主体

1. 社会组织

社会组织是指人们为了特定的社会需要和利益目标，按照一定的宗旨、结构、制度与职能建立起来的从事一定社会活动的共同体。

社会组织可以按照本身性质划分为政治组织、经济组织、群众组织和文化组织等，又可根据自身特点和功能划分为营利性组织与非营利性组织。而从公共关系应用程度的角度，社会组织可以分为以下几类。

(1) 企业组织。企业组织主要是指在经济领域中进行物质资料生产的营利性组织，是独立运作的经济实体。公共关系在企业组织中运用得最多，也最为充分；而企业组织在公共关系中受益最大，也最为突出。

(2) 商业服务业组织。商业服务业组织是以销售商品或提供劳务服务来满足顾客需求的经营实体，如商场商店、批发代理商、酒店、旅行社等。这类组织的公共关系尤其强调优质服务、客户至上和沟通协调。

(3) 政府组织。政府组织指国家行政机构，包括政党、各级政府、立法机关、司法机关、军队等。政府组织通过有效的公共关系管理，争取广大公众的信任与支持，有利于形成稳定、和谐的政治局面。

(4) 事业单位与社会团体。事业单位指由政府设立的满足社会某种需要的专门机构，如学校、医院、图书馆等。社会团体指为实现某种社会理想而自愿结成的一些非营利性组织，如专业学术团体和宗教团体等。

任何社会组织生存于复杂的社会环境之中，必须设法创造有利的环境来实现组织的目标。公共关系通过公众关系协调，改善与提高组织形象，可以为组织创造良好的生存与发展环境。

2. 公共关系机构

社会组织的公共关系通常通过一定的公共关系机构来实施，所以公共关系机构是组织公共关系的实施主体，包括社会组织内部设立的公共关系部门和社会上独立的专业公共关系公司。

(1) 公共关系部门。公共关系部门是社会组织内部专门设立的、负责处理本组织公共关系事务的部门，是组织为开展公共关系活动而配备的、由专业公共关系人员组成的专业职能机构，是组织的重要职能部门。不同的组织，所设置的公共关系部门的名称可能不同，如公共关系部、公共事务部、公共信息部、公共广告部、对外关系部、社区关系部、市场推广部等。

(2) 公共关系公司。公共关系公司是公共关系咨询公司、公共关系顾问公司、公共关系事务所、公共关系服务公司等独立的公共关系服务机构的统称。公共关系公司由职业公共关系专家和各类公关专业人员组成，是专门为社会组织提供公共关系劳务和公共关系业务咨询的专业性机构。2021 中国公关公司排名 TOP20 如图 2-1 所示。

2021中国公关公司排名TOP20

CHINA'S TOP 20 PUBLIC RELATIONS COMPANIES LIST 2021

排名	公关公司	城市	综合评分	口碑等级
1	奥美公关	上海	98.03	10星
2	蓝色光标	北京	97.01	10星
3	索象传播	杭州	96.68	10星
4	爱德曼	北京	96.23	10星
5	博雅公关	广州	96.04	10星
6	万博宣伟	上海	95.59	10星
7	伟达公关	北京	95.21	10星
8	罗德公关	北京	94.39	10星
9	宣亚国际	北京	94.32	10星
10	无限公关	上海	94.28	10星
11	明思力	北京	92.01	9星
12	科达股份	上海	91.39	9星
13	迪思传媒	北京	90.05	8星
14	海天网联	北京	89.56	8星
15	时空视点	北京	85.48	9星
16	灵狐科技	北京	81.23	8星
17	众引传播	上海	80.45	8星
18	君信品牌	北京	80.02	8星
19	蓝色方略	北京	79.79	8星
20	品牌联盟	北京	76.85	8星

图 2-1　2021 中国公关公司排名 TOP20　(来源：公共关系网)

3. 公共关系协会

公共关系协会是从事公关理论研究和实务活动的协调性服务机构，其主要目的是促进公共关系事业的发展，明晰公共关系的职业标准，开展各种教育推广、信息交流和专业研究活动，成为公共关系从业人员意见交流和学习提高的平台。主要的公共关系协会有中国公共关系协会、国际公共关系协会、泛太平洋公共关系联盟、欧洲公共关系联盟等，我国各省、市及地区也都有各自的公共关系协会。

4. 公共关系人员

公共关系人员即从事公共关系职业的专职人员或相关人员，专门或兼职从事组织机构公众信息传播、关系协调与形象管理事务的调查、策划和实施，是公共关系职能的实际承担者和执行者。公共关系作为一个具有高度综合性、边缘性和交叉性的科学，对公关人员的素质提出了较高的综合性的要求。从事公关工作的人员应该具备全面的素质，有公共关系意识，有自信、热情、开放的职业心理，同时具备公共关系知识结构和能力结构。

知识点三　公共关系客体

1. 公众的含义

公众是公共关系的客体，是与特定的公共关系主体相互联系、相互作用的个人、群体或组织的总和，是公共关系传播沟通的对象。因为公众是公共关系的工作对象，所以公共关系又称公众关系。

2. 公众的特点

(1) 同质性。公众面对社会组织带来的影响，相互之间存在某种内在的共同点，如共同的需要、共同的利益、共同的目的，公众的行为、态度也具有比较一致的倾向。

(2) 整体性。公众不是分散的个体，而会形成与某一组织运行有关的整体公众环境，这个整体公众环境是指组织运行过程中必须面对的公众关系和公众舆论的总和。公关工作中如果只注意其中某一类公众，而忽略其他公众，就可能影响整体公众环境。

(3) 相关性。公众的意见、观点、态度和行动对组织具有潜在的影响力和制约力，甚至决定组织的成败；同样，该组织的目标、行为对公众也具有实际或潜在的影响力和作用力，制约公众利益的实现、需求的满足以及问题的解决。

(4) 可变性。任何社会组织面临的公众，其性质、形式、数量、范围等均会随着主体条件及客观环境的变化而变化，组织需要以动态、发展的眼光来认识公众，并在公共关系手段和方法上做出相应的变化与调整。

(5) 多样性。公众的存在形式复杂多样，不同的公众需要不同的沟通方式和传播渠道。公众的需求层次与隶属关系也存在多样性，开展公关活动前需要对公众做微观的具体分析。

3. 公众的类型

(1) 横向分类。根据公众与社会组织的关系，可以将公众分为内部公众和外部公众。

① 内部公众，指组织内部全体成员，包括员工、股东、董事会、顾问、员工家属等。内部公众既是内部公关的对象，又是外部公关的主体，是与组织自身相关性最强的一类公众。

② 外部公众，指社会组织外部的、与组织的活动有关联的公众，如企业的客户、原料供应商、产品经销商、政府部门、同行企业、新闻界、社区邻居等。外部公众主要有以下几类。

- 消费者公众，指购买、使用本组织提供的产品或服务的个人、团体或组织。消费者是与组织具有直接利益关系的外部公众，是组织传播与沟通的重要目标对象，对组织的发展有重要作用。
- 政府公众，指与组织有关的政府行政机构及其官员和工作人员，包括工商、人事、财政、税务、市政、治安、法院、海关、环保、卫检等政府职能部门及其工作人员。政府公众是所有传播与沟通对象中最具权威性的对象。
- 媒介公众，指新闻传播机构及其工作人员，如报社、杂志社、网站、广播电台、电视台及其编辑、记者、自媒体等。媒介公众是组织与广大公众沟通的重要中介，新闻界人士又是需要特别争取的公众对象，这决定了媒介关系是传播性质最强、公共关系操作意义最大的公共关系，媒介公众被称为对外传播的首要公众，是公共关系工作对象中最敏感、最重要的一部分。
- 社区公众，指组织所在地的区域关系对象，包括当地的权力管理部门、地方团体组织、居民百姓等。社区关系亦称区域关系、地方关系、睦邻关系。社区是一个组织赖以生存和发展的基本环境，与组织在空间上紧密地联系在一块，难以分离，具有“准自家人”的特点。
- 同业公众，包括同行业的竞争者和业务伙伴，业务伙伴包括供应商和经销商等。

(2) 纵向分类。根据公众的发展过程，可以将公众分为非公众、潜在公众、知晓公众和行动公众。

① 非公众，指在组织的影响范围中，不受组织各项行为的影响也不对组织产生任何作用的公众。组织认清自己的非公众，有利于有针对性地开展工作，减少浪费。

② 潜在公众，指已受组织的目标和行为影响而自身尚未意识到这种影响的公众。潜在公众在一定时期内，至少在意识到他们面临的问题之前，不会采取行动，他们对组织的影响力只是潜在的。在公关工作中，需要及早发现潜在公众，密切注意他们的态度和意向，积极进行有效沟通，使公共关系良性发展。

③ 知晓公众，知晓公众由潜在公众发展而来，他们已经意识到与社会组织有关的问题的存在，急切地想了解更多信息。组织应当刻不容缓地与知晓公众进行沟通，主动控制舆论，促使这类公众对组织产生信赖感，使形势向积极的方向转化。

④ 行动公众，行动公众由知晓公众发展而来，指对组织的影响已做出反应，并且准备采取行动和正在采取行动的公众。社会组织应制定高超的公关预案，保持与行动公众的良好关系。危机事件中要注意将公众利益置于首位，紧急采用危机公关以寻求问题的解决。

(3) 按态度分类。根据公众对社会组织的态度，可以将公众分为顺意公众、逆意公众和独立公众。

① 顺意公众，指对社会组织的制度、行为、形象、文化等各方面给予支持、肯定甚至赞扬的公众。组织对这类公众应注意关系的维持与加强。

② 逆意公众，指对社会组织的制度、行为、形象、文化等持否定或反对态度的公众。组织应积极、努力地做好这类公众的态度转化工作。

③ 独立公众，指因对社会组织的制度、行为、形象、文化等各方面情况不了解、不理解而态度不明朗或持中间态度的公众。组织对这类公众应注意进行多方沟通。

(4) 按重要程度分类。根据公众对于社会组织的重要程度，可以将公众分为首要公众和次要公众。

① 首要公众，指对组织的生存发展与形象塑造有重要影响力的公众。对这类公众，社会组织需要投入更多的关注和精力，把他们作为工作重点，努力维持和改善与他们的关系。

② 次要公众，指对组织的生存发展与形象塑造有一定影响力，但不起主要作用的公众。对这类公众，社会组织投入相对较少，但也不应忽视，因为首要公众数量不一定多，而次要公众是比较多的。

知识点四　公共关系中介

公共关系中介即传媒媒介。

1. 传播的含义

传播是个人、组织、社会之间通过有意义的符号进行信息传递、交流和反馈等行为的过程。传播是人类社会生活的基本手段，传递感情、交流意见、沟通思想、调节行为等，传播行为无处不在，无时不在，帮助人们建立社会联系，结成一个有机的整体，去从事生产或其他社会活动。

传播的一般过程如图 2-2 所示。

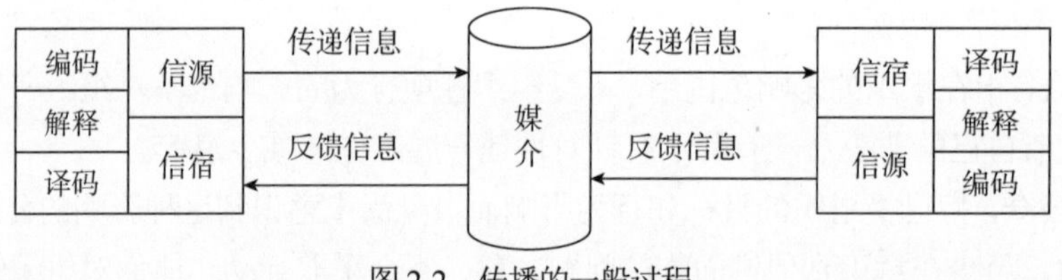

图 2-2　传播的一般过程

信源是信息的发出者，是具有传播需求的团体和个人。信宿是接收信息并发生反应的群体和个人，也就是传播对象。编码是把需要传播的内容编成可以传递的语言和非语言符号的过程。译码是传播对象对接收到的符号进行诠释、理解的过程。媒介是信息传播过程中所应用的中介物。反馈是指信息接收者将自身的反应传递给信息发送者，使发送者据此调整自己的传播行为。

2. 传播的类型

按照传播的范围进行分类，可以把传播分为以下几种类型。

(1) 人内传播，也叫自身传播、内向传播，是人的一种内向交流，传播的双方集于一身，是指个人接收外部信息并在人体内进行信息处理的活动。

(2) 人际传播，又叫人际沟通，指个体与个体之间的信息沟通与交流。人际传播可分为面对面传播和非面对面传播，非面对面传播即通过中介进行的传播，是最常见、最广泛的一种传播方式。

(3) 组织传播，指组织按照一定的目标、制度和纪律进行的对内部成员和对外部环境的信息传播。

(4) 大众传播，指通过大众传播媒介对广泛的受众进行的传播活动。

3. 公共关系传播的含义

公关关系传播是指组织利用各种媒介，有计划、有一定规模地向公众传递信息的传播活动。组织通过公共关系传播，可以与公众进行双向的沟通与交流，树立组织形象，提高组织信誉，增进与公众的感情联络，消除矛盾与隔阂，还可以通过公共关系传播引导公众行为，增进合作共赢。

公共关系传播在时空与内容形式上均须受组织目标、制度规范的制约，强调传播内容的客观真实性、传播渠道的多样性、传播方式的策略性与传播活动的高效性。

4. 公共关系传播的主要媒介

(1) 言语媒介，指个人在传播中使用的信息传播媒介，包括口头语言、书面语言，以及静态语、体态语、副语言等非语言形式。

(2) 印刷媒介，指以印刷为物质基础，以文字、图像等平面视觉符号作为信息载体的传播媒介，包括报纸、杂志、图书、传单、图片和招贴等。

(3) 电子媒介，指运用电子技术和电气设备，以电波的形式来发送和接收声音、文字、图像的传播媒介，主要有广播、电视、电影、录音录像、互联网等。

(4) 实物媒介。以赋予了组织的各种观念、信息的实物为载体进行传播，这样的实物便成为媒介，如公司产品、公司礼品、象征物、模型等。

公共关系人员要根据不同的公关目标、公众特点、传播内容、时间条件等，选择相应的传播媒介进行有效传播。

三、课堂分析与讨论

(一) 案例分析

3·15 晚会曝光某小区精装修住房漏水

2020 年的 3·15 晚会曝光 W 集团旗下的某小区精装修住房出现了大面积漏水问题，最先收房的 201 户中，竟有 146 户出现漏水情况。

早在 2018 年 11 月，小区业主验房时发现，新房在楼上做蓄水试验时，楼下卫生间秒变“水帘洞”，甚至有业主发现从灯里漏水的情况，安全隐患极大。

同年 12 月，W 集团回应称施工标准符合国家规范要求，公司采用的鸿力整体卫浴体系可以不做防水层，排水管穿楼板孔洞可以不做封堵。

广州鸿力公司的工程师查看现场后表示，卫生间漏水与主管道没封堵好有很大关系。W 集团工程师也表示，出现漏水的原因是二次排水系统瘫痪。

直到2019年3月，开发商才给出解决方案——协同鸿力公司在湿区墙板和底盘连接处增加不高于7cm高的不锈钢踢脚线，并在卫生间增加建筑防水层。

2019年6月，一些业主入住后又发现排污管破裂的情况，而且渗漏出来的是排粪水，臭味刺鼻，一栋楼中有十几户人家出现类似问题。

（资料来源：https://baijiahao.baidu.com/s?id=1672381466543532814&wfr=spider&for=pc）

分析：分析以上案例中的纵向公众，其中哪些是非公众？哪些是潜在公众、知晓公众和行动公众？

参考分析	你的分析
非公众：没有购买，将来也不可能购买W集团房产的公众。 潜在公众：可能购买W集团房产的公众，尚未发现房子漏水等问题的某小区业主。 知晓公众：发现了房子漏水等问题的某小区业主。 行动公众：发现房子漏水等问题后开展问题传播、投诉等行动的某小区业主	

（二）观点讨论

【观点讨论2-1】讨论公众与人民、群众、人群等的区别。

参考观点	你的观点
人民、群众、人群与公众有内在联系，他们永远是构成公众的源泉，因此受到各类社会组织的广泛关注。但他们与公众又有本质上的区别，当它们与公共关系主体毫无联系时，就不是公众，就不能进入公共关系的范畴	

【观点讨论2-2】讨论公共关系部门与公共关系公司在公关业务上的优势与劣势。

参考观点	你的观点
公共关系部门对本组织内部情况更为了解，能提供及时的公关服务，有利于保持公关工作的连续性和稳定性，成本较低。但可能导致组织负担过重，影响正常工作的进行，也较难以做到客观、公正，另外总花费可能更多。 公共关系公司技术全面、专业性强、职业水准较高；观察、分析问题比较客观；社会关系广泛，信息比较灵通；反应灵敏，适应性强，机动性强。但是与客户的关系较疏远；工作缺乏连续性，持久性差；运作成本较高	

四、任务实训

实训一　某公司公共关系构成要素分析

【实训目的】通过运用相关知识点分析具体公司的公共关系构成各要素，加强知识理解，提升实际能力。

【实训步骤】

(1) 4～6 人为一组，全班同学分成若干小组；

(2) 以小组为单位，选定一家公司，对该公司进行全面调查；

(3) 分析该公司公关主体、公众类型和使用过的公共关系传播方式，列出内容清单；

(4) 每组派代表在全班做总结发言。

【实训要求】小组成员积极参与，团队合作；调查切实，清单内容全面、明晰、准确。

【实训评价】

评价指标	自我评价	小组评价	教师评价
参与度			
完整性			
准确性			
成效性			

实训二　寻找合适的公关公司

【实训目的】通过实训，对当前的公关公司有更多的了解，能为组织的公关活动找到合适的公关公司承办。

【实训步骤】

(1) 4～6 人为一组，全班同学分成若干小组；

(2) 以小组为单位，选定一家公司，该公司将要举行周年庆典，欲请一家公关公司对此次庆典进行策划和安排；

(3) 通过网络搜索或实地调查的方式了解公司所在地公关公司的情况；

(4) 根据公司的实际情况选择公关公司，分析选择理由；

(5) 每组派代表在全班做总结发言。

【实训要求】小组成员积极参与，团队合作；确定公司周年庆典需要达到的目标；调查切实，公关公司选择理由明确、具体。

【实训评价】

评价指标	自我评价	小组评价	教师评价
参与度			
完整性			
准确性			
成效性			

五、内容小结

任务二主要介绍了公共关系的构成要素，如图 2-3 所示。

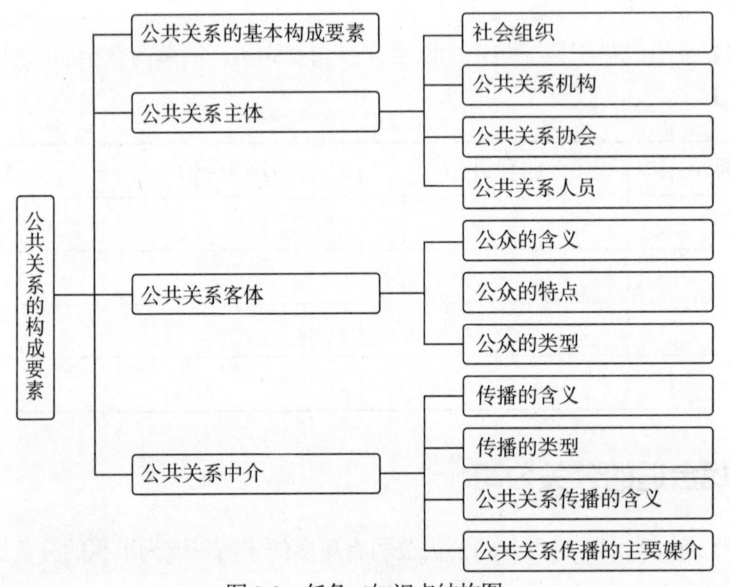

图 2-3 任务二知识点结构图

六、课后自测

(一) 判断题

1. 公众就是围绕在组织周围的群众。 ( )

2. 社会组织可根据本身特点和功能划分为营利性组织与非营利性组织。社会团体是营利性组织。 ( )

3. 公共关系在企业组织中运用得最多，也最为充分；而企业组织在公共关系中受益最大，也最为突出。 ( )

4. 社区关系也称区域关系、地方关系、睦邻关系。 (　)
5. 政府关系是社会组织可以回避的一种关系。 (　)
6. 产品供应商、经销商属于组织的同业公众。 (　)
7. 公共关系协会是由民间人士组成的营利性组织。 (　)

(二) 选择题

1. 公共关系的三个基本要素是指(　　)。
   A. 公共关系主体　　B. 公共关系人员
   C. 公共关系客体　　D. 公共关系中介
2. 公共关系主体包括(　　)。
   A. 社会组织　　B. 公共关系机构
   C. 公共关系协会　　D. 公共关系人员
3. 按照传播的范围的不同，可以把传播分为(　　)。
   A. 人际传播　　B. 组织传播
   C. 人内传播　　D. 大众传播
4. 公众的同质性是指(　　)。
   A. 同类公众　　B. 同一时期
   C. 共同爱好　　D. 面临共同问题
5. 公众的变化性是因为公众(　　)。
   A. 性质会发生变化　　B. 形式会发生变化
   C. 数量会发生变化　　D. 范围会发生变化
6. 将公众分为顺意公众、逆意公众、边缘公众，这种分类法是(　　)。
   A. 将公众进行横向分类　　B. 按公众不同发展阶段划分
   C. 按公众对组织的重要程度划分　　D. 按公众对组织的态度划分
7. 将公众分为非公众、潜在公众、知晓公众和行动公众，这种分类法是(　　)。
   A. 将公众进行横向分类　　B. 按公众不同发展阶段划分
   C. 按公众对组织的重要程度划分　　D. 按公众对组织的态度划分

(三) 简答题

1. 什么是社会组织，社会组织有哪些主要类型？
2. 为什么要对公众进行分类？
3. 根据公众的发展过程，什么时候是开展公共关系的最佳时期？
4. 什么是公共关系传播？公共关系传播有哪些主要媒介？

七、课外拓展

(一) 拓展阅读

公共关系传播相关理论如表 2-1 所示。

表 2-1 公共关系传播相关理论

传播理论	创始人	理论要点	公共关系意义
5W 理论	(美)H. 拉斯韦尔	传播过程由 5 种基本要素构成：传播主体(who)、传播内容(what)、传播媒介(in which channel)、传播受众(to whom)、传播效果(with what effect)	公关人员在策划传播活动时，应全面分析各传播要素，针对传受双方的需要，选择合适的渠道和信息，谋取良好的传播效果
3S 理论	(美)约瑟夫·克拉帕	受众选择理论，受众在接触媒介和接受信息时有一个自我选择过程，克拉帕将过程的三种现象概括为选择性注意(selective attention)、选择性理解(selective perception)、选择性记忆(selective retention)，简称 3S	受众心理选择的三个环节构成了受众心理的三个“防卫圈”，信息如果不合乎受众的个人需要，就会被挡在圈外，凸显了受众作为信息加工主体的作用
把关人理论	(美)库尔特·卢因	群体传播中存在一些“把关人”，只有符合群体规范或“把关人”价值标准的信息内容才能进入传播的管道	与媒介方针和利益一致或相符的内容更容易入选并得到传播
两级传播模式	(美)拉扎斯菲尔德	信息传递是按照“媒介—意见领袖”和“意见领袖—受众”这种两级传播模式进行的，媒介的信息大多通过意见领袖的过滤才能影响受众，因而，人际关系的影响要比大众传媒更显著	揭示了意见领袖在传播中对公众的影响力，应该善于开展名人公关，借助名人的传播力量来强化组织的影响力
议题设置理论	(美)麦克姆斯、唐纳德·肖	大众传播只要对某些问题予以重视，为公众安排议事日程，就能影响公众舆论。传媒的新闻报道和信息活动以赋予各种议题不同程度的显著性的方式，影响人们对身边大事及其重要性的判断	在公关传播中应高度关注公众的议题和媒介的热点，并据此进行新闻策划，使组织成为公众关注的热点对象，以取得良好的传播效果

(二) 课外实践

(1) 调查了解某一社会组织中公共关系部门的工作范围。如果该社会组织中没有公共关系部门，分析其哪一部门的工作职能接近公共关系部门，并分析该部门与公共关系部门的职能有什么不同？

(2) 调查所在地市是否存在民办官助的综合性公共关系协会，并对其宗旨、机构组成和动态等进行进一步了解。

任务三 公共关系的职能和作用

【任务描述】

1. 对某公司的公共关系部门设置、职责，以及公关人员岗位责任和内容进行调查。
2. 对某公共关系公司的服务范围、服务项目、典型案例进行调查。

【目标与成果】

能力目标	知识目标	课程思政
1. 明确公共关系部门的主要职能责任; 2. 明确公共关系人员的岗位职责和任职要求	1. 掌握公共关系的基本职能、主要作用; 2. 了解公共关系部门、公共关系公司、公共关系人员的主要工作内容	1. 明确公共关系的职能和作用时，强调社会效益; 2. 明确公共关系人员职责要求时，强调创新性、学习力和职业道德
学习成果	1. 某公司的公共关系部门设置、职责，以及公关人员岗位责任和内容; 2. 某公共关系公司的服务范围、服务项目、典型案例	

一、案例导入

案例一 招聘启事

2021 年厦门国际银行总行舆情公关专员社会招聘启事

招聘岗位：总行舆情公关专员

工作地点：福建省厦门市

工作职责：

1. 开展舆情管理工作，包括舆情监测、舆情研判、舆情分析等;
2. 开展危机公关工作，包括快速响应危机事件、制定危机应对策略并开展危机公关;

3. 开展新闻宣传工作，包括新闻选题策划、新闻稿件撰写、把关媒体传播角度及内容等；

4. 开展媒体关系维护，包括与媒体及记者的日常沟通和联络，推行与媒体的合作项目，拓展优质媒体合作等；

5. 开展与宣传部门、监管部门及政府部门的沟通和联络；

6. 开展公关活动策划及实施。

任职资格：

1. 经济类、新闻传播类、公关关系类专业毕业为佳，具有3年以上官方新闻媒体或大型公关公司工作经验，有主流媒体资源者优先；

2. 熟悉新闻媒体运作模式，有出色的文字功底，具有较强的选题策划能力、新闻撰稿能力，能完成新闻稿、深度稿、微信稿等不同风格稿件的写作；

3. 对各类信息具有较强的敏感度，具有较强的分析、判断能力；

4. 有优秀的沟通能力和人际关系管理能力，喜欢与人沟通。

(资料来源：https://ah.huatu.com/2021/0125/1949187.html)

思考：分析该招聘岗位的职责内容和任职资格，主要有哪些方面的能力要求？

案例二　非法删帖被判罚

涉非法删帖，多家在京知名公关公司相关人员被判刑

日前，从荆州市沙市区人民法院获悉，多家公关公司及负责人从事非法删帖业务被判刑。

荆州市沙市区人民法院审理查明：D公关公司与A公司签订了三份百度搜索引擎优化(SEO)合同，按照合同约定，该公关公司使用删除、屏蔽、下沉等手段在百度搜索引擎上清理涉及A公司的负面信息。被告人姜某在担任D公关公司大数据中心负责人期间，为了删除A公司负面信息，通过QQ在网上找到专门从事有偿删帖业务的被告人吴某，谈好价格后，姜某将其部门搜集的相关帖文链接发给吴某进行删帖，吴某共为姜某删除、屏蔽帖文1800余条，姜某代表D公关公司向吴某支付删帖费用143万余元，D公关公司通过有偿删帖服务向A公司收取巨额费用，非法删帖经营数额为584万元，违法所得共计441万元。案发后，D公关公司退缴全部违法所得。

法院认为，被告单位D公关公司违反国家规定，以营利为目的，通过信息网络有偿提供删除信息服务，扰乱了市场秩序，情节特别严重，其行为构成非法经营罪。

D公关公司被处罚金130万元，姜某被判处有期徒刑6年9个月。

(资料来源：https://www.sohu.com/a/351739215_120214181)

思考：案例中的公共关系公司及其公关人员为何会触犯法律？

二、相关知识

知识点一　公共关系的基本职能

公共关系的基本职能是指公共关系在组织活动中所承担的主要职责和发挥的基本功能。

1. 信息采集、环境监测职能

信息采集、环境监测是公共关系的首要职能，即及时、准确地向组织提供环境变化的各种信息，并在分析、研究的基础上，对环境的变化与趋势做出科学的评价和预测，使组织与社会环境的变化保持动态平衡。需要采集、监测的信息包括与组织发展相关的社会、政治、经济、文化、科技、民情等状况和未来趋势，内部公众对组织的意见和建议，外部公众对组织行为的评价和心态变化等。

2. 咨询建议、决策参谋职能

公共关系人员需要从社会公众、组织形象和传播沟通等角度为决策管理部门提供咨询服务，还需要向决策管理部门提供可供选择的决策方案，发挥协助和参谋作用，具体内容有：为决策目标提供咨询建议；为塑造组织形象提供合理化建议；为预测公众心理及意向提供咨询；为协调组织与环境的关系制定可供选择的行动方案；协助决策者分析和权衡各种方案的利弊得失；预测组织行为将产生的社会影响及后果；敦促和提醒决策者及时修正可能会导致不良后果的政策与行动等。

3. 传播沟通、宣传推广职能

公共关系要以开放性的姿态满足公众的知情权，做好组织信息的传播工作，与公众进行双向交流，赢得公众的信任与好感。公共关系还应通过新闻制造、公共关系广告、公共关系专题活动等手段，宣传企业文化，推广产品与服务，扩大品牌影响，提升知名度和美誉度。

4. 协调关系、平衡利益职能

公共关系既要注意解决内部存在的不协调问题，增强员工对组织的认同感，创造和谐的内部环境，还要善于与外部公众打交道，了解他们对组织的要求和建议；要协调组织发展目标和公众需求之间的关系，本着真诚互惠、公平对等的原则有效化解组织与公众发生的摩擦，使双方利益得到维护，建立利益平衡下的新关系。

5. 教育培训、服务社会职能

公共关系的全员公关原则要求公共关系人员负有对组织全体人员的公共关系意识、公共关系知识和技能进行教育引导与培训提高的责任。同时，外部公众对组织的了解、认同，也需要公共关系人员进行引导和促进。另外，公众面对不断涌现的新产品及其带来的大量新知识，需要公共关系人员提供培训、科普等教育服务。公共关系还可调动组织资源，为社会大众提供文化、艺术等方面的教育与培训，服务于社会公益事业，更好地提升组织形象。

知识点二　公共关系部门的工作内容

1. 长期工作

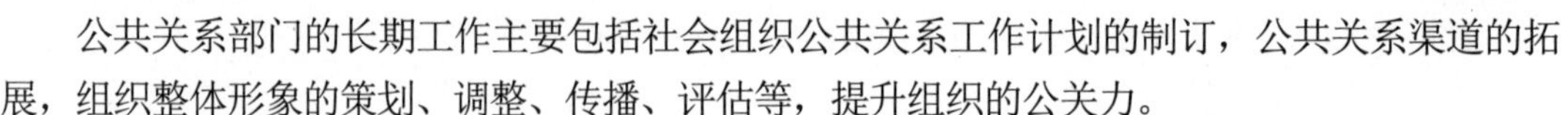

公共关系部门的长期工作主要包括社会组织公共关系工作计划的制订，公共关系渠道的拓展，组织整体形象的策划、调整、传播、评估等，提升组织的公关力。

2. 日常工作

(1) 搜集、分析与组织有关的信息、意见，监测舆情变化；
(2) 做好公众接待、咨询、答疑等公众沟通工作；
(3) 拍摄、收集图片宣传资料，撰写、审阅对外发布的媒体传播稿件；
(4) 与各种传媒公司、媒体人员保持密切联系；
(5) 设计、筹划、监制组织的各种宣传品和馈赠品；
(6) 与有业务往来的公共关系顾问公司保持联系；
(7) 了解与分析竞争对手的公共关系活动情况；
(8) 做好公司与政府主管部门的协调和沟通；
(9) 培训公共关系工作人员。

3. 定期工作

(1) 组织记者招待会，接待组织外部人员的参观与访问；
(2) 策划、出版或发布周期性内外刊物、热点文章；
(3) 参加各种管理会议、销售会议；
(4) 策划、组织、安排内部员工活动；
(5) 拟写公关计划、总结，评估公共关系工作的效果。

4. 专项活动

(1) 组织、安排大型庆典活动；
(2) 筹划、制作公共关系广告，拍摄宣传片，监测实施效果；
(3) 策划、举办展览会和新产品发布会；
(4) 策划、实施组织形象宣传活动、品牌推广活动；
(5) 安排来宾参观与访问；
(6) 安排、参加慈善公益活动、文化活动；
(7) 危机事件管理。

知识点三　公共关系公司的服务内容

公共关系公司作为专门性机构，能够为社会组织提供较高水平的、全面的公共关系服务，服务内容主要有以下几类。

1. 公共关系咨询顾问服务

有些公共关系公司的成员通常是某一工作领域的专家，如公共关系专家、新闻传播专家、社会心理分析专家、公众关系协调专家、市场分析与预测专家等，他们可为社会组织提供各种决策咨询，如组织宏观环境与微观环境的情报、具体公共关系问题的分析与诊断、公共关系活动创意及策划、组织形象的设计、公共关系政策与决策等。

2. 公共关系传播与沟通服务

公共关系公司在公共关系传播与沟通方面的主要服务项目包括：为客户建立并维护与政府、社区、媒体、KOL 等公众的关系；为客户进行信息平台信息优化、评论引导、舆论维护；为客户撰写公关文案、新闻稿、领导讲话稿、媒体采访稿件等，选择新闻媒体，举行新闻发布活动，规划品牌传播要点；为客户设计、印制宣传资料、纪念物品及统一的标识制品；为客户制作宣传片、视频等视听资料；为客户设计、制作产品广告及公共关系广告；协助客户进行软性营销，制造有利的市场气氛；等等。

3. 公共关系专项活动服务

公共关系公司在公共关系专项活动方面的主要服务项目包括：为客户组织、安排重要的社会交往活动；为客户进行市场调查；为客户进行庆典、仪式、联谊、赞助等活动、事件策划，确定活动整体调性、流程、亮点、环境等；推荐活动场地，确定布置方案，设计活动视觉效果，设计与制作活动物料；接待活动嘉宾、领导与媒体；制定与实施项目传播策略、媒体策略；组织各种会议，如信息交流会、产品展销会、洽谈会、谈判会、演讲会等，进行活动管理与后续传播；舆情监测、响应与危机管理；App 运营、推广；根据客户的具体情况提供营销、公关知识技能的专项培训服务。

知识点四　公共关系人员的职业要求

1. 公共关系人员的岗位职责要求

公关人员的岗位职责通常包括：

(1) 制订和执行组织的公关计划；

(2) 建立媒体资源库，实时管理并更新，建立、保持与媒体的良好关系；

(3) 制订传播计划，撰写和发布媒体文章，完成宣传影片、视频的拍摄等工作；

(4) 进行公司微博、微信等媒体及其他内宣平台的管理与信息推送工作；

(5) 收集影响组织形象、声誉、关系的因素和事件信息，分析后果，及时处理；

(6) 建立和维护与相关政府部门的良好关系，处理各种政府公关应急事宜；

(7) 对公司已有公众关系及资源进行关系维护，并拓展新的关系渠道；

(8) 负责各类公关活动的方案策划与实施；

(9) 建立和完善危机公关的预警与处理机制，进行危机管理；

(10) 做好公关资料、图片、录音、录像、题词等信息的收集、整理、记载、存档等工作。

2. 公共关系人员的职业素质要求

(1) 知识结构。公共关系人员的知识结构是从事公共关系活动所需具备的专业知识及相关知识构成的知识体系，应由以下三个方面组成。

① 公共关系专业知识。公共关系专业知识包括公共关系的基本概念、历史与发展、基本原则、基本职能、调查研究、案例分析、沟通与协作、活动策划与实施、效果评估、危机处理、宣传推广、专题活动等。

② 公共关系相关学科知识。公共关系人员的知识结构要求具有广博性，应涉猎多门学科，所以相关学科知识应包括哲学、社会学、经济学、心理学、文学、美学、法学等基础学科知识，广告学、传播学、管理学、新闻学、营销学、决策学、人际关系学等交叉学科知识，以及写作学、演讲学、口才学、网络技术、摄影技术、传播技术等技术学科知识。这些学科知识共同为公共关系人员提供完整的文化知识背景、丰富的知识给养，提高公共关系活动的质量和效率。

③ 行业专门知识。公共关系人员一般投身于具体的行业、产业，工作内容与所在组织专门业务密不可分。因此，公关人员必须掌握一定的本行业的专门知识，对与组织相关的国家政策、法律法规要非常了解，对本组织的基本情况如组织的发展规划、方针政策、性质特点、历史成就、企业文化、经营方式、竞争对手等要非常熟悉，还应密切关注组织的发展变革和环境变化，不断学习行业的新知识，善于在知识构成上更新迭代。

(2) 能力要素，包括以下方面。

① 组织管理能力。公关人员的组织能力主要表现为实施公关计划过程中的指挥控制能力，确保计划的顺利落实，最大限度地实现公关目标。公共关系工作是一项各部分衔接紧密的系统工程，涉及许多具体的组织工作。公关人员经常要开展各类型的公共关系活动，过程中涉及活动的宣传、发动、调研、协调、实施、控制等，这些工作都要求公共关系人员具备出色的组织管理能力，才能使组织工作井然有序、卓有成效。

② 开拓创新能力。开拓创新能力是突破陈规束缚、开创新思维与新方法的能力。公共关系工作中，个性的组织形象塑造，新颖、独特的公关活动策划，都需要公关人员具备开拓创新的能力，才能避免老生常谈、平淡无奇，才能使组织品牌受到关注，抓握人心，获得公众的喜爱与认同。

③ 交往协调能力。公共关系中的交往协调能力指建立社会关系的社会交往能力和化解矛盾、平衡利益的关系协调能力。公共关系工作要求公关人员建立并维护与消费者、政府、媒体、社区等各种公众的关系，就要求公关人员善于与人交往和有效沟通，善于处理各种复杂关系与矛盾，具备较强的交往协调能力。

④ 语言表达能力。语言表达能力包括口头表达能力与文字表达能力。公众关系人际间的沟通与交往，特定场合的发言、演讲与谈判等，需要公关人员具备良好的口头表达能力。公共关系中大量的写作工作则要求公关人员具备优良的文字表达能力，如日常信件、公共关系计划与

总结、调查报告、公告声明、公共关系策划书、新闻稿、演讲词、广告词、热点文案等，都需要公共关系人员根据不同的文体特点，运用准确的文字、严谨的逻辑、生动的文风、流畅的语言去表达、去传递。

⑤ 灵活应变能力。公共关系人员在繁杂的日常事务之外，还可能遭遇各种意外事件、应急事件，这要求公关人员面对棘手难题、激烈冲突时，能临危不乱，保持清醒、理智的头脑，平和、淡定地应对复杂的局面，冷静、耐心地处理好各种问题与矛盾。

(3) 生理心理素质，包括以下方面。

① 热情开朗，兴趣广泛。公共关系人员需要和各方面不同层次的人物打交道。热情开朗的人，能够使人感到亲切，营造交流思想、情感的和谐环境。而具有广泛兴趣的人，往往见多识广，能够很快找到与沟通对象间的共同点和接近点，利于广交朋友，亲近关系，顺利开展各项工作。

② 自信乐观，意志坚强。公共关系工作经常面临错综复杂的环境，面对难以解决的困难，公共关系人员需要拥有一颗自信勇敢、坚强乐观的心，才能保持较强的心理承受力、自制力和忍耐力，才能最大限度地发挥自己的聪明才智，不受干扰，不言放弃，勇于竞争，追求成功。

③ 体格强健，风度潇洒。公共关系工作内容繁杂，既要伏案用脑思考，又要在活动现场里外张罗，坐时坐一天，跑时跑一天，脑力和体力劳动强度都很大，需要工作人员拥有较好的身体素质，能够承受高强度的工作节奏和工作压力。而公共关系工作需要与人打交道，具有组织形象高标准塑造的特点，要求公共关系人员具有良好的仪表仪态、潇洒从容的风度，既代表了组织形象，又能对公众产生天然的亲和力、吸引力，为进一步发展交往、增进友谊、开展工作打下基础。

(4) 职业道德。公共关系职业道德是公共关系人员在公共关系工作中应该遵循的行为规范和道德准则，主要包括以下内容。

① 诚实、客观、信用。真诚对待公众，客观、真实地传播信息，言行一致，坚守承诺，讲求信用。

② 公平、公正、合法。公平对待每一位公众，办事公正，合理合法，遵守社会道德。

③ 文明、专业、进步。不断提高自身的政治水平、文明素养和公共关系专业技能。

④ 信誉、公益、自律。注意维护自身和组织的声誉，开展活动首先注重社会效益，严格自律，严守国家与组织机密。

知识点五　公共关系协会的基本任务

公共关系协会是非营利性机构，基本任务如下：

(1) 致力于公共关系的理论研究和实践探索，制定行业发展战略；

(2) 开展多渠道、多形式的公共关系活动，加强从业人员之间的交流、协调与合作；

(3) 提高公共关系行业及其从业人员的社会地位，维护公共关系从业人员的合法权益；

(4) 制定公共关系行业的职业道德准则和有关管理实施办法，推进相关政策和法规的贯彻执行，规范公共关系从业人员的行为，维护公关行业的形象和声誉；

(5) 为会员单位提供相互交流，以及与有关政府部门、媒体沟通和交流的平台；

(6) 为会员及各界人士提供公共关系专业方面的咨询服务；

(7) 培养和训练公共关系人员，不断提高业内人士的专业水准；

(8) 建立和发展公关行业与社会各界及国外同行之间的联系与合作；

(9) 举办各种类型的讲座、研讨会、论坛、比赛，出版会刊和专业资料，传播公共关系知识，扩大公共关系行业的影响。

知识点六　公共关系的作用

公共关系的作用体现在对组织的作用、对个人的作用和对社会的作用三个方面，可以总结为以下 6 点。

(1) 树立组织良好形象。公共关系工作可以通过形象设计、活动策划、广告宣传、公关传播和人员推广等活动，提高组织的知名度和美誉度，为组织树立良好形象。

(2) 增强组织的凝聚力、向心力。公共关系的全员公关原则使维护组织形象成为员工的自觉行为，使员工间紧密协作，团队意识增强。良好的公共关系也可以为组织创造积极、和谐的氛围，有助于形成优秀的企业文化，激发员工的自豪感和归属感，不断增强凝聚力、向心力。

(3) 强化个人形象观念。公共关系工作对良好形象塑造的强调也可以加深个人的自我形象管理意识，使公关人员在外在的仪容仪表方面更加注意自我要求，其尊重他人、诚实守信、平等合作等内在观念也能得到强化。

(4) 提升个人社会能力。公共关系工作需要处理多样的公众关系，应对复杂的内外环境，策划与实施有创意的公关活动，丰富的工作内容能够促使个人提升各种社会能力，如交际能力、应变能力、协作能力、管理能力和学习能力等。

(5) 优化社会文明环境。以追求双向沟通、交流合作、互利互惠为特色的公关意识和以公平公正、诚实守信为基本原则的公关活动，对社会观念和价值标准的形成有积极的引导作用，有助于使激烈对抗趋于缓和，使丑恶行为受到谴责，人们之间通过交流对话和真诚交往营造和谐、温暖的心理环境，使社会整体环境不断得到优化。

(6) 增进社会整体效益。公共关系工作要求组织在追求经济利益的同时，也应追求社会效益，担负起社会责任。这样，组织在自身不断发展的同时，也促进整个社会不断发展，使社会整体效益不断提高。

三、课堂分析与讨论

(一) 案例分析

特斯拉解散公关部

继活猪脑机接口实验后，埃隆·马斯克最近搞了一件在公关界影响巨大的大事情。这一次，他直接解散了美国总部的核心公关团队，成为全球汽车制造商中第一个与媒体刻意疏远的“异类”。

随后，特斯拉相关高层证实了这一举动，除了在欧洲和亚洲市场保留一些公关经理职位外，美国本土公关团队已不再保留。

尽管“干掉PR”有着鲜明“马斯克式PR”的风格，很多网友对此也表示见怪不怪，但“怪才”马斯克的这一举动还是经社交媒体的发酵后，在企业界和公关界讨论开来。

对于此事，曾担任吉利公关总监一职，后升任吉利汽车集团副总裁的杨学良在微博上转发消息表示：“好吧，脑后‘嗖嗖’的凉意。”甚至有PR圈人士惊叹：“有种被砸掉饭碗的惆怅……”

(资料来源：https://www.zqwdw.com/zhuanyewenxian/2020/1223/1104736.html)

分析：特斯拉解散公关部带来的深度思考应是什么？随着时代的发展，公关人员亟需补足的能力短板有哪些？

参考分析	你的分析
姚素馨：解散公关部的特斯拉并未去掉公司的“公关”职能，只是将其隐形化了。 俞竹平：一个再优秀的发言人，精力都是有限的，因此，不管是一个国家还是一个企业，都需要一个完整的公关部门来协助完成这项重要的内外沟通工作。 丁道师：这次特斯拉热点事件对“公关人”的最大启示在于，如何尽快在社交媒体时代补足能力上的短板。社交媒体时代对公关职能的要求更加多元化了，“公关人”不仅需要会写稿、会传播、会搞媒介关系和政府关系，更需要了解企业商业模式，熟知业务体系，还要懂产品、懂客户，清楚企业主打产品究竟能解决客户的哪些痛点。只有这样，才能围绕产品线和业务线做好内外沟通	

(二) 观点讨论

【观点讨论 3-1】如何理解公共关系工作“四步工作法”？

参考观点	你的观点
公共关系工作“四步工作法”就是公共关系工作应该遵循的基本程序，包括公共关系调查、公共关系策划、公共关系实施、公共关系评估四个步骤，也反映了公共关系活动的四项基本内容	

【观点讨论 3-2】根据公共关系工作的内容和任职要求，如何看待性别对公关工作的影响？

参考观点	你的观点
女性的表达能力、交际能力、协调能力相对较强，且温柔细腻，更有亲和力、感染力，这些特质使女性更适合形象塑造、公众沟通、信息传播的公共关系工作。 公共关系工作强调的知识面广、富有创意、组织管理能力强等方面，男性更有优势	

四、任务实训

实训一　某公司公共关系部门设置及岗位职责调查

【实训目的】通过某公司公共关系部门设置及岗位职责调查，了解公共关系部门的工作职能及具体工作内容。

【实训步骤】

(1) 4～6 人为一组，全班同学分成若干小组；

(2) 以小组为单位，选定一家公司，对该公司公共关系部门进行调查；

(3) 分析该公司公共关系部门的名称、岗位数、不同岗位的职位描述和任职要求；

(4) 每组派代表在全班做总结发言。

【实训要求】小组成员积极参与，团队合作；调查切实，总结内容全面、明晰、准确。

【实训评价】

评价指标	自我评价	小组评价	教师评价
参与度			
完整性			
准确性			
成效性			

实训二　某公共关系公司服务项目调查

【实训目的】通过某公共关系公司服务项目内容及典型案例的调查，了解公共关系公司的主要工作内容。

【实训步骤】

(1) 4～6 人为一组，全班同学分成若干小组；

(2) 以小组为单位，选定一家公共关系公司，对该公司服务项目及典型案例进行调查；

(3) 分析该公司的具体服务项目、客户类型、收费标准和完成的典型案例；

(4) 每组派代表在全班做总结发言。

【实训要求】小组成员积极参与，团队合作；调查切实，汇报总结的内容全面、明晰、准确。

【实训评价】

评价指标	自我评价	小组评价	教师评价
参与度			
完整性			
准确性			
成效性			

五、内容小结

任务三主要介绍了公共关系的基本职能和工作内容，如图 3-1 所示。

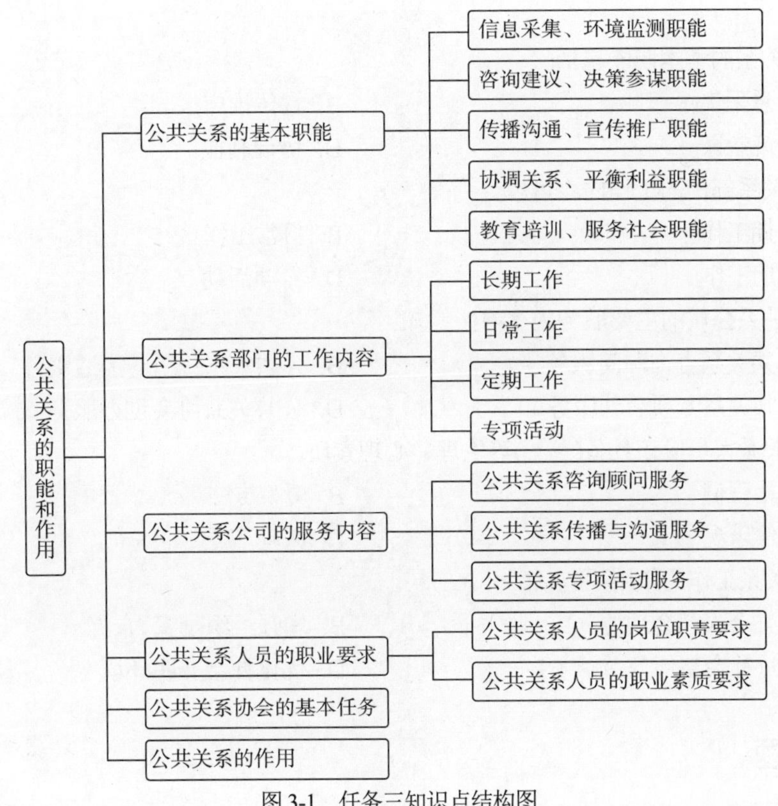

图 3-1　任务三知识点结构图

六、课后自测

(一) 判断题

1. 组织记者招待会是公共关系部门的日常工作。 ( )
2. 公共关系部门的专项活动不包括安排来宾参观与访问。 ( )
3. 公共关系人员需要建立和维护与相关政府部门的良好关系，处理各种政府公关应急事宜。 ( )
4. 公共关系业又称“智业”，所以公共关系工作仅仅需要脑力劳动 。 ( )
5. 公共关系人员的知识结构应具有广博性、更新性、实践性和层次性。 ( )
6. 信息采集、环境监测职能是公共关系的首要职能。 ( )

(二) 选择题

1. 公共关系的基本职能包括( )。
   A. 信息采集　　B. 宣传推广
   C. 决策参谋　　D. 协调利益
2. 公共关系部门的工作内容可以分为( )。
   A. 长期工作　　B. 日常工作
   C. 定期工作　　D. 专项活动
3. 公共关系公司的主要服务内容有( )。
   A. 公共关系咨询顾问服务　　B. 公共关系传播与沟通服务
   C. 公共关系专项活动服务　　D. 公共关系协会创办服务
4. 公共关系人员应该具备( )等生理、心理素质。
   A. 体格强健　　B. 爱好专一
   C. 自信乐观　　D. 兴趣广泛
5. 公共关系工作的作用不包括( )。
   A. 提升个人社会地位　　B. 增强组织凝聚力
   C. 增进社会整体效益　　D. 优化社会文明环境

(三) 简答题

1. 公共关系有哪些基本职能？
2. 公共关系人员的职业素质应具备哪些能力要素？
3. 公共关系人员的职业道德主要包括哪些内容？
4. 公共关系的作用主要体现在哪些方面？

七、课外拓展

(一) 拓展阅读

中国公共关系职业道德准则

(一九九一年五月二十三日第四届全国省市公关组织联席会议通过)

总则

中国公共关系事业的发展是中国改革开放的必然趋势，它以新型的管理科学协调社会各方面的关系，密切党和广大人民群众的联系，调动各种积极因素，维护安定团结，促进社会主义建设，因此公共关系工作者肩负着时代的使命，公共关系工作者必须具有高尚的职业道德作为完善自身形象的行为准则。

条款

一、公共关系工作者应当坚持社会主义方向，自觉地遵守我国的宪法、法律和社会道德规范。

二、公共关系工作者开展公关活动首先要注重社会效益，努力维护公关职业的整体形象。

三、公共关系工作者在公共关系活动中，应当力求真实、准确、公正和对公众负责。

四、公共关系工作者应当努力提高自己的政治水平、文化修养和公关的专业技能。

五、公共关系工作者应当将公关理论联系中国的实际，以严肃、认真、诚实的态度来从事公共关系学教育。

六、公共关系工作者应当注意传播信息的真实性和准确性，防止和避免使人误解的信息。

七、公共关系工作者不能有意损害其他公关工作者的信誉和公关实务。对不道德、不守法的公关组织及个人予以制止并通过有关组织采取相应的措施。

八、公共关系工作者不得借用公关名义从事任何有损公关信誉的活动。

九、公共关系工作者应当对公关事业具有高度的责任感。不得利用贿赂或其他不正当手段影响传播媒介人员真实、客观的报道。

十、公共关系工作者在国内外公共关系实务中应该严守国家和各自组织的有关机密。

附则

本准则将根据实际情况予以调整和修改，其解释、修改、终止权属全国省市公关组织联席会议。

(二) 课外思考

1. 根据所学专业，分析公共关系的职能和工作内容与将来要从事的专业岗位有什么相关性？

2. 假如你有意成为一名公关工作者，请根据公关人员的知识能力素质要求列出自己亟待加强的能力。

模块二　公共关系基本技能

任务四 公共关系礼仪训练

【任务描述】

1. 公关人员公关礼仪形象塑造。
2. 搜集公共关系礼仪案例，说明公共关系礼仪的作用、基本原则。

【目标与成果】

能力目标	知识目标	课程思政
1. 能为公关人员设计公关礼仪形象； 2. 能运用公共关系礼仪基本原则具体操作公关礼仪	1. 掌握公关礼仪的内涵、作用； 2. 掌握公共关系礼仪的基本原则与礼仪规范	1. 明确公共关系礼仪的本质是推进社会和谐发展与文明进步； 2. 明确相互尊重是公共关系礼仪的核心
学习成果	1. 公共关系礼仪的学习展示； 2. 体现公共关系礼仪基本原则的案例	

一、案例导入

高速收费站小姐姐的甜美劝返

2021 年 4 月 19 日，义乌一条高速公路收费员劝返超高车辆的视频引发了网友的广泛好评，网友热赞收费员笑容甜美、服务态度好，在“美丽浙江”抖音号发布后，点赞数达到 110 万+，评论数达到 3 万+。

视频中，收费员穿着一身整齐的工作服，戴着口罩。她把头探出岗亭窗口，微笑着提醒司机因装载超高，车辆不能上高速。

记者辗转了解到，这名甜美的收费员名叫吴诗琴，就职于甬金高速的义乌佛堂收费所。

原来，在前一天下午(4 月 18 日 18 时 23 分许)，一辆河南牌照的红色大货车开进浙江省交通集团甬金高速佛堂收费站入口车道，这时，岗亭内的吴诗琴发现该车装载超过 4 米，于是起身探出窗口，微笑着告诉司机车辆超高了，上路太危险，需要掉头出高速。

司机当即答应掉头出高速，在跟收费员沟通的过程中拍下了视频，这条视频获得无数好评，不少网友留言“收费员小姐姐探出头来暖心提醒，笑容太治愈了”“戴着口罩都遮不住这温暖的笑容”。

对于自己的爆红，吴诗琴表示十分意外，但她认为，自己呈现的只是本职工作的常态。“司机停得不是特别近，为了能让他听清我的声音，也看得见我的微笑，也看得出我在为他服务，所以就探出头去解释。希望我的微笑能给司乘带去快乐，消除长途的劳累，更希望通过宣传让他们了解有关的政策和规定。”

(资料来源：https://t.ynet.cn/baijia/30677885.html)

思考：什么是礼仪？它与个人形象、组织形象有什么关系？收费站小姐姐的暖心举动具有什么公共关系意义？

二、相关知识

知识点一　礼仪与公共关系礼仪

1. 礼仪

礼仪指的是人们在相互交往中为了表示尊重、友好、善意而约定俗成的行为规范和准则，是优雅形式与高雅内涵的有机结合。

2. 公共关系礼仪

公共关系礼仪简称公关礼仪，指的是为了树立和维护组织的良好形象，组织在开展公共关系活动时所必须遵循的尊重公众，讲究礼貌、礼节，注重仪容、仪表、仪态、仪式等礼仪程式或规范。

公共关系礼仪是组织风貌、员工精神状态、公关人员工作水平和专业技能的最集中体现，也是公关沟通和社会交往的方法及处理公关事务所必须遵循的行为准则。

知识点二　公关礼仪在公共关系中的作用

1. 有助于组织形象塑造

公关礼仪通过直接塑造公关人员良好的个人形象，间接塑造了组织形象。公关人员在公关活动中讲礼仪，展示了个人的修养水平和精神风貌，塑造了个人的良好社会形象。公关人员良好的礼仪修养反映了组织良好的员工素质，从而塑造了良好的职工形象，而组织的职工形象是组织形象不可缺少的组成部分。

2. 有助于公众关系协调

公关礼仪通常借助一定的外部形式，如问候、握手、邀请、迎送、慰问、预约等，反映公关人员的良好素质，塑造组织的良好形象，这对于增进人际关系和情感友谊、增强信任和了解有着重要的作用。公关人员以礼仪作为约束自己言行的外在标准，就能顺利地进入各种社交圈子，并赢得公众的欢迎和尊重，才能与公众保持一种相互平等、相互尊重、相互帮助的关系，避免出现交往中的人际障碍和摩擦，使组织与公众的关系协调发展，促进组织公共关系工作的顺利开展。

3. 有助于信息交流与沟通

在公共关系工作中，人的主观能动性被充分调动，各种公关礼仪在不同交往形式中发挥信息沟通的作用。交往形式包括：人与人的直接交往，如聚会、访问、谈判等；人们通过报纸、刊物、广播、电视、电话、电脑、宣传资料、实物、书信进行的间接交往。交往促进了信息的流动，达到了信息沟通的目的。有人做过统计，科技人员的专业信息，只有 20%～50%是通过文字材料得来的，还有大量的信息来自文字以外的渠道，如从访朋问友中获得。公共关系中的各种交往形式无疑对加强组织与公众之间的联系、促进信息的沟通，起了积极的作用。

4. 有助于组织广结善缘

每一个社会组织为了求生存、求发展，不仅要巩固现有的公众关系，还要广结善缘，拓展多方面的、新的关系，以求得到更多公众的理解和帮助，创造良好的生存与发展的内外部环境。公关工作中讲究礼仪，有助于组织与公众之间进行良好的沟通，减少交往中的冲突，消除误会，联络感情，促进和谐，为组织创造一种宽松、融洽的社会气氛，赢得更多公众的信赖与支持。

知识点三　公关礼仪的基本原则

1. 尊重原则

孔子说：“礼者，敬人也。”礼仪最重要的原则就是尊重。尊重包括自尊与尊人。一个自尊的人一定注意自身修养，也会赢得他人的尊重。“敬人者恒敬之，爱人者恒爱之。”尊人指的是对他人的态度，即尊重他人的人格，尊重他人的劳动，尊重他人的爱好和情感，尊重他人的职业、习惯、社会价值以及所应享有的权利。尊人，从社会角度来说，是一个重要的道德规范；对个人来说，则是一种良好的道德品质。尊重原则是公关礼仪的基本原则，是公关交往获得成功的重要保证，也是公关礼仪的核心。

2. 诚信原则

“诚于中而形于外，惠于心而秀于言。”公关礼仪中的诚信原则指在社会生活和人际交往中，每人都应该自愿地遵守礼仪，用礼仪去规范自己的言行举止，务必诚实真挚、言行一致、表里如一，绝不逢场作戏、言行不一、口是心非、投机取巧、做假骗人。只有真诚的人，才会更好地被交往对象所理解和接受，才能更好地保证公关的效果。

3. 宽容原则

宽容就是心胸宽广，容许别人有行动与见解自由，能够容忍不同于自己的观点和传统观点的见解。公关工作中，要面对各种公关对象，由于每个人的背景不同、文化不同、阅历不同，判断是非的标准也不同，因而，对公关对象的意识、信仰、行为、习惯都应给予足够的尊重和理解。对于别人的过失和错误不多加追究，给予善意的原谅；对不同的观点不采取压制等手段，求同存异。“海纳百川，有容乃大”，宽容是一种较高的境界和高尚的情操，是一种容纳意识和自控能力，也是赢得别人尊重的办法之一。

4. 适度原则

适度，既不可过头，也不可不到位。公关礼仪中的适度原则要求在公关交往中，不仅要注意技巧、合乎规范，更要把握分寸、礼貌得体。既要彬彬有礼，又要不卑不亢；既要亲切和蔼，又不能轻浮阿谀、虚情假意。适度原则建立在客观评价自己和他人的基础之上，应用礼仪时一定要根据具体情况进行具体分析，因人、因事、因时、因地而恰当处理。当行则行，当止则止。

5. 从俗原则

“十里不同风，八里不同俗”“到什么山唱什么歌”“进门见礼，出门问忌”，这些有益的格言都说明尊重各地不同风俗与禁忌的重要性。公关交往中，要入乡随俗、入国问禁、入门问讳，与绝大多数人的习惯保持一致，只有尊重对方特有的习俗，才能更好地加强双方的理解和沟通，才能更好地表达我们的真诚和善意。遵守从俗原则也是尊重他人的具体表现，有助于公关交往的顺利进行。特别是对外交往中，如果不懂外国禁忌，不懂不同民族的禁忌，可能会造成不愉快的后果。

6. 互动原则

礼仪的核心是尊重，重要目的是互动，要表达对交往对象的尊重，达到互动的目的，需要通过沟通来实现的。公关人员要让公众了解自己的尊重、诚信和善意，言谈、举止就必须符合礼仪规范，把自己的意图以最佳的方式传递给对方，这就要求公关人员在公关交往中遵守其他公关礼仪原则，始终进行积极、有效的沟通，以达到互动的交际目的。

知识点四　公关人员形态礼仪

1. 站姿

站姿的基本要领：抬头、挺胸、收腹；双腿直立，膝盖相碰，两脚跟相靠，脚尖略分开 45°～60°；双臂自然下垂，手指并拢自然微曲，放在身体两侧，中指压裤缝，两手也可以自然下垂，在腹部交叉相握；腰背挺直，下颌微收，面带微笑，平视对方。站立时，双脚除呈 V 形外，女性也可呈丁字形，男士双脚也可以分开一些，但最多与肩同宽。站立时，从整体上形成一种优雅、挺拔、自然、舒展的体态。

2. 坐姿

(1) 坐姿的基本要领：入座时要轻、稳、缓，即落座声音轻，动作协调柔和，神态从容自如，不要赶步，以免有抢座之嫌。一般从椅子的左边入座，离座时也要从椅子左边离开。正式场合，一般不应坐满座位，也不要坐在椅子边上过分前倾，通常占 2/3 的位置。女士穿裙装入座，应将裙子后片向前拢一下再慢慢坐下，以显得端庄、文雅。落座后，腰背挺直，稍向前倾，双肩放松，双脚自然落地。男性膝部可分开，不超过肩宽，双手自然弯曲置于大腿中前部，或双手相握，体现男子汉的自信、豁达；女性膝盖以上并拢，两腿不宜向前伸直，右手搭在左手上，置于大腿中部，表现女性的庄重与矜持。

(2) 女士着裙装出入轿车，上车时应双腿并拢，背靠车内坐在座位上，然后把双腿一同收进车内，也叫“背入式”，不要先进一条腿后进另一条腿；下车时应正面面对车门，双脚同时着地，然后身体离开座位，也叫“背出式”。

3. 走姿

走路时，上身基本保持站立的标准姿势，挺胸收腹，腰背笔直，两肩平稳，防止上下或前后摇摆；两臂以身体为中心，前后自然摆动，前摆约 35°，后摆约 15°，两手自然弯曲，手掌朝向体内；起步时，身子稍向前倾，重心落前脚掌，膝盖伸直，脚尖向正前方伸出；行走时，双脚踩在一条直线上，步幅适中，行走中两脚落地的距离为自己的 1.5～2 个脚长；步速应保持均匀、平稳，不要忽快忽慢，脚步要轻并且富有弹性和节奏感；脚不宜抬得过高，也不要擦着地面行走。

4. 蹲姿

蹲下取物时，脚稍分开，站在所取物品旁，把腰部低下，屈膝去拿，形成膝盖一高一低之势，忌低头弓背。蹲姿有高低式蹲姿和交叉式蹲姿两种。

5. 手势

手势是运用手指、手掌、拳头和手臂的动作变化，表达思想感情的一种体态语言。

(1) 手势的规范：手掌自然伸直，手心向上，手指并拢，拇指与其他手指自然分开，手腕伸直，使手与小臂成一直线，肘关节自然弯曲。

(2) 常用手势有以下三种。

① 示意手势，表示“请”“请进”“请坐”。五指并拢，手掌自然伸直，手心向上，肘微弯曲，以肘为轴，手臂自然从胸前向外摆开，到腰部并与身体成 45°时停止，头部与上身微向伸出手的一侧倾斜，目视宾客，表现出对宾客的尊重和欢迎。用手势示意或招呼别人时，应用手掌而不是用手指，尤其要避免在众目睽睽之下，用食指指人的鼻子，否则有挑衅之嫌。

② 递接物品的手势。接递物品时，双方都应起身而立并主动走近对方，同时含笑目视对方，而不能只顾注视物品。一定要用双手或右手递接，决不能只用左手递接，用左手递物是失礼的，尤其在一些信奉伊斯兰教的国家更是如此。递送物品时，最好直接交到对方手中，并为对方留出便于接取物品的空间，避免对方感到无从下手。递送的若是带有文字的物品，应将其正面朝向对方；递送的若是带尖、带刃或其他易于伤人的物品时，不要将尖、刃指向对方，而应将其朝向自己或他处；递钢笔时，应拔开笔帽，将笔尖面对自己递给对方。接受物品时，要等对方递过物品后再用手去接取，切不可急不可待地从对方手中抢取物品。

③ 表示欢迎的手势。表示欢迎，一般用鼓掌的方式，两掌相对，在分开的动作上尤其要注意距离两掌不要分得太远，否则显得很不文雅。

知识点五　公关人员服饰礼仪

服饰对于公关人员是十分重要的，它可以体现公关人员良好的精神面貌、自身的阅历修养、审美情趣、独特的品位和高效的工作能力，公关人员服饰的整体要求是庄重得体、朴素大方。

1. 着装原则

(1) 整体协调原则。具体包括以下方面。

① 与自身个性、特征相协调。选择服装首先应该考虑自己的生理(年龄、体形、肤色、脸型)、性格、性别等特征，扬长避短，扬美避丑，与自身个性、特征和谐统一。从性别角度而言，男士要表现阳刚与潇洒，女性要展示柔美与优雅。

② 与职业身份相协调。服装既是一种语言，又是一种标识，着装应充分、准确地表现自己的社会角色、社会地位。在人们的印象中，公关人员应是热情有礼、服装整洁、精明练达的从业人员，因此，正规的职业装束应以西装和套裙为主。

③ 服装与饰品应协调。无论何种场合，上下装的搭配在色彩、风格等方面要协调一致，如穿西服则不宜穿球鞋。另外，服装的饰品，像帽子、围巾、手套、鞋袜、皮包等，都应力求在色彩、风格、款式、图案、面料、质感等方面与服装本身相匹配，形成一种整体美。

(2) 遵循 TPO 原则。TPO 原则是国际通行的服饰穿戴原则，即着装应该与当时的时间(time)、所处的地点(place)和特定的场合(occasion)相吻合。

(3) 简约原则。服装的款式要简洁，线条要流畅，色彩要少，避免花哨，饰物要少而精。能以简单的打扮发挥理想的效果，本身就说明着装人内在的充实与修养。

2. 西装

西装最大的特点是简便、舒适，它能使穿着者稳重高雅、自然潇洒，生活中通常用“西装革履”来形容一个人的正规打扮。在正规场合，西装是目前世界各地最常见、最标准、男女通用的服饰。

(1) 西服着装原则。总体来说，西服穿着讲究“三个三”，即三色原则、三一定律、三大禁忌。

① 三色原则是指男士在正式场合穿着西服时，全身颜色必须限制在三种之内，否则就会显得不伦不类，有失庄重。

② 三一定律是指穿着西服外出时，身上有三个部位的颜色必须协调统一，即鞋子、腰带、公文包的色彩必须统一起来，最理想的选择是鞋子、腰带、公文包皆为黑色。

③ 三大禁忌是指在正式场合穿着西服时，不能出现以下三个错误：一是袖口上的商标未拆；二是在非常正式的场合穿着夹克打领带；三是男士在正式场合穿着西服时袜子出现了问题。

(2) 西服着装技巧。具体包括以下方面。

① 衬衫：西服的衬衫必须是长袖的，即使在夏天也不例外。衬衫通常为单色，一般多为蓝色、白色，不能过于花哨，领子要挺括、干净。衬衫下摆要掖进裤子，不能露在外面。系好领扣和袖扣，衬衫衣袖要稍长于西装衣袖 0.5～1 厘米，领子要高出西装领子 1～1.5 厘米，以显示衣着的层次。非正式场合可不系领带，此时，衬衫领口的扣子应解开。

② 领带：西装脖领间的 V 字区最为显眼，领带应处在这个部位的中心，领带结的大小应与所穿衬衫领子的大小成正比，领带的长度以系好后下端正好在腰带上端为最标准。领带夹一般应夹在衬衫第三粒与第四粒扣子之间。

③ 纽扣：单排两粒扣的上装，只扣上面一粒纽扣是正规穿法。

知识点六　公关人员交往礼仪

1. 握手

握手是人际交往和公关活动中司空见惯的一般礼节，多用于见面时和告别时。

(1) 握手的方式。行握手礼时，一般是双方站立，相距一步，双腿立正，上身略向前倾，右手向前下方伸直，四指并拢，拇指张开，掌心向左。面带笑容，注视对方的眼睛，边握手边开口致意，如说：“您好！”“见到您很高兴！”“欢迎您！”“辛苦啦！”等。握手时可以上下微摇以示热情，但不宜左右晃动或僵硬不动，力度要适中，尤其对异性或初次见面的朋友，不可用力过猛，也不可过分柔软无力，否则会给人缺乏热忱或敷衍之感。握手时间的长短因人、因地而异，通常情况下，应控制在 3 秒左右。右手与人相握时，左手应当空着，并贴着大腿外侧自然下垂，以示用心专一。除老、弱、残、疾者外，一般要站着与人握手，不能坐着与人握手。

(2) 握手的次序。握手的次序应根据握手人双方的社会地位、年龄、性别和宾主身份来确定，一般遵循“尊者决定”的“三优先”原则，即长者优先、女士优先、职位高者优先。

“三优先”原则的具体体现是：在长辈与晚辈之间、上级与下级之间，应是前者先伸手，后者先问候，待前者伸手后，后者才能伸手相握。在男士与女士之间，女方伸手后，男方才能伸手相握，如女方无握手之意，男方可点头或鞠躬致意；倘若男方已是祖辈年龄，则男方先伸手也是适宜的。在主宾之间，主人应先伸手，客人再伸手相握，但客人辞行时，应是客人先伸手表示辞行，主人才能握手告别。如果要同许多人握手，应当先同性后异性，先长辈后晚辈，先职位高者后职位低者，先已婚者后未婚者，即所谓上级优先、长辈优先、主人优先、女士优先。一般商务场合比较重视身份和职位，社交场合比较重视性别和年龄。

在商务和社交场合，当别人已经伸出手时，应毫不迟疑地立即回握，拒绝他人的握手是不礼貌的。

(3) 握手的禁忌，包括以下方面。

① 忌不讲先后顺序。在正式场合，握手必须遵照“三优先”原则。如果两对夫妻见面，先是女性互相致意，然后男性分别向对方的妻子致意，最后是男性互相致意。

② 忌左手握手。如果右手不干净或正在拿东西不能抽出手，可向对方致歉，并点头致意，不可用左手代替。尤其在与阿拉伯人、印度人打交道时更应注意这一点，因为在他们看来左手是不洁净的。

③ 忌握手时给对方不敬的印象。坐着握手或在握手时将另一只手放在衣袋，握手时东张西望或与他人打招呼，与他人握手后立即擦手或洗手，都会给对方不敬的印象。

④ 忌交叉握手。不可同多人交叉握手，要依次进行。与多人握手时，可以按一定的顺序进行，从左到右或由近及远依次与人握手。基督教徒尤其忌讳交叉握手，因为交叉握手时形成的十字架被认为是很不吉利的。

⑤ 忌戴手套握手。不可戴手套或墨镜握手，但眼部有缺陷和疾病者除外。

⑥ 忌握手时手部不洁净。不可将不洁的或有传染性疾病的手伸给他人。

⑦ 忌久握不放。在握手时长时间聊天，会使对方感觉不自在。

2. 介绍

介绍是指经过自己或他人的沟通，使交际双方相互认识、相互联系的一种交往方法。根据介绍方式的不同，介绍可分为自我介绍、他人介绍两种类型。

(1) 自我介绍。自我介绍是交际场合中最常用的一种方式，是指与某人初次见面时，自己担任介绍的主角，将自己介绍给他人。

① 自我介绍的内容。自我介绍的内容应当根据实际需要、双边关系、所处场合等具体情况而定，应具有一定的针对性。一般自我介绍分为 4 种形式，有各自不同的内容要求。

- 应酬式，通常只报姓名。
- 问答式，即有问必答。
- 交流式，主要内容包括籍贯、学历、兴趣等。
- 工作式，主要内容包括姓名、单位、部门、职务等。

② 自我介绍的礼仪要求，包括以下方面。

- 自我介绍时，必须充满自信、保持镇定，要面含微笑，表情亲切自然，注视对方或大家。
- 自我介绍时，举止庄重大方，右手可放在左胸前，不可慌慌张张，不要用拇指指着自己。
- 自我介绍时，要口齿清晰，语调适宜，清晰地报出自己的姓名及身份等。
- 自我介绍时，要控制好时间，一般不宜超过一分钟。
- 自我介绍除了用语言之外，还可借助介绍信、工作证或名片等辅助工具来证明自己的身份，以增强对方对自己的了解和信任。

(2) 他人介绍。他人介绍又称第三者介绍，主要是指由第三者为彼此不认识的双方所进行的引荐介绍。这种介绍通常是双向的，即需要把被介绍双方各自做一番介绍。他人介绍时，应注意以下几个方面。

① 介绍人的选择。为他人做介绍，由谁来充当介绍者是颇为讲究的，在不同场合由不同的人承担。一般情况下，由单位专门负责此事的相关人员担任介绍，如秘书、办公室主任、公关礼宾人员或专职接待人员等。特殊情况下，单位领导、东道主或与被介绍双方都相识的人也是合适的介绍人。

② 他人介绍时的顺序。在公关场合，虽然人和人之间遵循平等交际的原则，但是先介绍谁后介绍谁，仍然是一个敏感的问题。根据礼仪规范，必须遵守尊者优先了解情况的原则。目前，国际上公认的为他人介绍的顺序是：把男士介绍给女士，把晚辈介绍给长辈，把客人介绍给主人，把职位低者介绍给职位高者，把本公司职务低的人介绍给职务高的客户，把个人介绍给团体，把晚到者介绍给早到者。这种介绍顺序的共同特点是“尊者居后”，以表示尊敬。如果所要介绍的双方符合其中两个或两个以上顺序时，一般应遵循先职位再年龄，先年龄再性别的顺序进行介绍。

③ 他人介绍的内容。介绍语宜简明扼要，并应使用敬辞或礼貌语；介绍的内容视场合而定，主要包括姓名、单位、部门、职务、爱好等。如果有特别目的需要引起对方注意，可以增加相关内容。

④ 他人介绍时的礼仪。作为介绍人在为他人做介绍时，态度要热情、友好，面含微笑，语言表达要清晰、明快。介绍人位于双方中间，呈三角形排列。在介绍一方时，眼睛应注视另一方，用手势把对方的注意力引向被介绍者。手的正确姿势是掌心向上，胳膊略向外伸，指向被介绍者。注意，介绍人不能用手拍被介绍人的肩、胳膊和背等部位，更不能用食指或拇指指向被介绍的任何一方。

由他人做介绍，身份高者、长者或主人在听他人介绍后，应立即与对方互致问候，表示欢迎对方。当将自己介绍给对方时，应根据对方的反应做出相应的反应，如对方主动伸手，自己也应及时伸手相握，并适度寒暄。

介绍人在介绍之前必须了解被介绍双方各自的身份、地位以及对方有无相识的愿望，或衡量一下有无为双方做介绍的必要，切不可冒昧引荐。介绍人在做介绍时要先向双方打招呼，使双方有思想准备。

在介绍别人时，切忌把单位和职务报错，或把复姓当作单姓等。

介绍完毕，介绍人不应立即离开，应给介绍双方提示话题，可有选择地介绍双方的共同点，如相似的经历、共同的爱好和相关的职业等，待双方进入交谈状态，再选择有礼貌地离开。

知识点七　公关人员宴请礼仪

1. 宴请的主要形式

目前，宴请主要分为宴会、招待会、茶会和工作餐等 4 种形式。宴会按规格可分为国宴、正式宴会、便宴、家宴；招待会可分为冷餐会(又叫自助餐宴会)、鸡尾酒会等；茶会也叫茶话会、茶宴；工作餐是国际交往中常用的形式简便、符合卫生标准的非正式宴请形式。宴请活动无论采用何种形式，都要根据活动的目的、邀请的对象、人数、时间、地点以及经费开支等各种因素而定。

2. 宴席的桌次与座位安排

(1) 宴席的桌次安排。中国传统中上座的位置在面向上讲究背北面南，即坐北朝南。由于现代建筑风格的多样化，人们便习惯于把面对门的位置定为上座，故宴请中主座的位置即面向餐厅正门的位置。

按国际惯例，桌次高低以离主桌位置远近而定，右高左低，有左、中、右之别时，中尊右高左低。桌数较多时，要摆桌次牌，既方便宾、主，也有利于管理。

由两桌组成的小型宴会，当两桌横排时，其桌次以右为尊，以左为卑(面门定位)。当两桌竖排时，其桌次则讲究以远为上，以近为下。这里所谓的远近，是以距正门的远近而言的。由三桌或三桌以上所组成的宴会又叫多桌宴会，在桌次的安排时除了要遵循面门定位、以右为尊、以远为上这三条规则外，还应兼顾其他各桌距离主桌即第一桌的远近，通常距主桌越近，桌次越高；距主桌越远，桌次越低。

(2) 宴席的座位安排。正式宴请，一般均排座位，席位高低以离主宾的座位远近而定，有时是排出部分客人的座位，其他人只排桌次或自由入座。正式宴请时，要在入席前通知到每一个出席者，现场还要有人引导。

排列位次的方法是主人大都应当面对正门而坐，并在主桌就座；举行多桌宴请时，各桌之上均应有一位主桌主人的代表就座，其位置一般与主桌主人同向，有时也可面对主桌主人；各桌之上位次尊卑应根据其距离该桌主人的远近而定，以近为上，以远为下；各桌之上距离该桌主人相同的位次，讲究以右为尊，即以该桌主人面向为准，其右为尊，其左为卑。

安排次序以礼宾次序为主要依据。我国习惯按个人本身职务排列，以便交谈和餐饮。如果夫人出席，通常把女方安排在一起，即主宾位于男主人右上方，其夫人坐在女主人右上方。按外国习惯，主桌上男女穿插安排，以女主人为准，主宾在女主人右上方，主宾夫人在男主人右上方；其他人员或宾客按其身份、职务穿插安排，或按性别分主宾穿插排列。

知识点八　公关人员用餐礼仪

1. 中餐礼仪

(1) 中餐上菜顺序。标准的中餐，不管风味怎样，其上菜的顺序大致相同：先上冷盘，接着上热炒，随后是主菜，然后上点心、汤水，最后上水果拼盘。

上菜时，如果由服务员给每个人上菜，要按照先主宾后主人，先女士后男士或按顺时针方向依次进行。如果由个人取菜，每道热菜应放在主宾面前，由主宾按顺时针方向依次取食。切不可迫不及待地越位取菜。

(2) 筷子的使用。中餐的主要进餐工具是筷子，在使用筷子夹菜时，切忌以下几点：在菜肴上乱挥动，用筷子穿刺菜肴，将筷子含在口里，让菜汤滴下来，用筷子在盘子里搅动，把筷子当牙签，将筷子指向别人。这些行为都是失礼的。在用餐过程中，如果暂时不用筷子，应将其整齐地放在桌子上或筷架上，切不可放在饭碗上。

(3) 进餐要文雅，包括以下方面。

① 用餐时不发出声音。在品尝已入口的食品时，要细嚼慢咽，应闭着嘴巴吃。喝饮料和汤时，避免发出不雅的声音。

② 适量饮酒。饮酒是一种增进友谊、活跃气氛的方法，在正式的宴会上应有礼貌地适量品酒、喝酒，切忌酒后失言、失态、失礼、失德。同时，敬酒不劝酒，不要勉强他人喝酒。

③ 文明取菜。上菜后不要先动手夹菜，应等主人邀请后，主宾动筷时再夹菜。取菜时，要相互礼让，依次进行，不要争抢。取菜要适量，不要把自己喜欢的菜过多地取来，尽情享用。为表示友好和热情，彼此之间可以让菜，劝对方品尝，但不要主动为其夹菜，否则会让人为难。不要挑挑拣拣，不要在公用的菜盘里翻动，挑肥拣瘦。取菜时，要看准后夹住立即取走，不要夹起又放下，或取回来又放回去。

2. 西餐礼仪

西餐礼仪中，最主要的是正确使用叉、刀、匙、杯、盘与餐巾等。

(1) 上菜顺序。西餐上菜的一般顺序是开胃前食(也叫头盘)、汤、鱼、肉、色拉、甜点、水果、咖啡或茶等。菜肴从左边上，饮料从右边上。

(2) 餐巾的使用。入座后先取下餐巾，打开，铺在双腿上。如果餐巾较大，可折叠一下(可折成三角形或长方形，开口向外)放在双腿上，切不可将其别在衣领或挂在胸前，这一程序应在桌下悄然进行。用餐时，可用餐巾的一角擦嘴，通常用内侧，但不可擦刀叉和脸。用餐过程中，如暂时离开座位，可将餐巾放在自己的椅背上，表示还要回来，若将其放在桌上，则表示已用餐完毕，服务员便不再为你上菜。

(3) 刀叉的使用。吃西餐时，通常用左手持叉、右手持刀，用叉按住食物，用刀子切割，然后用叉子叉起食物送入口中，切不可用刀送食物入口。切好的食物最好适量，保证一次入口，不可叉起后再一口一口咬着吃。在正规西餐宴会上，讲究吃一道菜要换一副刀叉，也就是说，吃每道菜时都要使用专门的刀叉，既不能胡拿乱用，也不可以从头至尾只用一副刀叉。使用刀叉时常见的有英式用法和美式用法。英式用法要求在进餐时始终右手持刀，左手持叉，一边切割一边叉而食之，这种用法较为正规。美式用法是把餐盘里要吃的东西全部切好，然后把右手餐刀斜放在餐盘前方，将左手餐叉换至右手，然后开始吃，这种方法较省事。不管使用哪种方式，都要注意切割食物时不要弄出声响。切记双肘下沉，不要左右开弓。还要注意刀叉的朝向，与人交谈时应暂时放下，放法是刀右叉左，刀口向内，叉齿向下，呈八字形摆放在餐盘上，意思是尚未餐毕。切不可将刀叉摆成十字形。如果已吃完或不想吃了，则刀口向内，叉齿向上，刀右叉左，并排纵放或并排横放在餐盘上，便于侍者收拾刀叉。

3. 自助餐礼仪

自助餐是一种由就餐者自行选取或自烹自食的就餐形式。自助餐可以不受约束地挑选自己喜欢的食物，但作为一种交际活动，在满足个性的同时，也要注重礼仪。

(1) 维护形象。穿着得体，干净卫生，自觉维护就餐秩序，保持文明形象。

(2) 了解菜序。正常的菜序应当为冷菜、汤、热菜、点心、甜品和水果。

(3) 排队取食。自觉维护公共秩序，讲究先来后到，排队选取食物。取菜时，用公用的餐具将选定食物放入食盘，接着应该迅速离去，不要犹豫不决，挑挑拣拣，以免身后的人久等。

(4) 多次少取。根据个人食量取餐，一次以2～3种为益，吃完再取，避免在面前同时摆放多个盛满食物的餐盘。

(5) 不准外带。自助餐只能在就餐现场自行享用，不可在用餐完毕后携带出去。

(6) 提倡自己送回餐具。用餐完毕，自行将餐具稍加整理放在餐桌上，或将其送到指定位置。

(7) 适度交际。用餐时，应创造更多机会与他人进行沟通。

三、课堂分析与讨论

(一) 案例分析

【案例分析 4-1】　　被“抖掉”的合同

有一位美国华侨到国内洽谈合资业务，洽谈了好几次，最后一次来之前，他曾对美国的朋友说：“这是我最后一次洽谈了，我要跟他们的最高领导谈，谈得好，就可以拍板。”过了两个星期，他又回到了美国，朋友问：“谈成了吗？”他说：“没谈成。”朋友问其原因，他回答：“对方很有诚意，进行得也很好，就是跟我谈判的这个领导坐在我的对面，当他跟我谈判时，不时地抖着他的双腿，我觉得还没有跟他合作，我的财都被他‘抖掉’了。”

(资料来源：http://www.duanmeiwen.com/zhuanti/21827.html)

分析：为什么合同会被“抖掉”？

参考分析	你的分析
虽然适当抖腿可以促进静脉血液流动，使酸胀感和疲劳感得以缓解，还可以燃烧腿部脂肪，具有瘦身的作用，但在社交场合抖腿是一个非常不好的习惯，大多数人都看不惯这种不雅观的行为。抖腿会给人留下轻浮的印象。商务谈判中，保持端庄、优雅的坐姿，可以给人自信、稳重、可靠的印象	

【案例分析 4-2】　《开学第一课》董卿3分钟内3次跪地，被赞“最美的中华骄傲”

《开学第一课》第一集曾刷爆各大网络媒体，主持人董卿采访了著名翻译家许渊冲老先生，短短3分钟内董卿3次跪地，这一幕引发网友热议。大家觉得董卿这一跪直接跪出了她的素养。

(资料来源：https://www.sohu.com/a/169513542_365713)

参考观点	你的观点
96岁高龄的许渊冲老人是著名的翻译家，老人的一生都在为翻译事业奋斗，用他的坚持与执着对“全世界的美”负责。董卿时刻用谦逊、自信与大方要求自我，时时刻刻都表现出了对文化的尊重，也体现了较高的自我修养。一个自尊，一个尊人，体现了公关礼仪的基本原则——尊重原则，尊重是公关交往获得成功的重要保证，也是公关礼仪的核心	

（二）观点讨论

讨论公务注视、社交注视、亲密注视部位的区别。

参考观点	你的观点
公务注视，常用于洽谈、磋商、谈判等正规场合，注视范围是双眼与额头之间的小三角区，这样的注视显得正式、严肃、认真，有诚意。 社交注视，常用于茶话会、舞会、酒会、联欢会以及其他一般社交场合，注视范围是以对方双眼与下颌为顶点所连接成的倒三角区域。这一注视区域最容易形成平等感，让人感到轻松、随意，容易营造良好的社交氛围。 亲密注视，常用于与亲密交往对象(如夫妻或恋人)交谈时，注视范围是眼睛到胸部的大三角区域。注视这个区域时让人感觉关系极为亲密，但如果与关系一般的人交谈时随意注视这个大区域，则会冒犯对方	

四、任务实训

实训一　公关人员形象塑造

【实训目的】真正理解公关人员礼仪规范。

【实训步骤】

(1) 4～5人为一组，全班同学分成若干小组；

(2) 以小组为单位，设计一个公关工作场景，每人分配一个角色，要求涉及形态、服饰、交往方面的礼仪；

(3) 以小组为单位，展示公关工作场景中的公关人员个人形象；

(4) 其他小组进行点评；

(5) 每组派代表在全班做总结发言。

【实训要求】熟练掌握公关礼仪，提升公关人员个人形象；小组代表发言应对小组活动情况进行客观概括，总结性强。

【实训评价】

评价指标	自我评价	小组评价	教师评价
参与度			
完整性			
准确性			
成效性			

实训二　公关礼仪案例采集

【实训目的】通过采集系列公关礼仪案例，加强对公关礼仪的作用与基本原则的理解。

【实训步骤】

(1) 4～5 人为一组，全班同学分成若干小组；

(2) 小组中，每人通过网络采集至少一个公关礼仪案例；

(3) 以小组为单位，讨论所采集案例蕴含的公关礼仪的作用与基本原则；

(4) 每组派代表在全班做总结发言；

(5) 将优秀案例提交到网络学习平台。

【实训要求】采集到典型的公关礼仪案例，能够联系相关知识，分析案例所体现的公关礼仪的作用与基本原则。

【实训评价】

评价指标	自我评价	小组评价	教师评价
参与度			
完整性			
准确性			
成效性			

五、内容小结

任务四主要介绍了公共关系礼仪的作用、基本原则与主要内容，如图 4-1 所示。

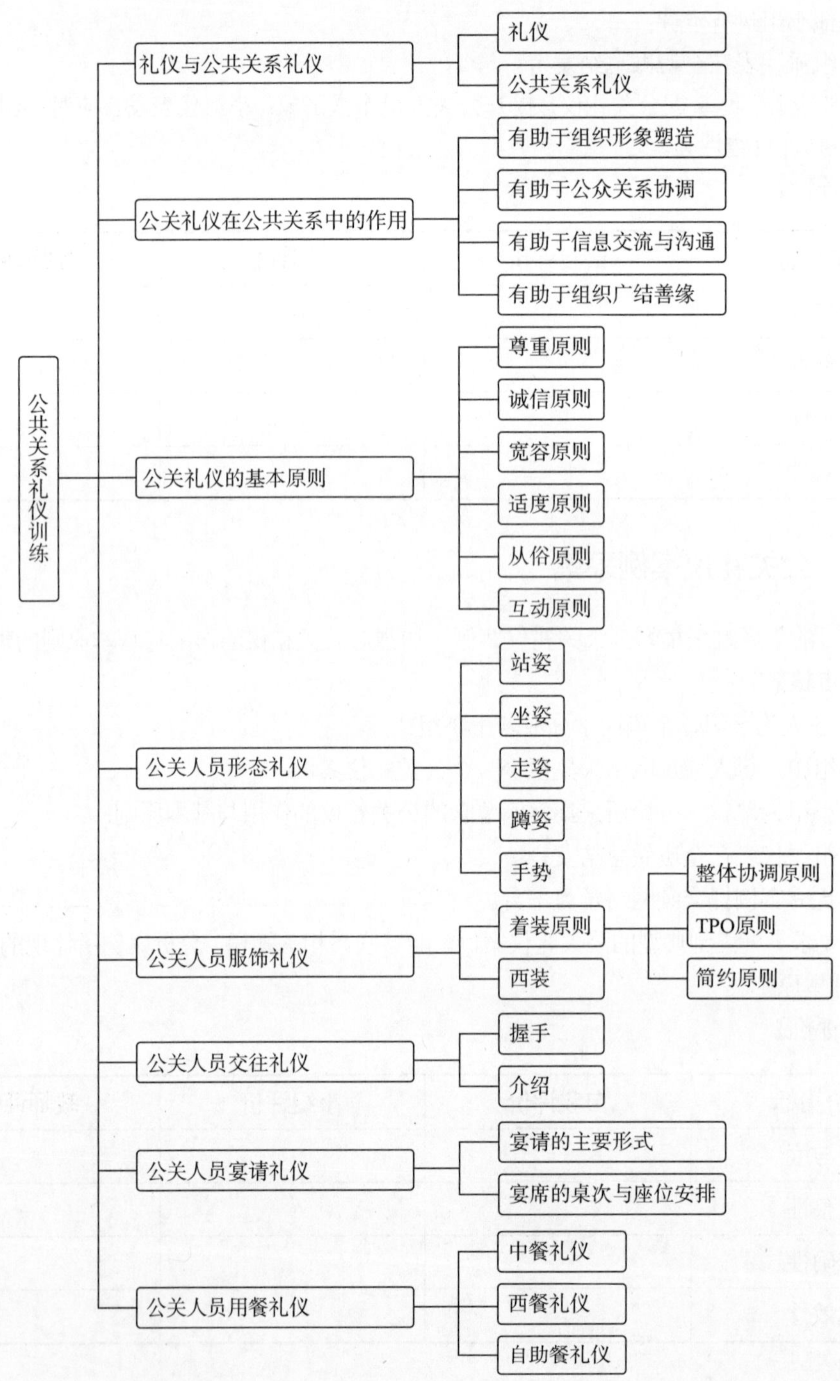

图 4-1　任务四知识点结构图

六、课后自测

(一) 判断题

1. 男士穿着西服外出时，身上有三个部位的颜色必须协调统一，这三个部位分别是鞋子、腰带、公文包。最理想的选择是三者皆为黑色。 (　　)

2. 在正式场合，尤其是对外商务交往中，穿夹克打领带是不允许的。 (　　)

3. 西餐上菜的一般顺序是开胃前食(也叫头盘)、汤、鱼、肉、色拉、甜点、水果、咖啡或茶等。 (　　)

4 西餐时，将餐巾放在自己的椅背上，表示已用餐完毕。 (　　)

5. 多次少取是自助餐礼仪之一。 (　　)

6. 客人辞行时，应是客人先伸手表示辞行，主人才能握手告别。 (　　)

(二) 选择题

1. 刀右叉左，刀口向内，叉齿向下，呈八字形摆放在餐盘上，意思是(　　)。

A. 尚未餐毕　B. 不想吃了　C. 正在用餐　D. 已经吃完

2. 领带夹的位置不能太靠上，以衬衫从上往下数的(　　)衣扣之间为宜。

A. 第一粒与第二粒　B. 第二粒与第三粒

C. 第三粒与第四粒　D. 第四粒与第五粒

3. 进餐时始终右手持刀，左手持叉，一边切割一边叉而食之，这种刀叉用法较为正规，这是刀叉的(　　)。

A. 英式用法　B. 美式用法　C. 日式用法　D. 中式用法

4. 不属于国际通行的服饰穿戴 TPO 原则的是(　　)。

A. 时间原则　B. 简约原则　C. 场合原则　D. 地点原则

5. 西餐餐巾较大，可折叠一下(可折成三角形或长方形，开口向外)，一般放在(　　)。

A. 双腿上　B. 别在衣领　C. 挂在胸前　D. 挂在餐桌边沿

(三) 简答题

1. 西服穿着的“三个三”原则是什么？

2. 服饰着装的原则是什么？

3. 宴请的主要形式有哪些？

4. 西餐礼仪要注意哪些方面？

七、课外拓展

(一) 拓展阅读

礼仪之源

在西方，“礼仪”一词源于法语的 etiquette，原意是法庭上的通行证，要求进入法庭的人必须遵守规矩和行为准则。当 etiquette 一词引入英文后，就有了礼仪的含义，意思是人际交往的通行证。

在中国，礼仪是一个复合词，由“礼”和“仪”两部分组成。按《说文》的解释，“礼”本来反映的事物是祭祀敬神，以求神灵降福，由此引申出表敬意的意思。按《辞源》的解释，“仪”有两层意思，一是容止仪表，二是法度、标准。中国素有“礼仪之邦”的美誉，对礼的讲究历史悠久，很早就把“礼仪”提升为社会典章制度和道德教化要求，仁、义、礼、智、信被称为“五常”。最早记载中国古代礼制的著名典籍有三部：《周礼》《仪礼》《礼记》，统称“三礼”。其中，《周礼》主要记载典章制度，《仪礼》偏重人们的行为规范，《礼记》则是对古代礼仪的阐释性说明。其后，中国古代礼制不断发展和完善，并成为中国古代文化的核心内容之一。

(二) 知识拓展

操办宴会“六 M”规则：会见(meeting)、费用(money)、菜单(menu)、环境(media)、音乐(music)、举止(manner)。

(三) 课外实践

以小组为单位，调查一家本地公司的公共关系礼仪规范。

任务五　公众沟通能力训练

【任务描述】

1. 为某公共关系案例中处于危机事件中的组织代写一封致歉信。
2. 帮助公司解决公众沟通难题。

【目标与成果】

能力目标	知识目标	课程思政
1. 能运用人际互动沟通技能做好公众沟通; 2. 能采用不同的沟通方式处理公共关系	1. 掌握沟通与公众沟通的含义、功能、类型; 2. 了解公众沟通基本技巧	1. 训练公众沟通技巧时，强调真诚友好，遵循尊重、理解等原则; 2. 选择公众沟通方式、渠道时，强调以人为本与创新性
学习成果	1. 公众沟通技能提升; 2. 实训项目实训成果：一封致歉信和两个说服方案	

一、案例导入

案例一　万科物业锦旗风波

万科物业锦旗风波，说理式声明的公关价值

位于宁波镇海的中梁首府小区上演了业主给万科物业送锦旗的一幕，锦旗上的内容为“赠：万科中国好物业 干啥啥不行 收钱第一名”。该事件立马传播开来，并引发其他小区业主模仿。例如重庆长寿某小区也有业主敲锣打鼓给小区物业送去锦旗，锦旗上的内容如出一辙。

宁波万科发布声明公开回应称，中梁首府小区部分住户是因为物业启动了收取地库人防车位租赁费的事而将上述锦旗送到公司手里，“收钱”并非空穴来风。这份声明为宁波万科物业扳回一局，赢得不少声援。万科此次较为成功的公关离不开这份声明中的“说理艺术”。

首先，宁波万科在这份声明中不仅陈述了事件过程、事发原因，还附带着对于此事在舆论场中扭曲传播的评述。“一时间只剩下满屏嘲讽，不见真问题。”“一面锦旗把行业放到放大镜下，嬉笑怒骂，看客各自欢腾。”这些舆论分析可以将网友之前的戏谑情绪导向理性，冷却情绪，将舆论目光吸引至自身对于事实的解释，争取到极大的发声空间。

其次，这份声明中，宁波万科物业既回应了业主，又回应了整个物业行业，为自身树立了“完美人设”，赚足路人缘。在历数企业服务理念、回顾工作业绩之后，宁波万科表示“作为服务者，我们有义务用系统性的思考去解决客户的问题，而不是单纯地追究问题归属于谁”，这样极具思辨性的表态进一步为“讲道理”人设添砖加瓦。同时，宁波万科也不忘提及该事件给其他物业公司造成的负面影响，描述物业工作人员的奔波，在整个行业中赚取好感，稳固行业领头羊地位。

最后，宁波万科表示，鉴于该事件已给物业行业造成的负面影响，公司拟提出申请，退出中梁首府小区物业服务工作。敢于抽身，更精于打好舆论仗后抽身，成为声明中所表达态度的最有力佐证。这次危机以闹剧开头，在宁波万科的有力扭转之下，以万科物业的利落离开收尾。

(资料来源：https://mp.weixin.qq.com/s/iOLlg_w_LLl80nVi4oanqw)

思考：宁波万科为何能通过一份篇幅不长的声明获得极大话语权，并拉近与同行的关系、赚足路人缘？

案例二　星巴克气氛组

星巴克气氛组：如何巧用自嘲式公关

12 月 20 日，网友的一则调侃让“原来星巴克还有气氛组”这一话题上了微博热搜。调侃的内容是，有人问:“坐在星巴克里拿着笔记本电脑的那群人到底是什么职业？”其朋友开玩笑回答说，他们是星巴克的气氛组。

星巴克官方看见热搜后，发出了“这是怎么一回事”的疑问，还提出要去门店视察，视察后对此事进行了反馈，于 12 月 21 日发布招募官方气氛组的微博。

招募信息发布后，许多网友觉得新奇有趣，纷纷发朋友圈称要申请加入气氛组。星巴克的这一举动为自己带来了一波不小的流量和关注。

星巴克收集与组织相关的日常舆情信息，洞察网友的行为，体现出该组织对消费者的关心与感知。然后在合适的时机顺势造梗，借这样一个机会与大家进行了一场互动，大众的行为得到重复和强化，增强了这件事对品牌和组织所带来的影响力。

星巴克官方在一个正确的时机和情景下做了一件正确的事，各种条件的组合带来了此次自嘲式公关的成功。

(资料来源： https://mp.weixin.qq.com/s/QEp4cjA2qYjLIzI_1SAlMw)

思考：案例中，星巴克与公众的沟通有哪些特点？

二、相关知识

知识点一　什么是沟通

沟通是指两个或两个以上的人和组织传递、交换思想、信息与情感的活动。沟通存在于生活、工作的方方面面，可随时随地发生。沟通是一种双向互动、表达与反馈的动态过程，包括信息发送者、信息接收者、沟通信息、沟通渠道、沟通背景等要素。沟通的过程如图 5-1 所示。

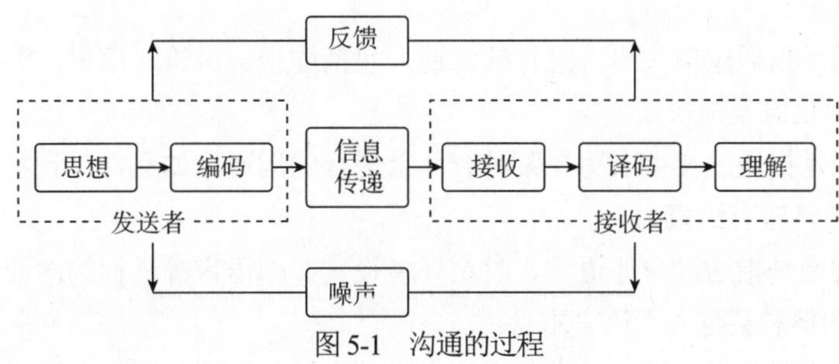

图 5-1　沟通的过程

知识点二　沟通的功能

(1) 心理调节功能。与人沟通、与人接触、与人交往，是具有社会属性的人的基本需求，人们在沟通中学会处理各种社会关系，也通过沟通了解和认识自我，调整心理认知，建立客观的自我评价。

(2) 社会关系功能。人们在沟通中了解他人，也被别人了解，所以通过沟通可以增进相互间的认识，消除隔阂、误会与摩擦，联络情感，建立并发展与他人的关系，保持或改善社会关系网络。良好的社会关系网络可以促进个人与组织的发展与成功。

(3) 决策影响功能。许多决策失误都是由信息不畅、资料不全造成的，而沟通可以传递资讯，充分的信息传递可以帮助人们做出正确的决策，有助于人们处理生活、工作中的种种事务。另外，人们做出的决策需要通过沟通来使别人同意或得到别人的帮助，使人们统一思想、协调行动，所以，沟通又具有影响他人的功能。

知识点三　沟通的类型

1. 按对象分为自我沟通、人际沟通和群体沟通

(1) 自我沟通是个体自己与自己的对内沟通，包括自我反省、情绪管理、压力沟通等。自我探知、自我排遣可以平衡心态，有助于保持良好的心境，获得更好的发展。

(2) 人际沟通是两个人之间的信息交流过程，人际互动是人的基本需求，能使人得到满足

和愉悦。

(3) 群体沟通是指两个以上的人之间进行的沟通，如会议、演讲等，是大众传播、群体决策的基础，是管理沟通的主要方式。

2. 按功能分为工具式沟通和感情式沟通

(1) 工具式沟通是把沟通当成一种工具，希望通过信息沟通影响和改变信息接收者的行为，从而达到自己的目的。

(2) 感情式沟通是通过表达感情，获得对方精神上的同情或谅解，从而改善相互之间的关系。

3. 按方法分为口头沟通、书面沟通、非语言沟通和电子媒介沟通等

(1) 口头沟通是指通过口头语言进行的沟通，包括面谈、讨论、演说、汇报等形式。口头沟通是双向交流，信息反馈快。

(2) 书面沟通是指通过文字书写在某种载体上进行的沟通，如文件、刊物、策划书、书面报告等，较为规范，较有约束力。

(3) 非语言沟通是指通过身体语言、时空环境设定、副语言等进行的沟通。非语言在面对面沟通中能传递的信息甚至大于语言本身。

(4) 电子媒介沟通是指借助电子设备，如电报、电话、电视、卫星、网络、可视会议系统等，进行的沟通，可以突破时空、容量限制，价格低廉。

4. 按组织系统分为正式沟通和非正式沟通

(1) 正式沟通是指在组织系统内，根据组织的管理制度，通过正式渠道进行的沟通，如文件信函和召开会议等，比较正式，权威性强。

(2) 非正式沟通是指正式渠道之外的沟通，不拘形式，传播速度比较快，效率比较高，但难以控制，信息容易失真，可能影响凝聚力。

5. 按方向分为上行沟通、下行沟通和平行沟通

(1) 上行沟通是指组织或群体中，低层向高层的沟通，如报告、请示、合理化建议等。

(2) 下行沟通是指高层向低层进行的沟通，如通知、命令、工作安排等。

(3) 平行沟通是指同一层次或职级的人员之间的沟通。

6. 按反馈与否分为单向沟通和双向沟通

(1) 单向沟通是一方发送另一方接收而不予反馈的沟通。单向沟通信息传递速度快，但准确性较差，还容易使接收者产生抗拒心理。

(2) 双向沟通是发送者和接收者之间的身份不断交换。信息发出后，另一方及时听取反馈意见，双方可多次重复协商讨论。双向沟通信息准确性较高，接收者有平等感和参与感，但需要花费较多的时间。

知识点四　公众沟通的含义及特征

1. 公众沟通的含义

公众沟通指公共关系中社会组织与其公众之间的沟通。社会组织通过一系列的活动与公众进行有效沟通，从而实现公众与组织的相互了解，培养公众对组织的好感，取得他们对组织的理解、信任和支持。

2. 公众沟通的特征

(1) 公众沟通强调信息的双向流动，是了解公众态度并调整组织行为的过程。

(2) 公众沟通与职业相关，形式多样，包含组织沟通、媒体沟通、人际沟通等多种形式。

(3) 公众沟通的目的是协调与公众间的利益，与公众建立良好关系。

(4) 公众沟通必须遵循一定的原则，公众沟通原则建立在公共关系基本原则的基础之上。

知识点五　公众沟通技巧

1. 把握公众心理特征

公众心理是指在公共关系情境中，公众受组织行为的影响和大众影响而形成的心理现象和心理变化规律。组织只有深入把握公众心理，才能据此采用有针对性的公关方法，进行有效的公众沟通，对公众产生积极的影响。

公众可以以个体形式存在，也可以以组织或社会群体的形式存在。在公关工作中，组织既可能面对个体公众，也可能面对公众群体，需要对公众个体和公众群体的心理特征分别进行分析、把握与利用。

(1) 公众个体心理特征。公众个体心理特征是指表现于公众个体身上的最稳定、最根本的心理特征，主要包括能力、气质和性格三个方面。能力是指直接影响活动效率，使活动顺利完成的本领，如观察力、记忆力、感受力、鉴赏力等，不同个体能力上的差异导致他们有不同的意识、评价、决策和行为方式；气质是个体心理活动的强度、速度、稳定性、灵活性与指向性等方面的典型的、稳定的动力特征，人类有不同的气质类型，影响人的活动风格和活动效率；性格是指人对现实的稳定态度及相应的习惯化的行为方式和心理特征。性格不同于气质，气质具有生理性特点，而性格主要是在社会实践中形成的；气质无好坏之间，而性格有优劣之别，如诚实、善良、谦逊、朴实是良好的性格特征，而贪婪、吝啬、虚伪、骄傲是不良的性格特征。

公共关系工作中，公关人员可通过公众个体的相貌、肤色、体型、发型、服饰等外部特征和公众个体的言语、动作，分析和判断不同公众个体的个性心理特征，灵活运用沟通方式和公共关系手段，把公共关系工作做得更好。

(2) 公众群体心理特征。公众群体是指具有共同利益和共同需要的公众个体在一定的社会活动中，以特定的方式组合而成的共同体。公众群体是公众个体的集合体，但是公众群体的心理特征不是个体心理特征的简单相加，个体心理在群体环境影响下会发生一定的变化，形成一些共同的心理状态或心理倾向。公众群体的心理特征表现在以下几方面。

① 归属意识，是群体成员对群体产生的认同感、公平感、安全感、价值感、使命感和成就感的总体体现。内聚力越强的群体，成员的归属意识越强。

② 认同意识，是群体成员在认知上和群体保持一致的情况。群体成员对群体目标、重大事件和原则问题有一致的认识和评价，并在此基础上产生自觉、自愿的行动。一般来说，大群体内部的认同程度相对低于小群体内部的认同程度。

③ 凝聚意识，指群体成员因群体对其具有强烈吸引力而形成的意识。群体成员之间会因共同的背景、目标、利益或兴趣、爱好等产生相互吸引的凝聚力。一般情况下，群体规模越小或面临的外界压力越大，凝聚力越强。

④ 整体意识，指群体成员意识到自己所在群体的整体性和共同性。整体意识是归属意识和凝聚意识的必然结果。一般来说，整体意识越强，其行为和其他成员的行为越容易达成一致。

公共关系工作要加强组织内部成员的归属意识、认同意识、凝聚意识，克服外部公众群体因归属感、认同感、凝聚力和整体感而产生的排外倾向，有针对性地开展沟通和联络工作。

2. 了解公众现实需求

与公众做好沟通，必须了解公众的现实需求。在沟通内容和沟通方法上，优先考虑并满足公众的利益，从实际出发解决实际问题，才能真正投公众之好，赢得公众好感。

(1) 公众需求层次。根据马斯洛需求层次理论，人的需求依次有生理需求、安全需求、社交需求、自尊需求和自我实现的需求。当低层次需求获得满足后，注意力会集中到更高层次的需求上。个体公众同样具有这些需求层次。组织公众的需求层次有所不同，可以大致分为经济效益需求和社会效益需求两个层次，两种需求紧密结合，不同类型组织的需求重点不一样。

(2) 公众需求特征，包括以下方面。

① 确定性。公众的需求总是确定的，即可以确定是针对某种或某几种物质产品或精神产品。公关人员要找到公众的确定性需求，不能不清楚或误解、弄错。

② 可变性。公众的需求总是随着时代、环境的变化而不断变化的，公关人员要通过不断的学习、调研、评估去了解公众发生变化的新需求，不能固守成见、自以为是。

③ 差异性。不同的公众，需求的内容、层次、强度、数量存在着差异。如消费者公众，在购买产品或享受服务时，存在不同的审美、习俗、情感、价位、文化需求；社区公众需要的是社区环境、社区安全、社区发展；而媒体公众需要的是新闻价值和体现新闻工作职业道德。公共关系人员要了解其中的差异性，区别对待不同的需求。

3. 采用多种沟通方式

(1) 人际互动沟通。人际互动沟通主要指人与人面对面的语言沟通。公共关系要处理与各种各样的公众类型之间的关系，人际互动沟通是最基本、最重要的沟通方式。公共关系人员代表的是组织，但作为个体的人，有人的个性、情感、温度，可以赋予组织人格特性，增强组织对公众的吸引力、亲和力。人际互动沟通存在于公共关系工作的各个方面，对内部公众的工作会议、日常谈话、管理协调，对外部公众的商务会谈、对话、谈判、宴会、答谢会、招待会、听证会、论证会等，都需要人际互动沟通。人际互动沟通最主要的特点是可以依赖非语言，取得更好的沟通效果。非语言沟通不仅可以传递信息、沟通情感，还能充分展示公关人员及其所在组织的文明程度、道德水准、管理风格，所以人际互动沟通要特别注意恰当使用非语言。整洁、得体的衣着装扮，从容、优雅的气质风度，真挚、热诚的表情动作，坦率、友善的声音语调等，形象生动、协调一致地传递语言信息，可以使公众沟通更明晰、更有效。

(2) 书面语言沟通。书面语言沟通指运用书写在某种载体上的语言文字进行的沟通。公共关系工作中针对公众发送的书面文本包括对内部公众的公关计划、总结、请示、报告、通知、员工手册、讲话稿、内部宣传文章等，还包括对外部公众的声明、新闻稿、演讲稿、广告、简报、合同协议、产品说明书、贺信、感谢信、致歉信、请柬、名片、调查报表等。书面语言沟通相对更为规范、正式、权威，因而在写作上要求更为严格，如语言运用要准确、严密，合乎逻辑与语法，合乎事实与政策，把握好分寸；格式要规范，必须遵循通用的格式要求；文笔要清新生动而又简明务实，讲求时效；文面设计上要求庄重大方、热烈而富有艺术感染力；等等。

(3) 电子媒介沟通。电子媒介沟通是由计算机技术与电子通信技术结合而产生的、依靠一定电子终端设备如电话、电子邮件、传真、手机短信、电视、电影、网络等等，进行的信息沟通。随着互联网信息技术的发展，越来越多地出现综合运用视频、音频、动画、3D 影像、交互网页等进行的富媒体沟通。新技术在公众沟通领域的应用十分广泛，如微信、微博等自媒体传播中的图文音视频结合的公关文章，具有交互功能的 H5 页面邀请函，由 2D 或 3D 的影视动画、计算机语言组成的具有互动效果的网络广告，网络社交平台沟通等。电子媒介沟通要求公关人员与时俱进，掌握足够的新媒体信息技术，有创意、多形式地与公众进行沟通，可以增强传播与沟通效果，提高吸引力。

(4) 活动项目沟通。活动项目沟通是指通过开展各种公共关系活动与公众建立联系、增进了解的沟通方式。不同的公共关系活动项目可以产生不同的公众沟通效果，例如形象调查可以吸引公众参与组织发展的讨论，了解公众对形象的认识程度，以便进一步改善组织形象；招待会、宴会等可以与广大公众保持联系，增进友谊，改善关系；服务性、赞助型活动可以使公众获得实惠与帮助的同时，增进公众对组织信誉、责任感的深刻体验，提升对组织的好感与满意度；等等。活动项目沟通要求公共关系人员在充分调研的基础上，认真策划有针对性、有创新性的公众活动，实施过程有条不紊、组织严密，在公众心目中留下专业、高效的组织形象。

4. 注意人际沟通艺术

(1) 遵守人际沟通基本原则，包括以下方面。

① 尊重原则。尊重每一个人，人人需要被尊重。公众沟通时，注意言谈举止应礼貌、谦逊，善于倾听对方的心声，重视公众个体特性与生命价值，由此获得公众的认可与信任。

② 诚信原则。公众沟通中应诚实、守诺，通过坦诚沟通，呈现真实自我，实事求是，胸怀坦荡。组织的观点、愿望和要求能否为公众所接受，往往与组织在公众沟通中的真诚程度成正比。

③ 理解原则。懂得关爱与理解，能设身处地站在公众的角度看问题，用同理心去体验、接纳公众的感受和情感，建立彼此间的了解、信任与默契。

④ 宽容原则。人非圣贤，孰能无过？学会宽容，善于原谅。宽容能有效化解紧张与冲突，有助一地妥善处理各种矛盾。

⑤ 赞美原则。公众沟通时多给对方以赞美，真诚地欣赏对方的行为和价值，可以释放其身上的能量，调动其积极性。

⑥ 互动原则。公众沟通中要及时做出反应，使交流在互相衔接、相互碰撞、彼此感染中不断深入，实现沟通的目的。

(2) 突破人际沟通障碍。沟通障碍是指信息在传递过程中，由于各种因素的干扰而导致信息失真的现象。公众沟通中需要突破的人际沟通障碍主要有以下几种：

① 语言障碍。公众沟通中的语言障碍来自语言表达能力的限制和不同语言类型的使用，如沟通者词不达意、逻辑混乱，或沟通双方使用不同的语言、方言。公关人员首先自身语言表达应明晰、准确，不制造表达力障碍，还应至少掌握一门外语，以应对涉外沟通的需要。

② 人际障碍。人际障碍指人和人之间存在的引起沟通障碍的不利因素，如年龄差异造成的代沟、个人偏见带来的态度障碍、认知差异引起的争议冲突等。公共关系人员需要从各方面提升自己的修养，学会消除各种人际障碍。

③ 心理障碍。心理障碍指由于沟通者个性心理的影响造成的沟通障碍，如自卑、害羞、孤僻、自傲、狂妄、猜忌等。公共关系人员要培养与保持良好的心理素质，消除沟通心理障碍，如与人交往的胆怯、上台演讲的恐惧等，还应具备一定的心理学知识，在面对具有不同心理障碍的公众时也能做好有效沟通。

④ 文化障碍。文化障碍指由不同文化环境产生的不同思维方式和价值观念而带来的沟通障碍。公共关系人员经常要面对不同文化环境中的公众，需要了解对方的文化特点，尊重不同的文化现象，加强自身跨文化交际能力，避免因文化差异造成误解，影响公众关系。

⑤ 环境障碍。环境障碍指由沟通的时间、场所、距离或社会大环境带来的沟通障碍。公共关系人员进行公众沟通时，特别要注意时间的选择、场地的布置，跨地域或跨国环境要与当地的自然、人文、政治环境相适应，消除环境沟通障碍。

(3) 提高语言沟通能力。语言沟通是公众沟通的重点，公众沟通的许多场合都要求有较高的语言能力，如新闻发布会、公开演讲、危机处理、谈判等。下面强调几种重要的语言能力。

① 说服能力。说服是以求得对方的理解和行动为目的的谈话活动。公共关系人员在信息宣传、品牌营销、客户投诉处理、谈判等公众沟通活动中都需要用到说服技巧。进行说服工作前先要透彻了解对方，知己知彼，说服时要注意地位平等、话语有分寸。注意语言逻辑，用数据和事实材料说话，增强信服力。可迂回进言或婉转暗示，坚持不懈，学会等待，绝不施加批评或指责。

② 谈判能力。社会组织与公众之间为了寻求一致的观点和利益，经常需要通过谈判来达成。谈判时，要遵守平等互利、开诚布公、沉着冷静、求同存异、信誉至上的原则，运用巧妙提问、巧妙答复、花样说服、委婉拒绝等相关技巧，可采用声东击西、旁敲侧击、软硬兼施、共识演绎、真诚赞美、时间限制等谈判策略，达成理想的谈判效果。

③ 接受采访。与媒体沟通、接受媒体采访是公共关系人员的经常性工作。接受采访时，要注意在明确访谈主题和重点的基础上，稍做条理化的语言组织和准备，注意传递出组织最精彩、最重要的信息和观点，避免空话、套话，多说数据和细节，语言简明、通俗而有个性。

④ 幽默语言。 幽默可以使谈话有趣，活跃气氛，提升个人魅力，还是避免冲突升级、合理解决问题的最好方式。在特定的语言环境下，有意地曲解词义、转换背景，巧妙应对，可以避免激发对立情绪，以免造成两败俱伤的后果。幽默的技巧有很多，公共关系人员掌握一些基本的幽默技巧，可以使自己在公众沟通中更加善解人意、灵活机智，提升公众的好感度。

三、课堂分析与讨论

(一) 案例分析

错把牛年当马年，福特中国上演变相营销

福特中国官方微博发布的一则广告引起热议，文案为“2021 中国 · 马年”，“指牛为马”的营销手段很快便引来不少网友的吐槽。对此，福特中国官微回应称，中国的电动野马制造元年，简称中国马年。

2 月 1 日下午，@福特中国就此前宣传文案中措辞“马年”一事致歉，表示其表述不严谨、言辞欠精准，由此引起误解。

有网友指出，以中国传统文化来进行热点营销本无可厚非，但是故意以常识性错误来博人眼球，国内消费者恐怕难以接受，这种事件并不适合抖机灵。

(资料来源：https://baijiahao.baidu.com/s?id=1690476539307063945&wfr=spider&for=pc)

分析：对福特中国上演的变相营销，你怎么看？

参考观点	你的观点
中华网财经：从头到尾，这就是生动的“社会性死亡”现场。 万能的大叔：不得不说，@福特中国这波新车造势玩得挺溜，最关键吧，省钱。 张浩淼：一个国家的传统文化和民族自尊，是每个营销创意者心里都该有的内容底线，面对这条底线，我们要严肃，要敬畏，不能拿这条底线随意开玩笑。这次福特的广告，除了开传统文化的玩笑，甚至把用户也当成了玩笑，这也是这次营销让用户愤怒的原因之一，别让用户成为小丑	

(二) 观点讨论

【观点讨论 5-1】　　如何看待 Y 明星的公众沟通

Y 明星的粉丝在与 Y 明星合作的造型师的微博评论区斥责 Y 明星造型，称 Y 明星的颜值被浪费、眉毛画得丑、团队不上心，并吐槽造型师。随后，Y 明星连发评论回怼粉丝，“请尊重我的合作伙伴，这种挑剔很过分”“碍你眼了，我爸妈就生这样”“我们的关系是，我创作你欣赏，不喜欢就取关”等言论，引发粉丝和网友热议。

(资料来源：https://3g.china.com/act/news/10000169/20210125/39221611.html)

参考观点	你的观点
“请尊重我的合作伙伴，这种挑剔很过分”这一句回复，语气较为恰当，很好地向粉丝与合作方表明了自己的态度，可以在一定程度上起到正确引导粉丝、安抚合作方情绪的作用。但其他评论有失偏颇。明星与粉丝的关系应该是双向互动，明星有原则地宠粉有利于获得好感度，而“我们的关系是，我创作你欣赏，不喜欢就取关”这句话，回应得有些绝情。“碍你眼了，我爸妈就生这样”语气过重，很有可能使粉丝寒心，此类强硬方式不适用于明星处理与粉丝的关系	

【观点讨论 5-2】　某金融公司土味广告，低俗营销犯众怒，你怎么看

某金融公司在抖音等短视频平台投放的一系列借贷广告引来广泛批评。该系列广告内容异曲同工，均为在不同场景之下，某人面临突发的经济困难，遭到身边其他人的鄙视，然后出现一名男子拿过此人手机简单操作后，即可得到一笔某金融公司的贷款资金。这些广告中将借贷目标用户锁定在缺乏金融常识的基层劳动者等低收入群体上，存在恶意推销之嫌，更体现出企业缺乏传播正确价值观的社会责任感。

(资料来源：https://baijiahao.baidu.com/s?id=1686409851716262085&wfr=spider&for=pc)

参考观点	你的观点
某金融官方微博承认该广告存在严重的价值观问题，并表示已将其下架，会在之后的广告中加大审核力度等。 传说公关：其广告内容严重挑战了社会价值观底线，因此公众对其品牌产生负面情绪。此类广告多投放于短视频流量平台，目标用户为缺乏一定金融知识的基层劳动者人群，旨在为开拓下沉市场，扩大用户群体。但部分企业为了达到目的，发布诱导性广告，罔顾相关法规和消费者利益，失去了应有的社会责任感，不利于其与公众进行对话	

四、任务实训

实训一　写一封致歉信

【实训目的】根据具体公关案例中的情境需要，写一封致歉信，体会冲突环境下如何与公众沟通。

【实训步骤】

(1) 4～6 人为一组，全班同学分成若干小组。

(2) 以小组为单位，分析以下案例中的沟通情境：

抗日剧《雷霆战将》开播几天后，因为其剧情脱离历史，发胶、雪茄、高跟鞋、别墅等不符合该剧题材的道具广泛使用，得到网友一致差评以及《人民日报》的点名批评，没想到《雷霆战将》做了不当回应，让它再次陷入争议。本是组织挽回在受众心目中形象的好时机，却进一步激化了公众愤怒的情绪，最终导致该影片被下架。

(3) 请代剧组在收到各方差评后写一封挽回局面的致歉信。

(4) 每组派代表在全班公布致歉信内容，总结实训过程与心得。

【实训要求】小组成员积极参与，团队合作；讨论充分，致歉信内容合理、有效，表述明晰、准确。

【实训评价】

评价指标	自我评价	小组评价	教师评价
参与度			
完整性			
准确性			
成效性			

实训二 说服能力训练

【实训目的】通过说服情境角色模拟的形式，训练说服沟通技巧，提升说服能力。

【实训步骤】

(1) 两人为一组，进行说服情境角色扮演。

情境 1: 25 岁的你，人生第一次走向管理岗，一共只有 8 名下属，却个个都不把你当回事。偏偏这时候，公司要你安排一名老员工老刘在公司内部开展新项目，怎样才能说服求稳定的老刘去辛苦创业呢?

情境 2: 一家初创公司将在某酒店举办一场新品发布活动，邀请了所有客户。万万没想到活动前一天，酒店方突然通知要涨 50%的租金。如果换酒店就要重新通知用户，还会让人感觉这家新创业公司不靠谱，新品的成败更在于此!如何说服酒店改变涨租金的想法呢?

(2) 选派代表在全班发表实训感想。

【实训要求】两人合作，认真模拟扮演，说服语言及方法应明晰、有效。

【实训评价】

评价指标	自我评价	小组评价	教师评价
参与度			
完整性			
准确性			
成效性			

五、内容小结

任务五主要介绍了公关沟通的含义、特征与沟通技巧，如图 5-2 所示。

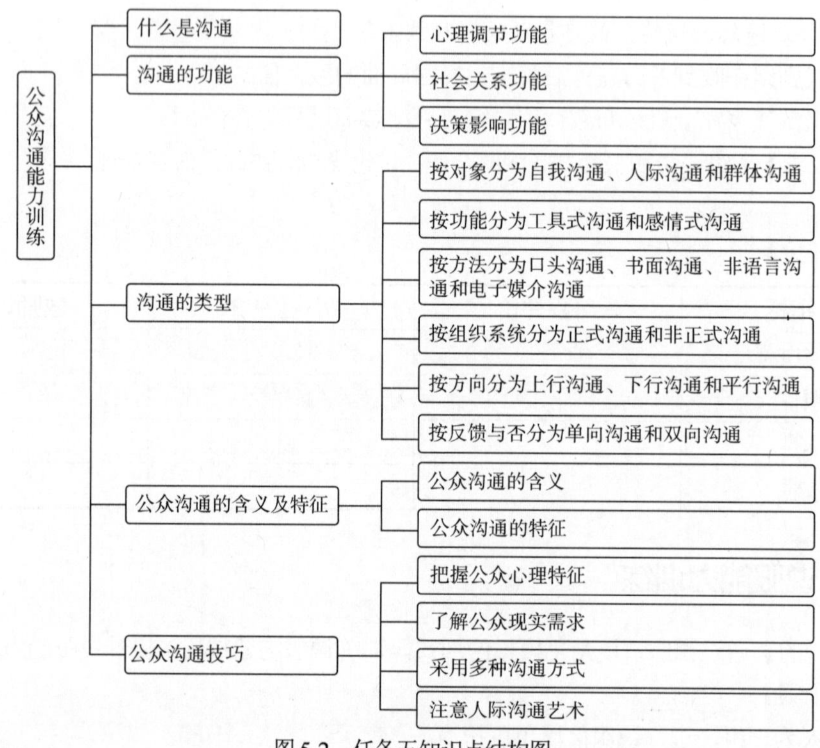

图 5-2　任务五知识点结构图

六、课后自测

(一) 判断题

1. 沟通是一种双向互动的、表达与反馈的动态过程。（　）
2. 沟通的决策影响功能是指沟通具有帮助人们做出正确决策的功能，又具有影响他人的功能。（　）
3. 通过信息沟通，影响和改变接收者的行为，从而达成自己的目标，这是工具式沟通。（　）
4. 心理学意义上的性格具有生理性特点，而气质主要是在社会实践中形成的。性格无好坏之分，而气质有优劣之别。（　）
5. 公众沟通原则建立在公共关系基本原则的基础之上。（　）
6. 人际沟通环境障碍指由沟通的时间、场所、距离或社会大环境带来的障碍。（　）

(二) 选择题

1. 沟通按沟通方法可以分为(　　)。
A. 口头沟通　B. 书面沟通　C. 非语言沟通　D. 电子媒介沟通
2. 沟通按反馈与否可以分为(　　)。
A. 正式沟通　B. 双向沟通　C. 单向沟通　D. 非正式沟通
3. 公众群体的心理特征表现为(　　)。
A. 归属意识　B. 认同意识　C. 凝聚意识　D. 局部意识
4. 公众需求特征具有(　　)。
A. 确定性　B. 共同性　C. 可变性　D. 差异性
5. 公众沟通的方式主要有(　　)。
A. 人际互动沟通　B. 书面语言沟通　C. 电子媒介沟通　D. 活动项目沟通

(三) 简答题

1. 公众沟通有哪些特征？
2. 什么是电子媒介沟通？
3. 人际沟通的基本原则包括哪些方面？
4. 人际沟通中需要突破的人际沟通障碍有哪些？

七、课外拓展

(一) 推荐阅读

《学会说服》，作者刘策，阳光出版社出版。《学会说服》做了以下努力：一是系统。试图把说服过程中需要注意的关键点、环节和过程展示出来，有利于全面把握说服的一般常识、技法特点、有效案例，针对不同说服的对象，制定应对方案，达到说服目标。二是提炼。试图找出在通常情况下，说服别人能够摸得着、拿得住的一般规律。三是实战。以实际为基础谋篇，以致用为愿望布局，以化解为目标诊脉，触及病灶，对症下药，实实在在地帮助读者清除说服过程中可能遇到的障碍，取得比较理想的说服效果。

(二) 课外训练

以小组为单位，每个同学扮演不同的角色，根据各小组自己编写的短剧剧本练习公关沟通技巧。

(三) 课外实践

对本地一家企业进行公共关系调查，调查统计该企业使用过的公众沟通类型与方式，并对其公众沟通效果进行分析与评价。

任务六 创意策划能力训练

【任务描述】

1. 进行大量的创新思维训练。
2. 为本校学生社团策划一个有创意的校园文化活动。

【目标与成果】

能力目标	知识目标	课程思政
1. 能打破思维定式进行创意策划； 2. 能写作活动策划书	1. 掌握策划、创意的含义，以及创意思维的基本类型； 2. 掌握公关创意策划的原则、过程和方法； 3. 了解活动策划书的基本结构与写作要求	1. 明确创意创新的时代意义； 2. 通过创意策划训练培养创新思维、创新能力
学习成果	1. 创新思维能力提升； 2. 学校社团活动系列创意	

一、案例导入

案例一　逆向思维营销

快闪店的逆向思维营销

5月20日，各大品牌的“520”海报宣传活动此起彼伏以博得消费者眼球。不同寻常的是，在这一天，静安区上的愚园路上开了一家“一天分手花店”，而且只为5月20日这一天。

快闪店负责人说，整个事件都是由一支“90后”团队策划的。从策划、文案、设计、物料准备、选址、谈判、开店，如此多的动作，他们仅花费36个小时。“花店装潢以分手为主题，墙上挂满了‘扎心’的巨幅海报，店内摆满了契合分手的花材，以雏菊、康乃馨、满天星、桔梗、风信子、黑菊、郁金香为主，主打‘暗黑系列’。”

快闪店的创意源自何处呢？项目负责人表示，只有从用户角度出发，真正发掘痛点，找到时下年轻人喜爱的方式，才能打动他们。刚开始，他们只是想在5月20日这天慰藉一下广大的“空巢”青年，以在各种营销战中脱颖而出，“就算分手，就算单身，就算一个人，也可以在这天有地方可去，哪怕是负能量的发泄，这就是我们想打造这家快闪店的初衷。”

在情感话题的基础之上，把花店设定为“只开一天”，把当下新颖的快闪店“过时不候”的特征表达得淋漓尽致，而且更加强化了5月20日当日“分手”话题的差异性。从一个反常规思路的“分手经济”并加上独具特色的文案表达来刺激消费者购买。

(资料来源：http://www.why.com.cn/epaper/webphone/qnb/html/2017-07/25/content_33517.html)

思考：“一天分手花店”的创意体现在哪些方面？

案例二　创意广告

如此广告“创意”

1月7日，某品牌在社交媒体发布了一条标题为“全棉小剧场防身术”的广告，内容为一位漂亮女孩在深夜被尾随，她灵机一动，从包里掏出一盒该品牌卸妆巾，迅速卸完妆后回头与歹徒对视时，因“太丑”而把歹徒吓跑。该视频广告中，甚至还夸张地配有跟踪者看到女子卸妆后素颜发出的呕吐音效，以及字幕“呕……”。

这条丑化、物化女性视频的上线很快引起了网友的不满。作为一款以生产卫生巾、卸妆巾、纸尿裤等以女性为目标客群的产品，却在广告中丑化、物化女性，这首先引起了女性的反感。

与此同时，这则广告给女性消费者的另一感受在于受害者有罪论。在许多性侵事件中，女性常常会因为“穿着暴露”“打扮招摇”反而遭到社会舆论的谴责，该广告传递的信息也同样如此。

短短两天时间，微博上相关话题浏览量突破1.3亿，评论数超5.7万。

然而，面对网友最初的抵抗情绪，该品牌的回应却更难令人接受：“视频是广告创意，是为了突出商品的清洁功能，没有任何物化女性的意思。”

1月8日，全国妇联机关报《中国妇女报》对此事评论称：“事关女性安全，如此严肃的恶性事件，却被商家轻飘飘地以所谓的‘创意’为说辞，美化犯罪者、丑化受害者，充满了偏见、恶意、无知。女人是消费者不是消费品，侮辱女性的‘创意’广告遭到舆论指责是必然的，被冒犯的广大女性消费者会用脚投票，不会为侮辱性‘创意’买单。”

(资料来源：https://www.sohu.com/a/443702275_825610)

思考：该品牌所称的广告“创意”为何遭到全民指责？创意应如何守住道德底线？

二、相关知识

知识点一 策划的含义

什么是策划？“策”意为计策、对策、谋略、主意、办法；“划”意为通过兵力、实力、人力、物力、智力的调动把策略办法落到实处。策划就是个人或组织机构，根据一定的目标要求，在充分调查、分析现有条件的基础上，遵循一定的程序，运用科学思维和方法，对某一社会活动进行系统性构思、谋划和设计，制定科学、可行的应对方案，从而达到最佳效果的创造性活动过程。

具体分析，策划包含以下几方面的含义。

(1) 策划是一种能动的思维活动，是一种智慧创造行为。

(2) 策划必须按一定的步骤、章法去思考问题，策划的过程可以分解为一些相对独立又相互联系的阶段。

(3) 策划活动面向未来，它以特定的目标为中心进行全面构思和设计。

(4) 策划要在符合客观规律的前提下去进行，它根据所掌握的各种现实情况与信息，判断事物发展变化趋势，选择合理、可行的行动方式。

(5) 策划既包括新颖的思路、对策，也包括具体的行动方案，策划是按程序运作的系统工程。

知识点二 创意与创新思维

1. 创意

策划是一种从无到有的活动，特别强调创意。什么是创意呢？简单地说，创意是创造性的想法、意见；具体地说，创意是人们头脑中产生的新的思想、点子、立意，是一种创造新事物或新形象的思维方式。创意不能是模仿、重复、循规蹈矩、似曾相识，大多数人都能想到的，绝不是好的创意。

2. 创新思维

产生创意需要创新思维，创新思维主要有以下几种类型。

(1) 求异思维。求异思维是一种富有创见性的思维，即在思维中自觉突破消极的思维定式的束缚，不断变换角度思考问题，创造出新颖、独特的思维成果。

求异思维要求打破思维定式。思维定式是人们按经验和思维习惯去考虑问题、分析问题的固定思路与程序，积极的思维定式可以提高工作效率，帮助人们解决大部分问题，但消极的思维定式会阻碍人们创造性地解决问题，形成较大的负面影响。消极的思维定式包括线性思维、习惯思维、惯性思维、点状思维、偏见思维等经验性思维，也包括对权威人士的言行不自觉地认同与盲从的权威型思维，还包括盲从众人认知与行为的从众型思维，以及对书本知识完全认同与盲从的书本型思维。我们需要挑战思维定式，挣脱束缚，敢于质疑权威与书本，大胆探索，勇于尝试，突破与超越现有的模式、方法、观念，训练创新思维。

(2) 发散思维。发散思维是对同一问题从不同层次、角度、方向进行思考探索，从而发现新结构、新点子、新思路的思维过程，着重点是从同一来源中产生各种各样为数众多的输出，如图 6-1 所示，即从问题的要求出发，沿不同的方向去探求不同的答案，所以发散思维又叫求异思维。心理学家认为，发散思维是创造性思维最主要的特点，是衡量创造力的主要标志之一。

(3) 聚合思维。聚合思维又叫求同思维、集中思维、收敛思维，是指在解决问题的过程中，尽可能利用已有的知识和经验，把纷繁的信息和各种可能性逐步引导到条理化的逻辑序列中去，最终得出一个合乎逻辑规范的结论。与发散思维方向相反，聚合思维在众多的现象、线索、信息中，向着一个方向思考，把多种想法理顺、筛选、归纳、整合，从不同来源、不同资料、不同角度、不同层次探求一个解决问题的最好办法，如图 6-2 所示。

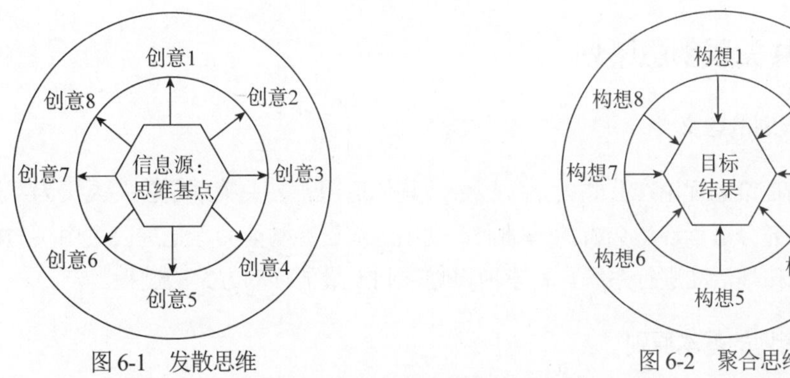

图 6-1　发散思维　　图 6-2　聚合思维

发散思维与聚合思维在创新思维中相辅相成，互为补充。只有发散而无聚合，必然导致混乱；只有聚合而无发散，必然导致呆板僵化，抑制创新。创新思维一般是先发散后聚合，一般都要经过两者的交替过程才能完成。

(4) 逆向思维。逆向思维又称反向思维、反面求索法，是指不按常规思路考虑问题，挑战“天经地义”“绝对正确”等传统思维，反其道而行之，从问题的另一面进行反向推想，反向思考。顺繁则逆，正难则反。人弃我取，人进我退，人动我静。逆向思维是发现问题、分析问题和解决问题的重要手段，有助于克服思维定式，常常能使人想到有创新而且十分巧妙的解决方案，是一种非常重要的创造性思维方法。

逆向思维模式不是绝对的，当大多数人掌握并应用一种公认的逆向思维模式时，它就变成了正向思维模式。

(5) 联想思维。联想思维简称联想，是根据事物之间具有的共同、接近、相似、相关或相对的联系和特点，进行由此及彼、由近及远、由表及里的思考，从而解决问题的一种思维方法。联想思维法是在创新思考过程中使用较多的一种思维方法。人类社会中，各类事物是普遍联系的整体，任何事物都是整体发展链条上的环节，各个因素之间相互影响，联想将看似没有关联的、令人意想不到的事物联系起来，往往可以获得重大的发现与创新的构想。

(6) 想象思维。想象是在头脑中将已经获得的知识、经验、信息等，进行加工、排列、组合，产生新的思想、方法、方案，从而创造出生动、夸张或全新形象的思维过程。想象思维是对客观事物和规律的一种反映、概括、提炼和升华，是创新活动不可缺少的基本要素。

(7) 直觉思维。直觉思维不需要经过大脑的分析、推理，直接给出答案，是大脑受到外界刺激后马上产生的一种反应。直觉思维有结论的突发性、结构的跳跃性、思维的或然性等特点。直觉在创新过程中起着动力和加速的作用，能帮助人们从许多方案中做出最佳选择或做出预见。

(8) 灵感思维。灵感思维是指凭借直觉而进行的顿悟性思维，又称顿悟。灵感是人们在实践中脑海里突然闪现的某种新思想、新主意，往往是经过大量艰苦的思考之后，在环境变化时突然得到的某种特别的创新性设想。灵感思维具有引发的随机性、出现的瞬时性、目标的专一性和内容的模糊性等特征。灵感需要及时记下，并对其加以分析、判断，找到明确的思路。

任何一种创新活动都是多种思维方式共同运作的结果。

知识点三　公共关系创意策划

1. 公共关系策划的含义

公共关系策划是策划理论在公共关系领域中的具体运用。公关策划是公关人员为了达成特定的公关目标，在充分进行环境分析的基础上，利用组织资源与能力，把握公关由头与机会，对所需进行的信息传播活动进行系统、科学地谋划，制定最佳行动方案的过程。

2. 公共关系策划的基本原则

(1) 公众优先原则。组织在考虑自身利益与公众利益的关系时，应始终坚持把公众利益放在首位，更多地考虑如何为社会做出贡献。组织只有时时处处为公众的利益着想，坚持社会公众利益至上，才能得到大家的好评，才能使自身获得更大、更长远的利益。

(2) 客观现实原则。公关人员必须经过周密细致的公关调查，制定符合客观发展规律的公关目标，从活动主体的现实条件出发，排除来自各种虚假因素的干扰，根据主体所拥有的实力、能利用的资源及可靠的信息来源，制定符合实际的可行方案。

(3) 创意创新原则。成功的公共关系策划是一种创造性劳动，只有与众不同才能吸引公众的关注、赢得公众的支持。公共关系策划的过程是创造性思维与策划运作相结合的过程，创意创新是公共关系策划的灵魂。策划人员要在公关科学性的基础上，充分利用自己的知识、经验与创新思维，创造出新奇独特的构思，确立活动主题，设计能够表现主题的新颖活动与艺术形式。

(4) 随机制宜原则。公共关系策划所形成的行动方案通常会融入企业的整体计划中，构成企业整体活动的一部分，通常是不能轻易改变的。但当这种预见性极为超前的计划因企业主客观条件的变化而出现不适应的情形时，需要及时调整、修正与完善计划，灵活反馈，因变制宜。

(5) 系统规划原则。组织的形象是一个多面综合体，反映组织形象、建立公众协调关系的工作需要组织各部门的共同作用，发挥整体效能。只有系统规划，将公共关系行为渗透到组织行为的方方面面，将公共关系思想变成组织中每一个人的自觉意识，公共关系策划方案才能有序地实施，取得显著的效果。

3. 公共关系策划的创意过程

公共关系策划的创意过程一般可分为准备、酝酿、闪现、成型和检验五个阶段。

(1) 准备阶段。公共关系策划一般是从问题开始的，策划思维的根本目的就是解决问题。公共关系策划人员首先应明确要解决的问题，即明确要达成的公关目标，进行全面的准备工作。为了解决问题，需要进一步搜集资料，将调研得到的公关信息进行整理、筛选、分析、研究，深化认识，得出结论，并据此确定公关活动的规模和范围。经过充分准备，使策划创意目标明确、问题清楚、条件明晰，保证创意的方向性、针对性和可行性。

(2) 酝酿阶段。酝酿阶段又称为孕育阶段、孵化阶段、潜伏期。在此阶段，策划人员应在做好充分准备的基础上，遵循已确定的公关目标，针对所要解决的问题，怀着解决问题的强烈愿望和满腔热情，充分利用已有的知识和经验，大胆发挥想象力，运用再现性思维及其他非常活跃的创造性思维活动，提出解决问题的不同方案，在不断的尝试和失败的过程中，为创新思路、方案缩小范围，积累资料，提供动力，明确方向。

(3) 闪现阶段。闪现阶段又称顿悟阶段、灵感阶段，因为灵感和顿悟出现在这个阶段，而解决问题的新方法、新理论、新模式多是通过灵感或顿悟产生出来。在艰苦的创意思维中，会突然地迸发出灵感的火花，出现一个新奇的构思，这就是创意的闪现。于是，原来纷乱的思绪一下子被它所吸引，并受其启发和影响而渐渐清晰，而且集中于有希望的某一方面。不过，这时的构思只是一些火花、一些片段，或仅仅是一闪而过，非常脆弱，甚至模糊不清，必须把它紧紧抓住，及时记录下来。

(4) 成型阶段。在闪现阶段的创意灵感中，所闪现的构思往往是零碎片断、简单粗糙、若隐若现，也不一定正确、可行，只能算是“半成品”，必须经过整理、加工、修改、完善，才能变成完整成熟、明确清晰、富有价值的“产品”，才能形成理想的公关方案。策划人员要运用创新思维，通过讨论争辩、各抒己见、集思广益，使新思想、新方案逐步成型并完善。

(5) 检验阶段。检验阶段又称验证、鉴定与评价阶段。创意基本成型后，公共关系策划人员还必须以冷静的态度、理智的眼光和科学的方法，对所构思的公关方案进行科学论证、充分检验，判断其是否是一种创新，是否符合公共关系管理的客观规律，能否给组织带来效益、提升形象，是否具备可行性……通过周密的论证后，如果得到大家的广泛认可，就可以形成策划方案。

4. 公共关系策划的创意方法

公共关系策划的创意方法主要是智力激励法，又称头脑风暴法，是一种创造能力的集体训练法，核心是“集智”和“激智”，即把众人的智慧集中起来，激发出来。科学测试证实，集体联想时，成年人的自由联想能力可以提高 65%～93%，集体竞争时，人的心理活动活跃程度相应可以提高 50%以上。智力激励法能形成一种有益于激励而不会压抑创造力的气氛，使参与者能够自由思考，任意遐想，并在相互启发中引出更多新颖的创造性设想。

(1) 智力激励法的四项原则如下。

① 自由畅谈原则。核心是求新、求奇、求异，要求与会者尽可能解放思想，不受传统思维与常规逻辑的束缚，克服心理惯性和思维惰性的影响，自由奔放、无拘无束地思考问题并畅所欲言，不必顾虑自己的想法或说法是否“离经叛道”或“荒唐可笑”。

② 延迟评判原则。限制在讨论问题时过早地进行评判，要求与会者在会上不要对他人的设想评头论足，不做任何肯定或否定性评论。至于对设想的评判，留在会后组织专人考虑，这样可以克服评判对创新思维的抑制作用，形成良好的激励气氛。

③ 以量求质原则。鼓励与会者在有限的时间内提高思维的流畅性、灵活性和求异性，不拘一格，尽可能多而广地提出设想。据统计，一批设想的后半部分的价值比前半部分高 78%，只有提出大量设想，才能选出最优设想。

④ 综合改善原则。在智力激励会上，任何人提出的新设想都能构成对其他人的信息刺激，具有知识互补、诱发激励的作用。与会者要仔细倾听他人的发言，积极进行智力互补，取长补短，思考如何把两个或更多的设想结合成另一个更完善的创意和方案。

(2) 智力激励法的实施要点如下。

① 参会人数，以 5～10 人为佳，包括主持人、记录员和参加者。

② 要提前几天发出通知，并且要告诉与会者会议的主题，使他们有所准备。

③ 会议地点应选在安静的、不受外界干扰的场所，与会人员的通信工具应当关闭。

④ 会议时间一般不要超过 1 小时，时间长了，容易导致疲惫，降低效果。

⑤ 选择合适的主持人。主持人要在会议开始时简要地说明会议目的、要解决的问题或目标，宣布原则，鼓励发言，保证会议主题方向，保证全员献计献策，保持会场热烈的气氛。会议的成功与否，很大程度上取决于主持人掌控会议的能力。

⑥ 确定记录员。记录员将与会者提出的各种设想和方案悉数编号并记录下来，会后协助主持人对各种设想进行分类与整理。

(3) 智力激励法的实施步骤。智力激励法一般以会议形式进行，实施步骤主要包括确认主题、准备会场、组织人员、宣布主题，头脑风暴、整理构思、会后评价等，如图 6-3 所示。

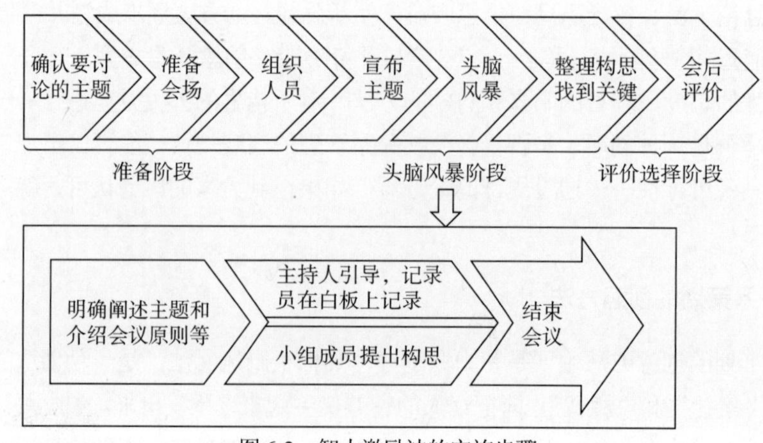

图 6-3　智力激励法的实施步骤

知识点四　活动策划书的写作

活动策划过程及其结果需要通过策划书反映出来。策划书是为了达到一定目的所制定的具有创意与可行性的行动计划，是活动据以组织、实施的设计图，是策划由想法到现实的重要环节之一。策划书一般由以下部分构成。

(1) 标题。标题通常由时间、单位名称、策划内容或活动名称、文种几项要素构成或主标题加副标题的形式构成，如“某某公司30周年庆典策划书”“2021年中秋节花好月圆联谊活动策划书”“和我一起终身学习——某某专业文化节演讲比赛策划书”。

(2) 活动背景。简单介绍组织的基本情况、活动开展的原因和条件、活动主要目的和意义，还可以说明活动举办的时间安排、承办机构和参与对象等。

(3) 活动目标。明确活动的具体目标，为策划方案的执行提供动力。活动目标可以分为总目标与分目标，要考虑目标是否符合客观实际，是否满足活动对象的需要等。

(4) 活动主题与活动概况。提炼出活动主题，简要介绍活动的主要内容。凝练生动的活动主题是整个策划的灵魂，对整个活动起统帅作用。

(5) 活动安排。活动安排是策划的主体部分，包括活动的时间安排、活动地点的选择与布置、活动的内容安排、执行的应变程序等，其中活动的内容安排包括具体活动项目、需要采取的措施、方法、步骤和负责人等。

(6) 媒体传播计划。媒体传播计划包括媒体的选择、传播的时间、内容、负责人等，可用条文式文字表述，也可结合一些统计图表，简洁、明晰地加以表现。

(7) 经费预算。任何活动都必须有经费保证，所以事先要对活动涉及的各种支出进行预估，预算要合理、全面并留有余地。

(8) 效果预测。对策划的活动进行效果预估，有助于大家预先了解活动的实现程度、实际效果，调动大家的积极性。效果预测要结合目标，实事求是。

(9) 落款。活动策划书的落款应署上策划者名称和写作时间。单独设计封面的策划书，封面内容已包括标题、策划者名称和写作时间等，落款则可省略。

三、课堂分析与讨论

(一) 案例分析

李锦记希望厨师公益项目

李锦记希望厨师项目是一个由李锦记创办，集聚各方力量，资助有志青年免费学厨圆梦，为中餐业培养未来之星的精准扶贫公益项目，该项目自2011年启动，已运营10年，但是项目组从未停止过创新的脚步。

(资料来源：https://hopechef.lkk.com.cn/contents/1/1.html)

分析：试了解该公益项目的具体内容，分析其具有的创新意义。

参考分析	你的分析
不同于传统的“输血”型公益项目，李锦记希望厨师项目能够“造血扶智”，以创新思维整合李锦记优势资源，助力有志于学厨的青年习得一技之长，用自己的双手改变未来，脱离经济上的困境。 利用多种传播渠道和方式，线上线下活动互相配合，李锦记希望厨师项目持续创新传播方式，邀请公众参与到项目中来，让更多人了解公益、参与公益，为公益带来新动能	

(二) 课堂讨论

节日借势传播的创意

节日具有获得公众注意力的天然属性，品牌进行针对性的节日借势传播，可以更好地与消费者进行沟通与互动，以强化公众关系与提升品牌形象。令你印象深刻的利用节日借势传播的品牌活动有哪些？它们体现了哪些创意？

同学的贡献	你的贡献

(三) 观点讨论

讨论公关策划与同学的生日策划有什么区别？

参考观点	你的观点
(1) 主体不同。公关策划的主体一般是组织，同学生日策划的主体是个人。 (2) 目的不同。公关策划以建立、矫正或扩大组织社会声誉为根本目的，同学生日策划以庆祝人生节点、融洽人际关系为目的。 (3) 方式不同。公关策划重在使用多种传播手段，关注传播效果，同学生日策划仅在私人圈子内人际传播	

四、任务实训

实训一　头脑风暴法训练

【实训目的】了解头脑风暴法的组织与实施，能利用头脑风暴法产生活动创意。

【实训步骤】

(1) 5～9 人为一组，全班同学分成若干小组；

(2) 以小组为单位，按照头脑风暴法的实施步骤，组织“中秋节校园文化活动”头脑风暴；

(3) 各小组派代表汇报头脑风暴的过程与成果；

(4) 完成实训总结。

【实训要求】能遵守头脑风暴法的基本原则；实施步骤明晰，现场气氛活跃，小组成员参与度高；小组代表发言能准确概括小组活动情况，总结性强。

【实训评价】

评价指标	自我评价	小组评价	教师评价
参与度			
完整性			
准确性			
成效性			

实训二　校园文化活动创意策划

【实训目的】通过具体的活动策划，锻炼创意策划能力。

【实训步骤】

(1) 4～6 人为一组，全班同学分成若干小组；

(2) 小组为班级或某社团策划一次校园文化活动；

(3) 头脑风暴，形成活动创意，完成活动策划方案；

(4) 活动策划方案汇报与展示；

(5) 完成实训总结。

【实训要求】团队合作，能运用创新思维创意策划，活动富有新意，可行性强；策划方案形式规范，结构合理，表述得当。

【实训评价】

评价指标	自我评价	小组评价	教师评价
参与度			
完整性			
准确性			
成效性			

五、内容小结

任务六主要介绍了公共关系创意策划的含义、原则、过程和方法，如图6-4所示。

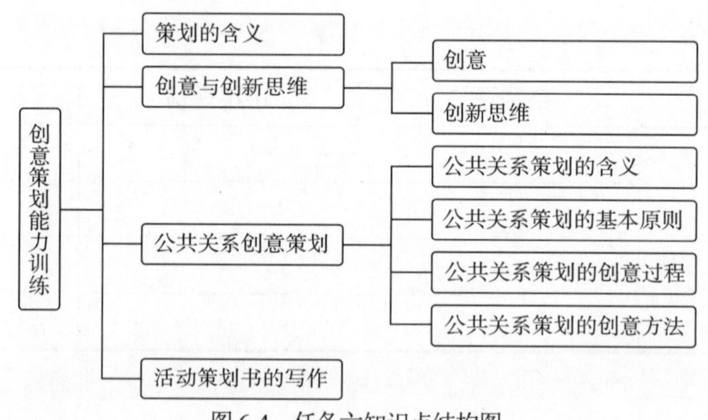

图6-4 任务六知识点结构图

六、课后自测

(一) 判断题

1. 策划是一种能动的思维活动，是一种智慧创造行为。 ( )

2. 创意是人们头脑中产生的新的思想、点子、立意，是一种创造新事物或新形象的思维方式。 ( )

3. 不管是积极的思维定式还是消极的思维定式，都会阻碍我们创造性地解决问题，形成较大的负面影响。 ( )

4. 聚合思维又叫求同思维、集中思维、收敛思维。 ( )

5. 公关活动策划方案是企业整体活动的一部分，所以一旦确定就不再做任何改变。( )

6. 公关策划创意的产生过程可分为准备、酝酿、闪现、成型和检验五个阶段。 ( )

(二)选择题

1. 公共关系策划的基本原则包括公众优先、系统规划和(　　)等原则。
   A. 客观现实　　B. 创意创新　　C. 独创连续　　D. 随机制宜
2. 在企业主客观条件发生变化时及时调整公关策划方案，反映了公关策划(　　)的原则。
   A. 系统规划　　B. 公众优先　　C. 客观现实　　D. 随机制宜
3. 公共关系活动中联结所有项目、统率整个活动的思想纽带和思想核心是(　　)。
   A. 公关目标　　B. 活动口号　　C. 公关主题　　D. 活动创意
4. 在头脑风暴会议时，只有严格遵守(　　)原则，才能保证创意不被当场扼杀。
   A. 自由设想　　B. 延迟评判　　C. 以量求质　　D. 综合改善
5. 公关策划书的内容结构中，主体部分是(　　)。
   A. 活动主题　　B. 活动目标　　C. 活动安排　　D. 活动预算

(三) 简答题

1. 什么是策划？什么是公共关系策划？
2. 公关策划的基本原则是什么？
3. 头脑风暴会议应遵循的四项原则与实施要点是什么？
4. 活动策划书应包含哪些主要内容？

七、课外拓展

(一) 拓展阅读

六顶思考帽法

六顶思考帽法是法国心理学家爱德华·德·博诺博士开发的一种平行思维的思维训练模式，是指使用六种不同颜色的帽子代表六种不同的思维模式。

戴上白色思考帽，人们思考的是关注客观的事实和数据。戴上绿色思考帽，寓意创造力和想象力，具有创造性思考、头脑风暴、求异思维等功能。戴上黄色思考帽，人们从正面考虑问题，表达乐观的、满怀希望的、建设性的观点。戴上黑色思考帽，人们可以运用否定、怀疑、质疑的看法，合乎逻辑地进行批判，尽情发表负面的意见，找出逻辑上的错误。红色是情感的色彩，戴上红色思考帽，人们可以表现自己的情绪，还可以表达直觉、感受、预感等方面的看法。蓝色思考帽负责控制和调节思维过程，负责控制各种思考帽的使用顺序，规划和管理整个思考过程，并负责做出结论。

六顶思考帽法使人们将思考的不同方面分开，使人们足够重视问题的不同方面，给予每个侧面充分的考虑。这就好比彩色打印机的原理，它先将各种颜色分解成几种基色，然后将每种基色打印在一张纸的相同部位上，便会显示彩色的打印效果。类似的原理，将思维分解成不同的方面，然后从同一事物的不同方面进行思考，最终会得到全面的“彩色”的思考。

(资料来源：王亚非，梁成刚，胡智强. 创新思维与创新方法[M]. 北京：北京理工大学出版社，2018.)

(二) 创新思维训练

1. 将某节假日或热点事件的关键词与某企业品牌的关键词进行组合联想，产生一些小创意，或编成一个符合逻辑的小故事。

例如五一劳动节相关关键词有工农兵、劳动表彰、小长假、逛街、旅行、大塞车等，滴滴出行的关键词有出行、司机、出游、车等，对这两类关键词进行组合，如“劳动表彰+出行”，有人产生“出行劳模”的创意，就是给每个用户发一个奖状，写上他过去一年打了多少车，花了多少钱……

你也来试试看吧。

2. 铅笔的用途。运用发散思维，尽可能多地列出铅笔(或其他物品)的用途，可采用小组对抗比赛的形式。

(三) 课外实践

采集过去一年影响较大的企业公共关系活动案例，对它们的创新程度与传播效果进行对比。

模块三　组织形象塑造与传播

任务七　CIS 设计

任务八　企业社会责任

任务九　公共关系广告

任务十　新媒体传播

任务七 CIS 设计

【任务描述】

1. 在网络上搜集系列知名品牌CIS设计案例。
2. 为学校某学生社团进行CIS设计。

【目标与成果】

能力目标	知识目标	课程思政
1. 能准确描述什么是CIS; 2. 能为企业进行简单的CIS设计	1. 了解CIS的概念、功能和设计基本原则; 2. 掌握CIS的构成要素及设计要求	1. 形象设计时追求高尚卓越、理念先进; 2. 形象设计中，增强文化自信
学习成果	1. 系列著名品牌CIS设计案例; 2. 学校某学生社团CIS设计作品	

一、案例导入

案例一　小米的理念

小米的理念阐释

小米的使命：始终坚持做“感动人心、价格厚道”的好产品，让全球每个人都能享受科技带来的美好生活

小米公司成立时就有一个宏大的理想：改变商业世界中普遍低下的运作效率。小米有勇气、有决心、有毅力推动一场深刻的商业效率革命，把每一分精力都投入做好产品，让用户付出的每一分钱都有所值。

在众多领域，小米都以一流的品质、紧贴成本的定价彻底改变了行业面貌，大大加速了产品普及。“感动人心，价格厚道”这八个字是一体两面、密不可分的整体，远超用户预期的极致产品，还能做到“价格厚道”，才能真正“感动人心”。

小米的愿景：和用户交朋友，做用户心中最酷的公司

优秀的公司赚的是利润，卓越的公司赢的是人心。小米是一家少见的拥有“粉丝文化”的高科技公司。对于小米而言，用户非上帝，用户应是朋友。

为感谢“米粉”的一路相伴，小米将4月6日这一天定为“米粉节”，每年4月初都会举办盛大活动与“米粉”狂欢。同时自2015年起，每年年底小米都会举办小米家宴，邀请“米粉”回家吃“团圆饭”。同时，小米员工还会自发地为“米粉”手写10万张明信片，这是小米不一样的地方，是小米人发自内心、一笔一画亲手表达的情感，这是对愿景的最好诠释，这是和“米粉”交朋友的实际行动。

小米的核心价值观：真诚、热爱

真诚就是不欺人也不自欺；热爱就是全心投入并享受其中。

2010年，小米创始人共饮一碗小米粥，开启了“小米加步枪干革命”的故事。2018年五周年小米员工纪念活动上，雷军说道：“老员工是小米最宝贵的财富，没有老兵，没有传承。没有新军，没有未来。”感谢有一帮志同道合的小伙伴，一起哭，一起笑，一起战斗！岁月数载，初心不变，始终真诚，永远热爱。

(资料来源：https://www.mi.com/about/culture)

思考：小米公司是如何提炼企业理念的？

案例二 海尔集团的CIS

海尔集团CIS导入

海尔集团的迅速发展与企业实施名牌战略、通过导入CIS提高企业形象是分不开的。海尔集团原来是由两家小厂组合而成，10年后这家厂已成为全球著名的企业，员工近万人，业务涉及家电、电脑、小家电、通信等行业。

海尔集团很实在、很现实，它们并没有把CIS装扮得花里胡哨，而是实实在在地看到CIS是一项投资。这项投资是明智的，是有巨大成效的，它实际上是在一个有益的可信赖环境之中营造了企业“自身营销”的氛围。

海尔抓住了CIS的实质，CIS本身并不是灵丹妙药，必须与产品质量相依存。形象的关键在于产品质量。产品质量过硬，再加之CIS的宣传、系统化、一体化，那么企业形象就可以真正提升。如果仅做视觉形象识别，产品仍不过关，那是徒劳而不能长久的。

面对众多的领域，复杂、庞大的产品家族，没有完整、系统的品牌定位战略，无疑会导致品牌及企业形象上的混乱。海尔的做法是将集团品牌划分为企业牌(产品总商标)、产品牌(产品类别名称)、行销牌(产品销售识别名)三个层次。从家电的长线产品考虑，将各类家电产品统一为“Haier 海尔”总商标，最大限度地发挥了“Haier 海尔”名牌的连带影响力，大大降低了广告宣传中的传播成本。

海尔将英文“Haier”作为主识别文字标志，集商标标志、企业简称于一身，信息更加简洁、直接，在设计上追求简洁、稳重、大气、信赖感和国际化。为推广“Haier”，以中文“海尔”

及两个吉祥物进行组合设计辅助推广，力求建立长期、稳固的视觉符号形象。这种抛开抽象、具象图形符号标志，追求高度简洁的超前做法，顺应了世界设计趋势，为企业国际化奠定了形象基础。在此基础上，海尔把企业识别系统看作一个过程，而非一种固定的表现形式。在企业发展中，以务实的态度不断完善企业视觉识别各要素，经过了改进、否定、再改进的反复过程，以求完美的表达。

(资料来源：https://www.docin.com/p-320776246.html)

思考：组织形象塑造对于一个企业来说有什么重要意义？海尔集团提到的 CIS 实质是什么？

二、相关知识

知识点一 CIS 的含义

CIS(corporate identity system)，意为企业识别系统，亦称企业识别体系、企业统一化系统，其中，corporate 大多作为形容词使用，意思是法人的、公司的、社团的、团体的、共同的、全体的；identity 有认同、一致、认出、识别、个性、特征等意思，这里可以理解为企业内部对企业的自我识别与来自企业外部对企业特性的识别认同一致、达成共识；system 有体系、系统、制度、身体、方法的意思。目前业界一般多将 CIS 翻译为企业形象识别系统，以体现和强调企业统一的个性形象。

本书认为，CIS 的主要含义是将企业文化与经营理念统一设计，运用企业理念、行为规范和视觉标识形成统一化、标准化的整体表达体系，从而系统地向公众传播内涵丰富、和谐有致的组织形象，使公众对企业组织产生一致的认同感与价值观，最终促进企业产品和服务的销售。CIS 战略是塑造组织形象的有力手段。

知识点二 CIS 的基本功能

(1) 内部管理功能。CIS 的开发与导入可以帮助企业树立一个良好的品牌形象，可以统一企业理念，规范企业行为，使全体员工行动整齐，提高协同效应，提升管理效率，增强内部成员的归属感与凝聚力。

(2) 市场开拓功能。CIS 的开发与导入能够使企业与企业之间、各产品之间形成个性差异，建立起有效的品牌区隔，建设符合公众兴趣偏好的品牌形象，提升品牌价值，赢得公众的认可与良好评价，从而增强竞争力，不断开拓新市场，提高市场占有率。

(3) 信息传播功能。鲜明的视觉形象更易捕获公众的关注，扩大企业知名度，还可使信息的传播具有同一性和一致性，增强品牌可识别性与品牌联想。另外，统一的设计形式不但可提高视觉传播的频率和强度，保证一定的制作质量，还可使制作成本降低，减少广告费用。

(4) 文化建设功能。CIS 的导入可将组织深层次的文化内容反映出来，再通过全体员工的学习、讨论，通过对 CIS 有组织、有系统地连续推行与不断创新，加速组织文化的建设与发展。

知识点三　CIS 的构成要素与设计

CIS 由三大要素构成：理念识别系统(mind identity system，MIS)、行为识别系统(behaviour identity system，BIS)、视觉识别系统(visual identity system，VIS)。CIS 策划是对企业全方位的规划和设计，从理念到行为，再到视觉。在 CIS 中，MIS 是灵魂，BIS 是 MIS 的动态表现，VIS 是 MIS 的静态传递。

1. 理念识别系统

(1) 含义。企业理念是企业长期发展中形成的基本精神和有独特个性的价值体系，是企业哲学、企业精神的集中表现。理念识别是一种意识形态的深层组织文化，是 CIS 战略实施的基础与核心所在，它赋予企业生动的人格魅力，从经营观念上与其他组织区别开来，并指导和规范组织的行为识别和视觉识别。

(2) 内容。MIS 由企业愿景、企业理念、企业精神、企业使命、管理理念、企业道德、企业作风、企业核心价值观及系列价值观等组成，要素众多，这里主要介绍企业使命、企业经营方针和企业价值观。

① 企业使命。企业使命也称经营宗旨，是企业经营的最高目标和根本目的，体现了企业的理想和追求。企业使命可以分为经济、社会、文化、生态四个不同的目标层次。

※内蒙古蒙牛乳业股份有限公司：为每一个消费者的身心健康提供优质奶食品

※美的集团：为人类创造美好生活

② 企业经营方针。企业使命回答“为什么”的问题，企业经营方针则回答“怎么做”。企业经营方针又称企业经营战略，是企业运行的最高原则。企业经营方针必须突出行业特点，并且随着时代的变化而改变。此外，企业经营方针还应具备个性，不同行业有不同的侧重点。

※美的集团：理性追求、授权经营、协作共享

③ 企业价值观。企业价值观是整个企业理念系统的基石，它决定、支配、指导着企业宗旨、经营战略，以及企业理念的其他构成要素，在企业中占主导地位，为企业绝大多数成员所认同和服从。相对于硬性的规章制度而言，企业价值观是一种由内向外的“软性“的系统，先让员工认同，然后使员工自觉地去服从，包括企业的创造观(不断创造，追求卓越)、质量观(质量是企业的生命)、服务观(用户永远正确)、人生观(我们先制造人，后制造机器)、生态观(创造一个清新、洁净、秀美的环境)、竞争观(商场如战场)、信誉观、政策观、法律观、财税观等。

组织理念的内容来源于优秀的民族精神、先进的社会文化、企业的优良传统和国外先进的企业理念，不能凭空而为。只有做到民族、历史、文化、传统与现代化管理思想相结合，先进的社会文化与企业文化相结合，组织历史、现状与未来发展要求相结合，才可能提炼和设计出具有组织特色、立足时代又超越时代的组织理念。

(3) 表现形式。MIS 的表现形式主要有如下几种。

① 将企业精神凝聚成一句口号，以此代表企业的理念体现。

※团结、拼搏、开拓、进取

※不断创造，追求卓越

② 在第一代理念的基础上，加上企业品牌，增加企业的个性。

※中国移动：移动信息专家

※IBM：IBM 就是服务

③ 将企业理念分解为角度不同的一组口号，或散文式表述，或白描式表述。

※高境界、高效率、高效益

※吸引第一流人才，凝聚第一流人才，让第一流人才有超常发挥

④ 针对企业特点进行系统设计，包括主题理念、企业精神、价值观、经营哲学、人才观、准则等，根据需要，够用就行，不必面面俱到。

※小米集团的 MIS

企业愿景：让每个人都能享受科技的乐趣

企业理念：为发烧而生

企业精神：自由、创新、极客、团队

企业经营哲学：相信用户就是驱动力

管理理念：在轻松的伙伴式工作氛围中发挥自己的创意

公司目标：使手机取代电脑，做顶级的智能手机

2. 行为识别系统

(1) 含义。理念识别被称为“企业的心”，而行为识别是“企业的手”，指在企业实际经营过程中，对所有企业行为、员工操作行为实行系统化、标准化、规范化的统一管理，以便形成统一的企业形象。行为识别是在企业理念得以确立的基础上形成的，用以规范企业内外部行为，管理和教育企业员工的一切活动。

(2) 内容。BIS 涵盖企业的经营管理、业务活动的所有领域，如果根据传播性质与渠道划分，可以分为对内行为识别与对外行为识别两大部分。

① 对内行为识别，主要内容有企业环境的设计营造、组织制度的构建、干部的教育培训、管理风格的形成、员工行为规范的培训、员工福利及研究项目的开发等。

② 对外行为识别，主要内容有市场调查、产品开发、服务工作、广告宣传、促销活动、社会公益性活动、流通对策等。

对内行为识别是对外行为识别的基础，对外行为识别是对内行为识别的延伸和扩展。不管是对内行为识别还是对外行为识别，都要与企业的理念保持高度一致，不能与其相违背。而且企业要在对手如林的商战中取胜，就应在企业理念的指导下，使企业的行为体现出与其他企业不同的个性，注意突出企业活动的独特性和差异性，广大公众正是通过这种独具个性的活动来认识企业的。

(3) 设计。BIS 是 MIS 得以实现的根本保证。行为识别系统的设计主要有以下两种方法。

① 组织的科学管理设计。科学的组织管理就是将组织的各项工作标准化、专业化和简单化，达到生产效率的最大化。所以组织管理制度的设计要充分传达组织理念，将管理制度目标化，把总体目标分解为具体目标，立足于组织的实际需要，按照目标要求，确立各个不同岗位的工作职责、任务标准、工作程序和绩效考核标准。加强对员工的教育培训，使其行为规范化，符合企业行为识别系统的整体性要求。

② 员工行为规范设计。员工行为规范是在同一组织中，所有员工应该具有的一些共同的行为特点和工作习惯，带有明显的导向性和约束性。员工的行为规范设计要注意内容全面、客观，条理清楚，表述准确、简明、流畅，针对性要强，可从仪表仪容、岗位纪律、工作程序、待人接物、环卫安全、素质修养等多方面对员工行为进行规范。根据 BIS 规范要求，全面教育、培训组织内部员工，达到员工能直观展示理念识别的精神内涵的目的。

例如麦当劳标准化 QSCV(quality，品质；service，服务；cleanliness，清洁；value，物有所值)，其中清洁要求包括：

※餐厅内必须干净、整齐，桌椅、橱窗和设备要一尘不染；

※每天下班后，所有餐具、机器必须彻底拆开清洗、消毒；

※餐厅内不许出售香烟和报纸，器具全部都是不锈钢的；

※每隔一天必须擦一遍全店所有的不锈钢器材；

※玻璃要每天擦；

※停车场每天冲水；

※垃圾桶每天刷洗干净；

※天花板每星期必须打扫一次；

※服务员上岗操作时，必须严格清洗、消毒，手接触头发、制服等东西后要严格清洗、消毒；

※桌子摆放有诀窍；

※店堂布置要巧妙。

3. 视觉识别系统

(1) 含义。VIS 是 CIS 的视觉载体，是一种静态的识别符号，它将企业的品牌理念和核心价值通过视觉传播的形式，有组织、有计划地传递给客户、公众及企业员工，从而树立统一的企业形象。

企业视觉识别系统是企业形象最直观的表现，需要保持内在的一致性和外在的差异性，严格按照统一的标准，同时与其他企业形成鲜明的差异，促使客户产生强烈的共鸣。

(2) 内容。一套完整的 VIS 包括基础设计和应用设计两部分。

① 基础设计要素的种类包括以下方面。

- 企业标志：代表企业的视觉符号，也是企业与消费者沟通的桥梁。通常包括图形标志、字体标志或由两者组合而成。因为字体本身具有说明性，已有取代图形标志的趋势。
- 企业名称标准字：以本国文字加英文设计为主，字体大都从印刷体中选择，并予以细节修正，即可成为独立又有特色的企业名称标准字，如图 7-1 所示。

恒源祥®

图 7-1　恒源祥企业名称标准字

- 企业色彩：代表企业的形象色彩，通常以一种颜色为主，广泛应用于视觉项目上。也可有辅助色彩，用不同的色彩区分集团公司与分公司，或者区分各部门或不同类别的商品。大疆创新的标志如图 7-2 所示。

图 7-2　大疆创新的标志

- 企业标语：将企业经营理念、思想及方针用简短有力的字句表现，常与企业标志、企业名称标准字同时出现，如图 7-3 所示。

图 7-3　爱国者企业标志与标语

② 应用设计要素的种类包括以下方面。

- 事务用品：公司使用的名片、文件、信封及便条纸等，采取统一的设计模式，内容以简洁、能代表公司基本设计系统为主。纸张运用上以降低成本为主要考虑内容。
- 包装：商品常借着包装设计来提升其价值。包装是商品的面子，是消费者选择商品的参考依据，也是形成企业形象的有力工具。
- 标志：标志是企业的辨认系统，包括表示企业招牌、指示各办公部门及说明的设施。标志的内容、用途各有所异，设计时需力求统一，以免因杂乱而损害企业形象。
- 制服：制服是形象的表征，企业通常会依部门类别设计工作用或事务用制服。设计员工制服是一种必然趋势，对外可建立企业统一形象，对内则可提高员工士气与生产效率。
- 车辆、运输工具：企业所使用的营业车辆、交通工具、运输工具，在规划时应追求最高识别性，使企业运输工具能从万千车辆中脱颖而出，成为最佳的视觉焦点。
- 广告、宣传、征才：广告代表企业门面，也是内部设计水平的体现，若是设计水平较高，对形象产生是有所帮助的。商品广告、公司简介、企业宣传、征才专栏皆属于此项。
- 展示会场：包括展览场及店面展示，它是企业的前锋，也是标志延伸的设计项目。优秀的建筑物或展示场设计可带给人眼前一亮的感觉。

企业的视觉识别系统是品牌价值的物质载体，也是品牌价值实现交易的最终载体。企业的视觉识别系统需要通过法律注册登记，才能更好地、有效地保护企业的品牌资产利益。

知识点四　CIS 设计的基本原则

1. 实事求是原则

良好的形象是干出来的，而不是设计出来的。企业进行 CIS 设计，不能一味追求完美而脱离企业实际。企业进行 CIS 设计之前要经过充分的调查与分析，对企业情况要有深入的了解和认识，设计的内容要立足于企业的现实情况，体现企业的特色和个性。对内要充分发动员工参与，广泛征求他们的意见，以保证获得全体员工的认同；对外要调查外部公众的心理与需求，使企业形象识别符合时代精神与社会潮流，受到公众的认可与喜爱。

2. 求异创新原则

CIS 是企业品牌创新的差别化策略，需要在消费者的心智中寻找空隙和位置，树立企业鲜明的个性特征和品牌独具一格的性格特质，避免“千人一面”。准确的品牌定位是成功塑造企业个性和品牌形象的第一步，理念识别的“为人”定位上和行为识别的“处事”方式上需要确立自己独特的风格，与同类品牌区别。视觉传达设计要凸显自己的个性和特色，这样才能在成千上万的企业中脱颖而出，给人留下深刻的印象，增强社会公众的记忆度和企业品牌的知名度，也便于有效保护自身形象。

3. 民族自信原则

CIS 设计需要适合本土企业品牌生长的地域环境，根植于中华民族的丰厚文化土壤，这样才能真正塑造具有灵魂和活力、独具魅力的本土品牌文化，得到世界市场消费者的尊重和信赖。要注意挖掘和汲取民族文化中能够适应现代生活需要和精神审美的精华部分，摒弃其中的糟粕，深入对比和分析中西方民族的文化传统、消费心理、审美习惯、艺术品位等，解决跨民族文化区域市场拓展和国际化进程中文化融合的问题，发挥五千年文化传统的资源优势，创造具有中华民族特色的 CIS 优秀品牌。

4. 系统稳定原则

CIS 是一个系统工程，从企业识别包括的理念识别、行为识别和视觉识别三个方面的关系来看，它们内聚外化，有机结合，相互作用，协调统一，不能相互脱节。理念识别是头脑和灵魂，对应企业的精神和内涵；行为识别是行为，是处世方式，对应企业的社会责任和价值；视觉识别是表达，对应企业良好的风格。表里如一，言行一致，外美内秀，才能拥有良好的形象，赢得人们的尊敬和信赖。另外，企业识别是企业宗旨、精神文化的外显，应保持稳定性、同一性，不能游移不定、率性更改，破坏统一、连续、持久的企业印象。当然在飞速发展的社会环境里，也不能一成不变，需要在变与不变之间找到一个平衡点。

5. 效益兼顾原则

企业经营的基本原则是在追求经济效益的同时，还应追求良好的社会效益。CIS 设计也必须遵循这条原则，兼顾经济效益与社会效益。企业识别设计既应塑造良好的企业形象，带来可观的营销效果，也应突出企业的社会责任，体现正确的价值追求，符合公众心理需求和审美倾向，促进整个社会健康运转、和谐发展。

三、课堂分析与讨论

（一）案例分析

小米换新标

在小米的春季新品发布会上，小米创办人雷军宣布，小米正式启用全新的 logo，这个 logo 筹备了 3 年，设计师是日本设计大师原研哉先生。可是新换的 logo，在网友们看来，就是把以前的方标改成圆标，甚至有网友说在三星手机的系统里，小米的 logo 就是这样的圆标，于是纷纷评论，说雷军被骗了，大师也是“忽悠”。

(资料来源：https://mp.weixin.qq.com/s/l8D42zZVSy7gAi4rT0RA4Q)

分析：雷军被骗了，大师也是“忽悠”吗？你怎么看？

参考分析	你的分析
原研哉做的不仅仅是 logo 的改变，还包括对整个小米视觉识别系统的升级，这不仅体现在图形 logo 上，还体现在文字 logo 上，而且还开创性地做了应用上的动态变化，让整个品牌更具有活态和生命力。 看起来似乎改变不大，但有利于品牌既有的品牌资产和品牌记忆的持续	

（二）观点讨论

【观点讨论 7-1】 CIS 中，哪一个基本元素更重要？除了三个基本要素，还有哪些要素？

参考观点	你的观点
CIS 的基本要素包括理念识别系统、行为识别系统、视觉识别系统，三者相辅相成，缺一不可，是企业品牌建立的最基本的三要素，各自都起到特定的作用。 随着企业对品牌重视程度的提高和要素的多元化，越来越多的企业开始注重声音识别系统、环境识别系统等	

【观点讨论 7-2】企业利用标准色彩传达企业理念、塑造企业形象，你认为不同颜色分别有什么含义？

参考观点	你的观点
红色象征热烈、辉煌、兴奋、热情、青春 绿色象征春天、健美、安全、成长、新鲜 蓝色象征安详、理智、科技、开阔、冷静 黄色象征富贵、光明、轻快、香甜、希望 橙色象征华丽、健康、温暖、欢乐、明亮 紫色象征高贵、优越、优雅、神秘、细腻 白色象征明亮、高雅、神圣、纯洁、坚贞 黑色象征严肃、庄重、坚定、深思、刚毅 灰色象征雅致、含蓄、谦和、平凡、精致	

四、任务实训

实训一　收集优秀企业的 CIS

【实训目的】学习优秀企业的 CIS，理解 CIS 的内涵，提高 CIS 赏析与设计能力。

【实训步骤】

(1) 4～5 人为一组，全班同学分成若干小组；

(2) 小组中每人通过网络采集至少一个 CIS 案例；

(3) 以小组为单位，讨论所采集案例蕴含的 MIS、BIS、VIS；

(4) 每组派代表在全班做总结发言；

(5) 将优秀案例提交网络学习平台。

【实训要求】采集典型的 CIS 案例，能够联系相关知识，分析案例体现的品牌特点与设计原则。

【实训评价】

评价指标	自我评价	小组评价	教师评价
参与度			
完整性			
准确性			
成效性			

实训二　为自创公司进行 CIS 简单设计

【实训目的】了解企业识别系统的构成要素及设计流程，学会 CIS 的初步设计。

【实训步骤】

(1) 以小组为单位，选定学校某学生创办的创业公司；

(2) 对该创业公司进行 CIS 设计，要包括理念识别、行为识别和视觉识别的内容；

(3) 小组代表展示与阐释该设计成果。

【实训要求】CIS 设计有助于帮助该创业公司找出现实差距，明确其公共关系工作的目标和任务，PPT 内容应包括：

(1) 公司名称、公司地址和公司经营范围；

(2) MIS(一句口号)，如让人类的信息生活更美好；

(3) BIS(员工某一方面行为规范)；

(4) VIS，设计企业标志，并对该标志进行文字说明。

五、内容小结

任务七主要介绍了 CIS 的含义、基本功能、构成要素与设计原则，如图 7-4 所示。

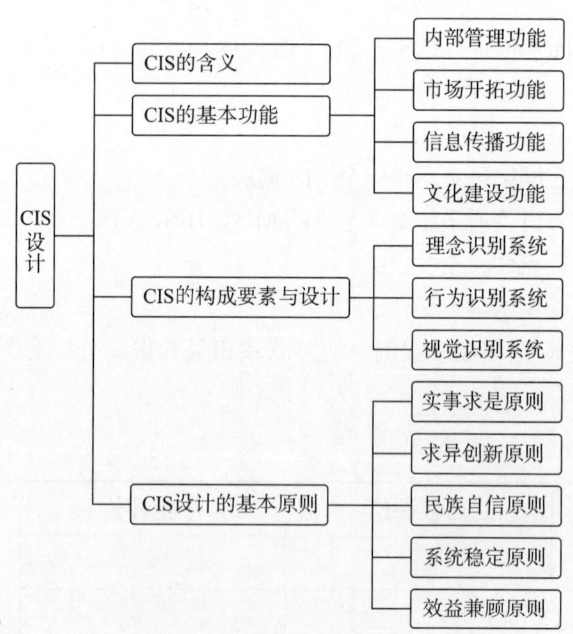

图 7-4　任务七知识点结构图

六、课后自测

(一) 判断题

1. CIS 战略的最终成功需要经过长期不懈地执行和实施，以及具体、有效的传播和推广才能真正得以实现。 ( )

2. 理念识别是头脑和灵魂，对应企业的精神和内涵；视觉识别是行为，是处世方式，对应企业的社会责任和价值；行为识别是表达，对应企业良好的风格。 ( )

3. 中国型 CIS 战略必须与中国传统文化交融而形成企业自身独特的文化精神，建构中华民族文化特色。 ( )

4. CIS 一经导入，就不可改变。 ( )

5. 在整个企业识别系统中，行为识别应当是理念识别的静态延伸。 ( )

(二) 选择题

1. 组织视觉识别系统的英文缩写是( )。

A. MIS　　B. CIS　　C. BIS　　D. VIS

2. 处于整个 CIS 的最高层的是( )。

A. 理念识别系统　　B. 视觉识别系统　　C. 行为识别系统　　D. 组织识别系统

3. CIS 战略的基本内容包括( )。

A. MI　　B. CI　　C. BI　　D. VI

4. ( )是企业所有工作者行为表现的综合、企业制度对所有员工的要求及各项生产经营活动的再现等。

A. 企业理念识别系统　　B. 企业视觉识别系统

C. 企业行为识别系统　　D. 企业整体识别系统

5. CIS 的基本功能包括( )。

A. 市场开拓功能　　B. 文化建设功能

C. 信息传播功能　　D. 内部管理功能

(三) 简答题

1. 进行 CIS 设计应遵循哪些原则？
2. 为什么说理念识别是 CIS 的核心和灵魂？
3. 行为识别系统包括哪些内容？
4. 视觉识别系统的基本要素和应用要素有哪些内容？

七、课外拓展

(一) 拓展阅读

CIS 导入的流程与方法

为尽可能科学、有效地保证企业品牌形象创建的成功，CIS 导入的一般工作流程与方法如下。

(1) 提案阶段。明确 CIS 的时机、动机与目的、任务，组建负责 CIS 导入的专门机构——CIS 委员会，安排相关品牌策划与设计作业的日程，预算导入费用，完成 CIS 导入建议提案书。

(2) 调研阶段。确定企业品牌调研总体计划，分析与评估企业的营销状况，进行企业品牌形象调查与视觉形象项目调查，完成调查资料的分析与研判，撰写品牌诊断调研报告书。

(3) 策划设计阶段。完成 CIS 总概念报告书的策划，提炼、创立企业品牌理念识别系统，规范、完善行为识别系统，开发、设计视觉识别系统，办理有关商标注册、知识产权登记、工商企业名称或经营范围变更等法律行政手续。

(4) 实施阶段。实施内部传播与员工教育，推行经营理念与视觉设计系统，组织对外发布，落实企业各部门的品牌管理，进行 CIS 导入效果测试与评估。

(资料来源：郭玉良. CIS 品牌策划与设计[M]. 北京：中国电力出版社，2020.)

(二) 推荐阅读

《品牌化思维：引爆用户购买力的十五大品牌逻辑》，(瑞典)托马斯・迦得著，王晓敏、胡远航译，斯坦威出品，中国友谊出版公司出版。该书讲述当今品牌面临的巨大挑战，一个品牌想要成功，需要不断推陈出新，为客户提供满意的客户体验，才能留住客户。该书中，托马斯・迦得将“客户体验”和“品牌化”结合起来，从品牌经营策略、消费者环境创新、打造惊喜、品牌定位、社交媒体管理、品牌危机管理等方面介绍如何打造独一无二的客户体验，让自己的品牌与众不同，增强客户的品牌黏性，引爆客户购买力。同时，他还通过分析许多知名品牌的客户体验案例，包括苹果、星巴克、乐高、宜家、谷歌、维珍、优步、GoPro 等，进一步证明了完善客户体验在打造品牌过程中的重要作用。

(三) 课外实践

通过网络调研或实地调研一家企业的组织形象识别系统，了解该企业的 CIS 设计是否符合 CIS 设计五大原则。

任务八 企业社会责任

【任务描述】

1. 搜集具有代表性的企业社会责任案例。
2. 为某公司编制企业社会责任报告。

【目标与成果】

能力目标	知识目标	课程思政
1. 能准确描述什么是企业社会责任; 2. 能为企业编制社会责任报告	1. 了解企业社会责任的概念、意义、内容; 2. 了解企业社会责任报告的概念、编制原则和内容结构	1. 明确企业社会责任的本质是推进社会和谐发展与进步; 2. 从企业社会责任案例中理解关爱、责任、环境保护与可持续发展
学习成果	1. 体现企业社会责任的案例; 2. 某公司企业社会责任报告	

一、案例导入

青岛啤酒：激情成就梦想

有人说，青岛是漂浮在两种泡沫上的城市，一种泡沫源自大海，而另一种泡沫则来自啤酒。

激情成就梦想，青岛啤酒的信念就是为每一个有梦想的人才提供施展个人才能的舞台，这种百年来始终如一的激情也成就了今天的青岛啤酒。百年间，青岛啤酒培育了一批又一批优秀的青啤人。通过做大企业，把“人”做大，再通过做大“人”，进一步把企业做大，这就是青岛啤酒品牌建设的核心秘籍。

百年青啤，不仅闪耀着民族品牌的光辉，也肩负着异乎寻常的社会责任。多年来，青岛啤酒始终把履行企业的社会责任放在发展战略的首位。把社会责任在价值链上延伸，带动上下游企业的共同成长是青岛啤酒履行社会责任的突出特点，被青岛啤酒定义为“和谐”的价值链条，强调的就是与利益相关方的协调、共赢，包括为供应商、经销商、消费者、股东、员工、社会等带来不一样的快乐感受。同时，这种“创造快乐”的责任信念也已带动了青岛啤酒的上下游合作伙伴加入“共尽社会责任”的行列，整个产业链的发展呈现出一种全新的可持续发展态势。

青岛啤酒的爱心触角已经延伸到社会各个层面。汶川地震发生后，青岛啤酒向灾区捐款1300多万元，并启动了针对地震灾区儿童的心理援助计划；玉树大地震发生后，青岛啤酒又第一时间向灾区捐款200万元，并全力支持灾区重建；舟曲特大泥石流发生后，青岛啤酒又向灾区捐款200万元，用于抗灾抢险和灾后重建。此外，青岛啤酒还通过创建“青岛啤酒QSL青少年体育发展基金”，在川、桂、粤、湘、鄂等地以“快乐篮球支教”等新方式对希望工程进行援助。青岛啤酒还为百姓“安居工程”和残疾人“托养工程”捐助资金，并设立了各项奖学基金帮助莘莘学子。

青岛啤酒还以打造世界知名的民族品牌为己任，注重提升品牌的海外影响力，以激情为主线，塑造年轻化品牌形象等。通过这些举措，青岛啤酒树立了一个国际化、富激情、负责任的社会公民形象，先后获得“中华慈善奖”“中国绿金奖”“中国最佳企业公民大奖”“人民社会责任奖”等，还被授予“最受赞赏的中国公司”“中国最受尊敬企业”荣誉称号。青岛啤酒正试图通过自身的实际行动，向世界展示一个国际性民族企业的气度和风范。

青岛啤酒为躬行企业社会责任所做的努力，不仅得到了社会各界的广泛认可，也赢得了国际和国内的高度赞誉。联合国全球契约理事会理事陈英表示，青岛啤酒的做法“符合国际可持续发展的主流趋势”。中国酿酒工业协会啤酒分会评价说，“青啤公司勇于承担企业社会责任，积极应对挑战和与时俱进”，“树立了中国酿酒行业的绿色标杆企业榜样”。

(资料来源：https://www.wenmi.com/article/px9yqd01eb8q.html)

思考：如何理解“创造快乐”的责任信念？青岛啤酒为什么立志于爱心事业？

二、相关知识

知识点一　企业社会责任的含义

企业社会责任(corporate social responsibility，CSR)，是指企业在创造利润、对股东和员工承担法律责任的同时，还要承担对消费者、社区、环境、政府和社会的责任。企业的社会责任要求企业必须超越把利润作为唯一目标的传统理念，强调在生产过程中对人的价值的关注，强调对环境、对消费者、对社会的贡献。

企业社会责任已成为一种潮流和趋势，主要原因有两方面：一方面，人们更加关注生存的质量和生活的质量，人性、人权得到了更多的尊重和热爱；另一方面，消费者主权意识增强了，社会责任感提高了，不仅关注商品的质量和价格，也关注企业生产过程是否环保，员工是否得到尊重，企业是否有社会责任感，企业是否履行了社会责任等。企业需要全面深化企业社会责任，才能获得消费者的尊敬与支持，实现企业可持续发展，实现企业和社会的双赢。

知识点二　企业社会责任的内容

从国际上看，企业社会责任呈现标准化、规范化的发展趋势。从2000年正式启动全球契约计划到2010年发布实施社会责任国际标准(ISO 26000)，企业必尽的社会责任越来越多。企业社会责任的主要内容包括经济责任、环境责任和社会责任。

1. 经济责任

经济责任是企业最基本的社会责任。企业作为一种营利性社会经济组织，提高企业经济活动的效率，谋求利润最大化，实现投资者的投资回报，是企业的基本任务。利润持续增长成为企业是否履行其经济责任最好的、最直观的经济指标。企业经济责任主要包括科学管理、科技创新、推动行业发展等。具体来说，科学管理要求企业树立长期经营计划并努力使之成功，为社会提供有价值的产品和服务；科技创新要求企业尊重人才，鼓励技术创新，积极从事科研开发、成果转化，提高生产力水平与生产效率；推动行业发展要求企业健全财务运作机制，严格控制生产成本，为股东创造利润，信息透明，防止交易腐败等。

企业经济责任绝不是其唯一的社会责任。在工业化早期，企业片面强调自身的经济利益，忽视对资源和环境的合理利用与保护，造成了严重的环境污染；漠视员工的合理利益诉求，造成劳资双方的矛盾冲突。诸如此类的事情说明，企业在发展的过程中，不能只注重经济责任，而无视其应当承担的其他社会责任，特别是随着经济一体化，企业融入国际竞争的行列之后，更应注重其他社会责任。

2. 环境责任

环境责任指企业在谋求自身及股东经济利益最大化的同时，还应当履行保护环境的社会义务，主动增加所承担的环境责任。环境责任主要包括：第一，充分利用已开采资源，避免对资源的开采导致耗竭，保护生态平衡；第二，控制各种有毒物质及致病因子进入环境，以免对人类及其他生物造成损害；第三，保护和改善企业所在地区的环境质量，防止由于环境质量下降而使该地区生存条件恶化。

以利润最大化为目标的企业往往从选材到生产一直到销售都没有建立起绿色环保体系，不注重企业的可持续发展，漠视环境利益，任意排放污染物和掠夺性开发资源。向陆域、海域和大气空间排放有毒有害物质酿成的恶性环境事故屡见不鲜，公司的行为成为造成环境恶化的主要来源。

人类、环境系统是相互作用和相互制约的关系。从自然界取出的各种资源，不应超过自然界的再生能力；向自然环境中排放的废弃物，不应超过环境的自净能力。在建设生态文明的今天，企业不应以耗竭资源、破坏生态和污染环境的方式来追求发展，当代人不应为了自己的发展而对后代人的发展和需要构成危害。环境保护是关系到所有人利益的事业，是关系到全人类可持续发展的大事。企业必须承担保护环境、合理使用资源的社会责任。

3. 社会责任

社会责任主要是针对利益相关者而言的，包括员工责任、对债权人的责任、消费者责任、法律责任、社会捐赠慈善责任等。

(1) 员工责任。企业必须充分尊重员工，保障员工的参与权、知情权、监督权等民主权利。一切为了员工，切实维护和发展员工的民主权益、劳动经济权益和精神文化权益等合法权益，还要加强员工教育和培养，建设高素质的员工队伍。

(2) 对债权人的责任。债权人主要包括银行等金融机构、民间金融公司，以及与企业进行交易的相对人。公司对债权人承担的社会责任主要表现在：①真实、准确、完整、及时地披露公司信息，使债权人能够更好地维护其相关利益；②诚实、守信；③积极、主动偿还债务，不无故拖欠；④确保交易安全。

(3) 消费者责任。企业对消费者承担的社会责任主要表现在：①确保产品货真价实，保障消费安全；②诚实、守信，提供正确的商品信息，确保消费者的知情权；③提供完善的售后服务，及时为消费者排忧解难；④不泄漏、不非法使用顾客个人信息，保护顾客个人信息的安全。

(4) 法律责任。法律责任的主要表现有公平竞争、依法纳税、尊重知识产权、反腐倡廉等，即不损害其他经营者的合法权益，不扰乱社会经济秩序，反对不正当竞争；遵纪守法，依法经营、纳税，不偷税漏税；不侵犯知识产权，建立知识产权保护制度；不从事贿赂、腐败等行为，建立反腐败、反商业贿赂管理体系；不干扰企业所在社区居民的正常生活，在招聘与用工过程中提供平等的机会，对企业可能造成的污染进行治理和补偿等。

(5) 社会捐赠慈善责任。社会捐赠慈善责任指承担扶贫济困和发展慈善事业的责任，表现为企业对弱势或不确定群体进行帮助，如捐赠社会福利院、医疗服务机构、教育事业、贫困地区、特殊困难人群等，招聘残疾人、生活困难的人、缺乏就业竞争力的人到企业工作，以及举办与公司营业范围有关的各种公益性的社会教育宣传活动，关心社区的建设等。

知识点三　企业履行社会责任的意义

1. 为企业赢得良好社会信誉

承担社会责任的企业一定是诚信的企业，它们的经营宗旨是顾客至上、服务优质，让消费者满意，从而赢得顾客对企业的信赖和支持，在公众中树立良好的企业形象。良好的社会形象是企业生存和发展的重要条件。例如，公益活动的参与对企业自身的发展有着积极的影响。企业回馈社会、服务社会，在从事公益活动的同时也提高了自身在社会中的声望，创造了企业的品牌效应，对于产品的推销和优秀员工的招聘也能产生积极的促进作用。

2. 提高企业的竞争力

经济全球化使企业之间的竞争空前激烈，竞争的范围也逐步扩大。现代企业的竞争包含了市场份额的竞争、产品的竞争、品牌的竞争、服务的竞争及企业形象的竞争。企业承担社会责任，会受到全社会的普遍尊重，使企业在公众心目中形成良好的口碑。同时，企业竞争实力会源源不断地吸引更多的人才，高质量的人力资源是获得竞争优势的可靠保证。承担社会责任的企业主张尊重人权，以人为本，促使劳动者自我价值的实现，有利于发挥劳动者的积极性和创造性，产生较高的工作满意度和自豪感，减少员工流失，提高企业的劳动生产率和整体竞争力。

3. 促进企业可持续发展

企业履行社会责任有利于节约资源，加快发展循环经济；有利于企业创造更广阔的生存环境，促进企业生产活动的有序进行；有利于获得相关企业的信任、合作与帮助，有助于得到政府的信任从而更多地得到政府的资助和优惠政策。

企业承担社会责任是一种长期的营销手段，通过社会影响力的提高，源源不断地吸引企业的粉丝。企业承担社会责任也是一种公关广告，能够稳定顾客，创造更大的价值，为企业的可持续发展创造条件。

知识点四　企业如何履行社会责任

1. 将企业社会责任融入品牌发展理念

在商业经济对社会的影响越来越大的今天，企业社会责任也成为人们关注的热门课题。如何在合理运用有限资源的基础上创造最大的利润？如何在追求最大效益的基础上较好地保护环境？如何做到取之于民，用之于民？毫无疑问，社会责任已成为当今企业发展品牌的重要理念。企业的社会责任可以通过品牌的理念表现出来，对整个企业履行社会责任起积极的导向作用，也可以极大地提升企业的社会形象。例如辉瑞公司声明自己的抱负是“提高全世界人民的生活质量，并帮助他们享受更长、更健康、更幸福的生活”，“通过药品、消费品和动物健康产品的创新，我们致力于人类对更长、更健康更幸福的生活的追求”。这就是在品牌理念中包含了企业要承担的社会责任。

2. 将企业社会责任融入企业经营管理

为了更有效地履行社会责任，企业应将社会责任管理融入具体的经营管理制度设计中。例如，在企业法人治理结构中赋予雇员参与决策的权力；企业决策时考虑面临的相关社会问题，承担自己的社会义务，使决策结果对利益相关者产生有利而不是有害的影响；在生产过程中使自己的行为符合社会标准，并积极参与社会问题的解决；在制定经营措施时，除了考虑技术可行性和经济收益，还要考虑对社会的短期影响和长期影响；管理者要思考与利益相关者的联系和自身在社会公益活动中的角色，合理配置资源和力量，努力完成企业的社会责任角色。

3. 从社会公共福利中体现企业社会责任

企业与社会密不可分，企业的发展离不开社会支持，社会的进步也离不开企业的推动。企业履行的社会责任一般与企业业务相关联，与企业资源相配套，追求社会价值、经济价值、环境价值的共赢。企业也可以多做公益事业，通过慈善捐赠、公益赞助、帮助弱势群体等方式参与社会活动。企业可将这些内容包含在企业社会责任报告中，体现社会公共福利中的社会责任，提升自身的影响力。

知识点五　企业社会责任报告

1. 企业社会责任报告的概念

随着社会经济的发展与技术的进步，人们对企业发挥的社会作用也日益关注，对企业社会角色的期望值日益提高，对企业责任问责制也提出了更高的要求。同时，企业也希望能够加强与利益相关方和社会的沟通与交流。这样，一些企业率先编制了披露企业承担社会责任相关信息的报告，统称为企业社会责任报告。

企业社会责任报告即 CSR 报告，是企业将自身履行社会责任的理念、战略、方式、方法，经营活动对经济、环境、社会等领域造成的直接和间接影响，取得的成绩及不足等信息，进行梳理和总结，并向利益相关方进行披露的方式。企业社会责任报告是企业履行社会责任的综合反映。由于报告关注的重点不同，有的企业称其为可持续发展报告、企业公民报告、企业社会与环境报告等。

企业编制社会责任报告可以增强战略管理能力，使其自外而内地深入审视企业与社会的互动关系，从而使企业更加全面地分析战略环境。同时，可以提升企业的日常管理与服务水平，有利于企业依靠外部约束从思想上、制度上推动自身发展，全面提升企业服务能力和水平，提升品牌形象与品牌价值，使企业实现可持续发展。

2. 企业社会责任报告的编制原则

(1) 客观性。用定性的描述阐述企业履行社会责任的理念、制度、措施，用定量的数据客观反映履责绩效，要具备科学性。

(2) 系统性。企业社会责任指标体系的内容覆盖面必须广泛，内部之间相互联系，形成一个完整的系统体系。

(3) 可比性。内容上既包括企业的历史业绩，又包括同行业企业的绩效，方便公众开展横向和纵向对比，从而对企业的社会责任绩效有正确认识。

(4) 平衡性。报告不仅要反映企业绩效，还应披露企业履行社会责任的不足之处及改进计划，避免选择性遗漏影响各利益相关方的信息，以便其正确权衡自己的利益。

(5) 时效性。报告的发布时间要讲求时效性，与企业财务信息披露时间基本一致，不应滞后或太晚。

(6) 可靠性。社会责任应由利益相关方评价，听取专家意见或由独立第三方进行审核，增强社会责任信息的可信度。

(7) 规范性。报告的编制应当参考具有一定权威性的指引或报告编制标准，以确保社会责任信息披露的规范性。

3. 企业社会责任报告的编制与发布

不断发展的法律制度和不断提高的社会期望要求大型企业能够每年度发布企业社会责任报

告。关于报告的内容、形式等，尚无统一规定，可以从多个方面泛泛而谈，也可以具体谈论某一方面。

企业编制企业社会责任报告大致要经过 4 个阶段：准备阶段、资料采集阶段、报告撰写阶段、发布阶段。撰写的内容可包括以下方面。

(1) 报告背景说明。说明报告范围、报告编制原则、报告数据、报告保证方式、报告发布形式等。

(2) 公司概况。说明公司简介、公司组织架构、公司董事会结构等。

(3) 企业社会责任管理组织。成立工作小组，负责企业社会责任绩效数据收集、上报及分析管理工作。

(4) 企业利益相关方介绍说明。对股东、客户、员工、社会与环境、合作伙伴等利益相关方的基本情况及主要关注点进行说明。

(5) 企业社会责任绩效指标体系。根据绩效指标体系，概括地说明近几年来企业关键绩效指标的履行情况。

(6) 企业经营绩效。对经营业绩与效益、股东权益、产品技术创新、产品质量管理等进行说明。

(7) 企业客户关注。对客户消费情况、消费满意度、客户关系管理进行说明。

(8) 企业安全生产关注。对企业安全生产管理体系、安全应急机制建设、防护设备设施投入、安全教育培训、意外保险参保投入进行说明。

(9) 企业环境管理关注。对企业环境管理体系、环境保护技术投入、环境保护公益活动投入、节能减排工作、绿色办公、废水废气减排等工作进行说明。

(10) 员工就业与权益保障关注。对公司吸纳就业人数、残疾人就业人数、劳动合同签订情况、社会保险参保情况、员工职业健康管理、员工职业发展规划、劳动争议负面影响、员工满意度评估等进行说明。

(11) 政府责任履行情况关注。对企业纳税等政府责任履行情况进行说明。

(12) 社区公益活动成效。对企业参加的公益活动、公益捐赠、志愿者活动等情况以及社会对本企业社会责任履行情况的认可进行说明。

报告应根据自身情况确定目标受众，通常包括政府、投资机构、客户、员工、供应链伙伴、媒体、非政府组织、行业协会和一般公众，还要确定报告发布格式。随着技术发展和受众阅读习惯的改变，企业社会责任报告的格式日趋多样化。目前，常见的报告发布格式主要有可下载的 PDF 格式、互动性网上版本、印刷品出版物、印刷简本、网页版、App 版本等。不同的报告发布格式具有不同的优点、缺点和针对性，企业需要根据实际情况建立报告发布的最佳形式组合策略。另外还要确定发布形式，不同的发布形式具有不同的传播效果。通常，社会责任报告的发布形式包括举办专项发布会、在其他活动中嵌入社会责任报告发布环节、将报告放在网上并发布公司新闻稿、将纸质版报告直接递送给利益相关方、将电子版报告或网站链接推送给利益相关方、将报告的核心议题策划成主题活动。

三、课堂分析与讨论

(一) 案例分析

企业社会责任与品牌的关系

2020年9月,《外卖骑手,困在系统里》文章刷屏网络,指责外卖平台用算法压缩外卖小哥的送单时间,迫使骑手闯红灯、逆行、超速,承担巨大风险。饿了么平台回应称,将增加“愿意多等5分钟或10分钟”的按钮;美团外卖回应将优化系统,给骑手留出8分钟弹性时间。

(资料来源:https://baijiahao.baidu.com/s?id=1677348290839754335&wfr=spider&for=pc)

分析:请从企业社会责任的角度对此事件进行分析。

参考观点	你的观点
南方周末:外卖小哥的劳动者权益得不到保障,是大数据时代企业用冰冷算法对劳动者的一种剥削。该现象揭示了部分平台型企业对加入平台的服务提供者劳工权益的无视,对技术伦理的罔顾,管理者在以新兴模式获取商业利润的同时,缺乏对利益相关方基本诉求的倾听和回应	

(二) 观点讨论

【观点讨论8-1】1970年,经济学家米尔顿·弗里德曼认为,企业最大的社会责任就是增加利润,当企业为社会利益采取某些行动时,可能变相损害了股东的利益。你怎么看?

参考观点	你的观点
企业社会责任并不是“额外付出”,而是一种必要的管理责任。企业的社会责任来源于它的社会权力。企业在诸如平等就业、环境保护等问题上拥有重大的社会影响力,因此社会必然会要求企业运用这些影响力来解决这些社会问题	

【观点讨论8-2】互联网企业应承担哪些企业社会责任?

参考观点	你的观点
互联网时代,随着数字鸿沟、网络沉迷、隐私安全、网络谣言/暴力等现象的出现,提供互联网服务的企业更需要做好事前预防和管理	

四、任务实训

实训一　企业社会责任案例采集

【实训目的】通过采集系列企业社会责任案例，加强对企业社会责任的必要性和内容的理解。

【实训步骤】

(1) 4～5 人为一组，全班同学分成若干小组；

(2) 小组中每人通过网络采集至少一个企业社会责任案例；

(3) 以小组为单位，讨论所采集案例蕴含的企业社会责任的内容；

(4) 每组派代表在全班做总结发言；

(5) 将优秀案例提交网络学习平台。

【实训要求】采集典型的企业社会责任案例，能够联系相关知识分析案例体现的企业社会责任的内容。

【实训评价】

评价指标	自我评价	小组评价	教师评价
参与度			
完整性			
准确性			
成效性			

实训二　编制企业社会责任报告

【实训目的】通过为某公司编制企业社会责任报告，掌握企业社会责任报告的基本内容和编制要求。

【实训步骤】

(1) 4～5 人为一组，全班同学分成若干小组；

(2) 以小组为单位，对本地一家公司的企业社会责任履行情况开展调研；

(3) 以小组为单位，参考网络上的企业社会责任报告样本，讨论并撰写该公司企业社会责任报告；

(4) 完成报告，并做课堂汇报；

(5) 完成实训总结。

【实训要求】全员参与，团队合作。企业社会责任报告应符合公司实际情况，能达到宣传企业形象的目的，报告结构合理、内容完备、表述准确。

【实训评价】

评价指标	自我评价	小组评价	教师评价
参与度			
完整性			
准确性			
成效性			

五、内容小结

任务八主要介绍了企业社会责任的含义、内容、意义、履行方法等，如图 8-1 所示。

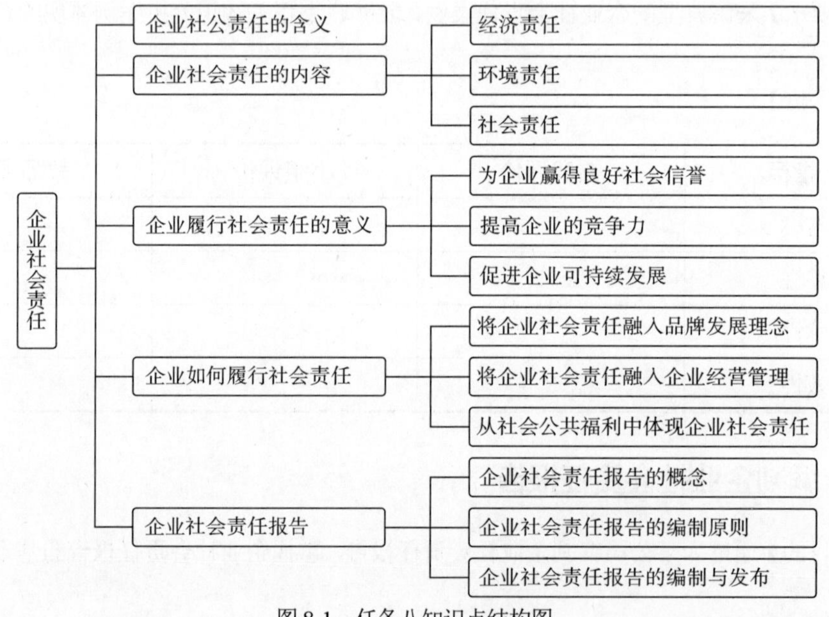

图 8-1 任务八知识点结构图

六、课后自测

（一）判断题

1. 企业社会责任，是指企业在创造利润、对股东和员工承担法律责任的同时，还要承担对消费者、社区和环境的责任。 （ ）

2. 加强员工教育和培养，建设高素质的员工队伍，不属于企业社会责任。 （ ）

3. 企业的经济活动需要在社会环境中发生，社会是企业利益的来源，两者存在相互影响、相互制约的关系。 ( )

4. 从自然界取出的各种资源，不应超过自然界的再生能力；向自然环境中排放的废弃物，不应超过环境的自净能力。 ( )

5. 承担社会责任的企业一定是诚信的企业。 ( )

6. 企业的社会责任报告的发布格式只能采用印刷品出版物。 ( )

(二) 选择题

1. 企业社会责任的英文是( )。

A. public relations　　B. corporate responsibility

C. corporate social responsibility　　D. publication relation

2. 企业社会责任主要内容包括( )。

A. 经济责任　　B. 公平责任　　C. 环境责任　　D. 社会责任

3. 下列各项中，属于企业社会责任的有( )。

A. 企业员工合法权益的保护　　B. 企业产品质量的保证

C. 与企业有关的利益相关者的保护　　D. 社会环境的保护

4. 内容上既包括企业的历史业绩，又包括同行业企业的绩效，方便公众开展横向和纵向对比，强调了企业社会责任报告的( )原则。

A. 时效性　　B. 可靠性　　C. 可比性　　D. 平衡性

5. 企业编制企业社会责任报告大致要经过( )。

A. 准备阶段　　B. 资料采集阶段　　C. 报告撰写阶段　　D. 发布阶段

(三) 简答题

1. 什么是企业社会责任？企业社会责任对于企业有什么意义？
2. 企业对环境保护的责任主要体现在哪几个方面？
3. 什么是企业社会责任报告？企业社会责任报告的编制要遵守哪些基本原则？
4. 企业社会责任报告在结构上包含哪些基本项目？

七、课外拓展

(一) 拓展阅读

2021 中国企业社会责任十大趋势

1. “十四五”规划绘制美好商业蓝图

“十四五”规划的主要目标包括经济发展取得新成效、改革开放迈出新步伐、社会文明程度得到新提高、生态文明建设实现新进步、民生福祉达到新水平、国家治理效能得到新提升。同时，“十四五”规划也对乡村振兴、社会建设、绿色发展等重点领域做了部署。

“十四五”规划绘制了美好商业蓝图，可持续发展将进一步成为商业共识。企业可重点关注国内消费、乡村振兴、低碳转型、“一带一路”及人的全面发展这五个方面。预计，多数企业都要投身到乡村振兴中，结合自身业务帮乡村做产业，以创造共享价值。

2. 互联网平台经济走向有序健康发展

互联网平台改变了人们的衣食住行和工作习惯，产生了巨大的社会影响。互联网平台的圈层、虚拟和复杂性决定了其社会责任治理的重要性和难度。2020 年年底陆续发生的蚂蚁集团暂缓上市、《关于平台经济领域的反垄断指南(征求意见稿)》发布等事件引发关注，给互联网平台企业敲响了警钟。预计，我国对互联网平台经济的监管将有力加强，引导平台经济走向有序健康发展。

3. 新冠肺炎疫情持续影响企业社会责任战略

2020 年的新冠肺炎疫情对许多企业的社会责任工作产生巨大冲击，特别是公益项目实施、志愿者活动开展等。企业将继续关注疫情对利益相关方的影响，重视健康与福祉(SDG3)、卫生设施(SDG6)、城市与社区(SDG11)等议题。

4. 后疫情时代供应链责任的重构

新冠肺炎疫情和国际贸易摩擦的双重冲击给供应链责任管理带来深刻影响。疫情带来了产业链供应链断链风险，也可能会引发一些产业链调整和转移，但也将进一步促进供应链的上下游更加重视基于责任价值的伙伴关系建设，并进一步推进对供应链末端相关方的社会保护。中国企业开始制定和发布企业层面的人权政策，预计这也会成为一个新的趋势。

5. ESG 研评教宣生态体系初成型

近两三年，中国 ESG(environmental、social 和 governance，环境、社会和治理)专业服务机构数量迅速增长，细分行业取得长足发展，国际组织、行业协会、信用评级机构、金融科技公司、财经媒体等也不断增加对 ESG 服务领域的关注和投入，与 ESG 产业链中的资产所有者、资产管理机构、工商企业、监管部门等共同形成了 ESG 研评教宣生态体系。

6. 量化目标驱动 ESG 信息管理与披露流程数字化升级

2020 年 12 月，中央全面深化改革委员会第十七次会议通过《环境信息依法披露制度改革方案》，指出环境信息依法披露是重要的企业环境管理制度，是生态文明制度体系的基础性内容。

预计，将有更多企业应用统一的数字化平台，实现 ESG 信息管理和披露流程自动化。

7. 碳中和目标掀起减碳承诺浪潮

为达成中国的碳达峰、碳中和目标，各部委、各省市、各行业将设定减碳政策目标，全国性碳市场启动在即，中国企业碳排放的外部强约束条件正在形成。面对低碳转型浪潮，企业要做好自身能力建设，开展碳核算，制定科学的减排目标，在工艺、技术方面转型升级，实施节能减排行动，实现高质量发展。

8. COP15 促进企业参与“生多”议题

2021 年联合国《生物多样性公约》第十五次缔约方大会(COP15)在中国云南召开，有助于提升中国企业对生物多样性及自然资本的关注度，企业参与生物多样性保护将成新的潮流。目前，已经有一些企业将生物多样性纳入日常管理范畴，制定措施降低或减少对生物多样性的不利影响。

此外，随着海洋开发力度的加大，蓝色经济的可持续发展问题受到越来越多的关注，这一趋势将与绿色金融相结合，形成新亮点。

9. 新“两纲”的编制增进妇女和儿童的福祉

新的《中国妇女发展纲要》和《中国儿童发展纲要》(以下简称新“两纲”)在 2021 年发布与实施，为未来 10 年的妇儿工作提出统领性的要求。新“两纲”继续将妇女与健康、儿童与健康作为优先发展领域，突出保障妇女全生命周期获得高质量、有效、可负担的医疗和保健服务，关注妇女心理健康，突出关注儿童健康服务体系、健康素养水平、早期发展、近视和超重/肥胖防控、心理健康等内容。

女性和儿童是普遍意义的弱势群体，是诸多企业社会责任的重点议题。我们建议，企业可密切关注新“两纲”的内容，尤其是新增内容，与时俱进，切实提升妇女和儿童的福祉。

10.“双循环”新格局促进可持续消费

在以国内大循环为主体、国内国际双循环相互促进的新发展格局下，全面促进消费、提升传统消费、培育新型消费是扩大内需、实现消费升级的重要举措。可持续消费也将是消费升级的应有之义。建立健全绿色低碳循环发展经济体系，促进经济社会发展全面绿色转型，推行绿色消费。

(资料来源：《每日经济新闻》)

(二) 课外实践

通过网络或实地调研一家企业的社会责任建设工作，了解该企业推进企业社会责任的典型公共关系案例。

任务九 公共关系广告

【任务描述】

1. 搜集公共关系广告案例并说明其所属类型。
2. 为某公司设计一则公共关系广告。

【目标与成果】

能力目标	知识目标	课程思政
1. 能准确描述什么是公共关系广告; 2. 能按要求设计制作公共关系广告	1. 掌握公共关系广告的基本特征、原则、类型; 2. 了解公共关系广告的制作要求	1. 明确公共关系广告要符合正确的价值观，符合市场规律; 2. 公共关系广告的制作强调真实、利他、有创意
学习成果	1. 体现公共关系广告基本原则的案例; 2. 某公司公共关系广告作品	

一、案例导入

案例一　疫情影响下的公共关系广告

2020 年全球疫情影响下的公共关系广告

被“隔离”的品牌们: 3 月 19 日，麦当劳在其巴西的 Facebook 主页上悄悄更换了头像，引发网友们的热烈点赞。大家所熟悉的“金拱门”由一个 M 分成了两个 N，呼吁大家保持社交距离。被“隔离”的品牌远不止麦当劳一个。可口可乐将原本正常间距的“Coca-Cola”单词分散开来，在 logo 的底部用简洁的文字写着: 保持距离，是保持团结的最好方式(Staying apart is the best way to stay united)。知名外设品牌雷蛇也将原本缠绕在一起的绿蛇分开游走，呼吁大家在疫情期间保持良好的社交距离。知名汽车品牌大众和奥迪将它们的 logo 拉开距离，甚至波士顿棒球队“红袜”也在社交媒体上公布了“新”队徽，将体育界最具标志性的一双红袜子远远地分离开来，让两只袜子不再互相重叠，告诉球迷们要保持适当的社交距离。

如何与消费者拉近距离？被“隔离”的品牌们做出了极好的示范。在这场狂欢中，有些品牌是主动参与，有些品牌是被动卷入，而有些品牌则完全无感，就像被“隔离”在这个话题之外。在互联网话语权愈发重要的当下，品牌的社交活跃度成为构建品牌认知的重要渠道。对热点事件具有极高敏感性和快速反应度的品牌，往往可以不断强化在用户心中的形象，对用户情绪产生极大的影响。

Nike，哪儿挡得了我们：疫情打乱了原本忙碌的生活，将大多数人困在家里。在这期间，越来越多的中国人展现出不可阻挡的斗志，通过各种方式克服困难，保持活力，用行动证明着“哪儿挡得了我们”。4 月 10 日，耐克发布《太阳出来了》主题影片，向每一位无惧困难，用行动诠释“哪儿挡得了我们”的运动员致敬，同时也希望他们所展现出的积极力量能够激励更多的人。

在碎片化时代，品牌必须回到消费者的生活空间，融入消费者，持续传递品牌核心价值，才能形成对主流人群的高频到达，实现品牌的集中引爆。耐克这次的营销主题鲜明，广告源自生活，文案直白朴实，活动呼朋引伴，都表达了运动带来的魅力。面对惶惑不定的未来，无论身手如何，我们比任何时候都更团结，更亲如一队，当“我”成了“我们”，就没什么克服不了的困难。

(资料来源：https://www.sohu.com/a/388910987_120066051)

思考：这些案例对公共关系广告设计有哪些借鉴意义？

案例二　泰国的感人广告

公共关系广告中的感人故事

说起泰国广告，不少人可能会想起那支经典的潘婷洗发水广告，由奥美泰国拍摄，广告中的聋哑小女孩，最后在小提琴赛场上演奏的一曲《卡农》，在满屏飞舞的柔顺长发下戳中无数人的泪点。

与传统广告中女主角自信地细数着潘婷的优点相比，这条泰国广告的煽动效果实在有深度得多。

泰国广告里有许多抒情性与故事化完美结合的精彩之作，它们将消费者的情感诉求拿捏得相当到位，搞笑广告让人忍俊不禁，感人广告又如同催泪炸弹，当然最后都会将品牌深入人心，比如这则《再也不回来的乞丐》：

一家书店的老板每天开门营业时，总会发现门前躺着一个脏兮兮的流浪汉。由于担心他妨碍自己做生意，书店老板对他又是泼水又是打骂，想将他赶走，可第二天流浪汉还是会来。

终于有一天，流浪汉没有出现。书店老板大为不解，他想到店门前安装有监控摄像头，于是调来视频查看究竟，结果发现，这个流浪汉在书店门前过夜时，会打扫门前的垃圾，赶走欲往门上小便的醉汉……后来，两个贼想撬开书店的门偷东西，流浪汉上前制止，被这两个恼羞成怒的家伙用刀捅死。

看到这里，书店老板泪流满面。这时画面上打出字幕：“有些事实，是你的眼睛看不到的。”

接着画面一转，出现了几款监控摄像头。

这则广告虽然最后落在宣传摄像头的点上，但也向大家阐述了一点："有些事实，是你的眼睛看不到的。"用动人的故事告诉我们做人做事不能只看表面现象，应该多了解背后的事实。

(资料来源：https://www.zhihu.com/question/30781867?from=profile_question_card)

思考：这则广告为何能成为业界经典？

二、相关知识

知识点一　公共关系广告的含义

公共关系广告简称公关广告，是一种设法增进公众对组织的全面了解，提高组织的知名度和美誉度，从而赢得公众信任与合作的广告。良好的公共关系广告可以起到塑造组织形象、强化品牌形象、宣传组织宗旨、引导公众观念等作用，可以给企业或组织带来显著的经济和社会效益。

广告作为传递信息的重要工具，以介绍、说服、提醒为目标，起到对人们唤起兴趣、启发欲望、导致行动等作用。那么，为了扩大社会组织的知名度、提高信誉度、树立良好的形象，公共关系人员就需要利用广告这个重要工具，由此产生了公共关系广告。因此，公共关系广告既属于公共关系活动的一部分，又属于广告的范畴，它集公共关系的特点与广告的特点于一身，是一种特殊的广告。

知识点二　公共关系广告的特征

1. 目标利益的间接性

公共关系广告是公共关系实务的一部分，其目标与公共关系的总体目标、组织发展目标紧密相联，因此，它在目标上与商品广告有明显的区别。公共关系广告的主要目标是推销社会组织，唤起人们对社会组织的注意、兴趣、信赖、好感，创造有利于组织发展的良好的社会环境和气氛；而商品广告的目标则是直接刺激公众的消费欲望，从而达到扩大商品销售额或拓展服务面、增加服务收入的目的。目标不同，决定了公关广告和商品广告在写作过程中功利目的的显露程度也不同，公关广告多是"藏而不露"，通过相对客观、冷静的介绍，逐渐在公众中树立的形象；而商品广告的文稿则要千方百计地增强感召力，力求给广告受众以紧迫感，促使购买行为尽快发生，有时甚至出现"喝××，中大奖""××(品牌)百万元大赠送""存货不多，购者从速"等极富诱惑力的字眼，这种情况在公关广告中极少见到。

2. 主题思想的利他性

公共关系的行为规范要求公关广告在"利己性"这一广告规则的大前提下，尽可能体现利他性，以服务于公众为宗旨，体现一种类似社会福利事业的精神；而商品广告则在“求实”的行为规范要求下，带有比较强烈的“利己性”倾向。行为规范的差异导致了公关广告和商品广告在写作过程中主题确立的不同，前者虽然其终极目的是“利己”的，但体现在广告文稿中的主题思想却是“利他”的；而后者的最终目的与文稿主旨是完全一致的，文稿主题无须回避“利己性”。例如巨人集团的公关广告《巨人的宣言》，把巨人事业视为民族兴旺发达大业的一部分，把广告主题定位于“造福人民，造福国家”，这就充分体现出公关广告主题思想的利他性。

3. 结构要素的新闻性

有些公关广告是以新闻的面目直接出现的，如向社会宣传企业取得重大成就、受到表彰情况的公关广告，企业参与社会福利事业捐助活动的公关广告，介绍企业实施新战略、企业法人代表最新重大活动的公关广告，以及以广告形式出现的企业法人代表访问视频等，其结构要素都具有明显的新闻特征。例如《空调市场杀出一匹黑马 原华宝厂长黎刚率索华进军泉城》《追求高起点、实施新战略——广东卓越空调器厂全方位参与市场竞争》，从标题到实际内容基本上是以经济通讯的形式出现，是典型的具有新闻要素的公关广告。

知识点三 公共关系广告的原则

尽管公共关系广告宣传的主题内容丰富多彩，所追求的公共关系目标也各不同，但是无论是哪种类型的公共关系广告，都应遵循以下原则。

1. 实事求是原则

公共关系广告应避免弄虚作假，要真实、客观地进行公共关系广告设计、编写与制作，把企业真实的一面呈现给社会公众，以争取得到更多社会公众的信赖。

2. 独具风格原则

组织或企业应在特定的公共关系主题下形成自己独特的风格，独树一帜，使自己能够在众多同行中被一眼识别出来，通过宣传加深社会公众对本组织或企业的印象。

3. 积极创新原则

公共关系广告不能千篇一律，必须要有自己的特点，也需要不断地创新，特别是在具体内容、分析角度、运用手法等方面，新颖别致、富于创新意识，以给社会公众一种清新、奇特的美感。

4. 寻求佳时原则

公共关系广告要想取得好的效果，引起更多的关注，就要在宣传时间上下功夫，必须选择恰当的时机。同时，宣传的时效性、规模性等也是需要考虑的因素，否则将导致事倍功半。

5. 避免商迹原则

公共关系广告应体现出公共关系的特点，从维护社会公众利益的角度出发，更多地介绍社会组织的社会责任、企业理念等内容，而非产品的促销叫卖，从而避免与商业广告一样留下商业化的痕迹。

6. 注重效果原则

注重效果是指注重商誉目标的实现。组织应注重让更多的人通过公共关系广告知晓、认同并支持自己，促使更多的公众产生共情，和组织发生联系，最终促进组织自身的发展和社会整体效益的扩大。

知识点四　公共关系广告的类型

可以根据公共关系广告的不同内容来确定其类型，公共关系广告的主要类型如下。

1. 形象广告

形象广告又叫组织广告，是传播组织自身各种信息以塑造组织形象的广告。形象广告的重点是宣传组织的历史传统、经营管理状况，介绍组织的实力、信誉和成绩等，让更多的社会公众了解组织，树立组织良好形象。

2. 响应广告

响应广告指组织为响应政府、社会或其他企事业单位的号召，支持公益事业的发展，以求社会各界公众理解与支持的广告。响应广告强调的是组织与社会生活各个方面的关联性和公共性。当组织要向公众表明其社会参与的愿望和决心、希望扩大组织影响时，可以考虑制作这类广告。

3. 创意广告

创意广告又叫倡议广告，是组织以自身的名义率先发起某种有创意、有重要意义的社会活动的广告，表现组织的社会责任感、伦理道德观、创新精神等，体现其良好的社会风范。一般来说，创意广告要有明确的主题和目标，以表明组织或企业对社会活动的关心、支持，表现其领导潮流、敢为天下先的胆识，为公众所瞩目和称道，如“微笑的广州”活动、“地球关灯一小时”活动。

4. 观念广告

观念广告又称意见广告，可通过观念或意见的表达，影响或改变公众的观念、态度和行为。观念广告的主要目的是建立或改变一种消费意识、树立一种新的消费观念，而一种新消费观念的树立，可以使社会公众倾心于组织或组织的某项产品。例如“顾客是上帝”的广告口号就是把顾客当作上帝的一种服务观念的表达。

5. 态度广告

态度广告是指向公众表明或申明某种态度，以获得好感和支持的公共关系广告。例如对同行成就表达良好祝愿的祝贺广告，对公众的信任表达感谢的谢意广告，就自身过错向公众致歉的歉意广告，澄清事实的解释广告等。

6. 公益广告

公益广告是指组织以公益性、服务性、慈善性为主题内容而制作的广告。这类广告以社会公益事业为特点，表达组织服务社会、造福人民的愿望，或针对现实时弊和不良风尚，进行善意的规劝和引导，以促进社会健康、和谐、有序运转。例如"保护地球，人人有责""环保不分民族，生态没有国界"等，公益广告比较容易获得公众的好感。

知识点五　公共关系广告的制作要求

1. 主题明确

主题是广告的灵魂，明确了主题，才能确定广告对象，限定选题范围，规定广告的用语、风格，选择合宜的传播媒介。制作公共关系广告首先要根据其目标确定主题。如果目标是吸引投资者，公共关系广告的主题就应为介绍组织的历史、实力、特点和信誉等；如果目标是改善形象，公关广告主题则应为反省、改革、开拓等。

2. 准确定位

公共关系广告定位是指确定广告的目标对象和竞争方位。要明确广告是做给谁看的，要在哪一范围和层次的公众中传播，这样才能深入研究广告对象的心理，才能使广告容易被公众接受，引起公众的注意和兴趣，满足其心理需求，促成公众对组织的合作意向和支持行动。制作公共关系广告之前，还要从企业使命、企业精神与文化等方面给组织进行个性化定位，增强公共关系广告的品牌联想力和渗透力。

3. 创意新颖

创意是广告的生命和灵魂。公共关系广告设计人员要根据广告主题与要求，精心构思。内容上，围绕公众的心理与关心点，寻求独特的诉求方式；表现手法上，找到吸引公众的关注点，采用新颖的形式，表现新奇的内容，以取得较好的效果。广告创意决定着广告的成败。例如美国七喜汽水的广告词："七喜从来不含咖啡因，也永远不含咖啡因。"其创意在于把饮料同一种健康新观念联系在一起。

4. 有情有义

设计公共关系广告要善于从人性情感上去接近公众，激发共鸣，用真情打动公众的内心，与公众建立一种情感关联，这样更能增强广告的感染力，赢得公众好感。例如美国 BBDD 广告公司的一则标题为《给予》的援助孤儿的募捐广告：互相依偎的两位孤儿，无助的眼神注视着你，而一双有力的大手正伸向他们。这则广告大大提升了募捐额度，也提升了BBDD广告公司的知名度。公共关系广告同时还要坚持正向价值观，弘扬社会道义，指导公众有意识地分辨什么是正确的，什么是适宜的，树立有情有义、一身正气的社会形象，使广告主张与广告诉求更具影响力、传播力。

5. 形象鲜明

广告形象是广告给公众的综合印象，广告形象的塑造要讲究文字语言、绘画语言、图像语言和音乐语言等方面的技巧，总体要求是醒目、真实。例如标题要放在最引人注目的位置，配以突出的字体和悦目的色彩，正文要短而精，文字语言要求准确、简洁、鲜明和生动，标题和正文都要力求在易读性、易记性上下功夫；画面则要力求达到最佳视觉效果；音乐要达到最佳听觉效果，符合公众的审美趣味。在风格上，组织公共关系广告要做到自信和自谦相统一，实事求是和追求个性相统一。

知识点六　公共关系广告文案设计

公共关系广告的制作需要很高的公共关系技巧，表现形式多种多样，需要在图像、文字、音乐等多方面进行创意策划。而最终的创意表现都要基于一定的广告文案，所以广告文案设计尤为重要。文案内容一般由标题、正文、口号等几部分构成。

1. 标题

标题是广告的颜面，决定公众是否继续了解后面的内容。公共关系广告对标题的要求是简洁明了、引人入胜，例如“多做一点点”“不要让未来失去颜色”等广告标题，通俗、自然又富有个性趣味。标题中切忌出现双关语、文学典故或晦涩文字，力争在瞬间刺激公众，引发其兴趣，促使他们进一步关心广告的正文内容。

2. 正文

正文是公共关系广告的主体，广告所要表达的一切意思都寓于正文之中，所以正文内容要详细而恰到好处。正文可采用不同的文体，如布告体、对话体、证书体、新闻体、陈述体等。公共关系广告对正文的要求是开门见山、直截了当，具体真实、热情友好，易于记忆、富有魅力。

3. 口号

口号贯注了广告的主要精神，可以加深印象，也有利于长期传播。很多公共关系广告用一句口号作为漂亮的结尾，使人回味无穷。例如欧派“国际家庭日”公益广告，在讲了三个亲人间错过陪伴的小故事之后，提出广告口号“关机1小时，为你所爱的人”，令人深思之后付诸行动。公共关系广告口号应简短上口、朴素自然、个性鲜明、意境深远、富有感召力。

三、课堂分析与讨论

(一) 案例分析

【案例分析 9-1】　网易严选“劝你别看的广告”

在杭州市西湖区中心商场附近，有几处设计简单却特别的户外广告吸引了路人的注意力，并在网上掀起了热烈讨论。网易严选投放的“劝你别看的广告”，偌大的广告栏里，只有几行大字，首先是标题“还是别看这个广告了”，正文则分行写道：“这原本是我们 2.23—2.29 的促销广告，现在临时换掉了。虽然一切正走向正轨，但也建议您少在公共场所聚集，别在广告前停留太久。在家用心生活，等春来。”白底黑字，只有“在家用心生活，等春来”这行，抹了一层嫩绿作为底色。

因为疫情的影响，网易严选将原本的促销广告换成了温馨提示。简约风格的纯文字设计，在街头显得格外耀眼。

(资料来源：https://www.sohu.com/a/388910987_120066051)

分析：促销广告换成了这样几行字，网易严选的损失是否很大？你怎么看？

参考分析	你的分析
疫情期间如何投广告？核心就在于能不能融入场景。这次网易严选就做了一个很好典范。网易严选选择传统户外媒体，告诉你还是不要看这个广告，言外之意是，虽然我们很想让你们看到这个广告，但还是更希望大家老老实实在家待着，别给国家添乱。尽管从表面上看，这像极了一条公益广告，但是很多人觉得它说的也很对，反而会在不经意间去看一下，让整个创意和场景高度融合，真正融入消费者的生活场景，让海报瞬间拥有了话题性和可传播性。这种“广告+公益”的出圈道路不仅得到了广大网友的纷纷点评，还增加了公众对品牌的好感，提升了品牌美誉度	

【案例分析 9-2】　SK-Ⅱ“改写命运”系列公益影片

“改写命运”是 SK-Ⅱ一直以来的品牌理念，他们聚焦女性故事，帮助她们发声。SK-Ⅱ以六位奥运选手的真实经历为原型，创作了 6 部动画电影，讨论了女性当下面临的各种社会压力，以及她们最终战胜自己的故事。

(资料来源：https://www.sohu.com/a/480096225_120953705)

分析：从网络上寻找并观看“改写命运”系列公益影片，分析它们的公关意义。

参考观点	你的观点
SK-Ⅱ“改写命运”系列公益影片获得了无数中国女性的共鸣，同时视频亦赋予了很多中国女性表达自我选择的勇气。有业界人士评论，这是非常成功的公益广告，也是品牌用情感联系消费者的经典案例	

（二）观点讨论

讨论公关广告与商业广告的不同之处。

参考观点	你的观点
1. 广告目的不同。商品广告直接宣传产品；公关广告传播组织信息，树立良好形象。 2. 宣传模式不同。商品广告让公众先认识产品再认识组织；公关广告则是让公众先认识组织再认识产品。 3. 感情色彩不同。商品广告注重引导人们的购买行为，商业色彩较浓；公关广告则重视与公众进行情感交流，引发公众好感。 4. 广告主体不同。商品广告的主体是工商企业；而公关广告的主体则可以是政府部门、非营利组织等各种类型的组织	

四、任务实训

实训一　公共关系广告案例采集

【实训目的】通过采集系列公共关系广告案例，加强对公共关系广告的本质、特点与基本原则的理解。

【实训步骤】

(1) 4～5 人为一组，全班同学分成若干小组；

(2) 小组中每人通过网络采集至少一个公共关系广告案例；

(3) 以小组为单位，讨论所采集案例中蕴含的公共关系广告的特征与基本原则；

(4) 每组派代表在全班做总结发言；

(5) 将优秀案例提交网络学习平台。

【实训要求】能够采集到典型的公共关系广告案例，能够联系相关知识，分析案例体现的公共关系广告的特征与原则。

【实训评价】

评价指标	自我评价	小组评价	教师评价
参与度			
完整性			
准确性			
成效性			

实训二　公共关系广告制作

【实训目的】通过为某公司设计制作公共关系广告，掌握公关广告的制作要求，提高制作能力。

【实训步骤】

(1) 4～5 人为一组，全班同学分成若干小组；

(2) 以小组为单位，选择某家公司进行调研；

(3) 以小组为单位，为这家公司创作一则公共关系广告，类型不限；

(4) 每组派代表在全班做总结发言。

(5) 将优秀公关广告作品提交网络学习平台。

【实训要求】积极参与，团队合作。所创作公共关系广告内容生动，形式新颖，富有创意，符合公司特点，能取得较好的传播效果。

【实训评价】

评价指标	自我评价	小组评价	教师评价
参与度			
完整性			
准确性			
成效性			

五、内容小结

任务九主要介绍了公共关系广告的含义、特征、类型、制作原则和设计要求等，如图 9-1 所示。

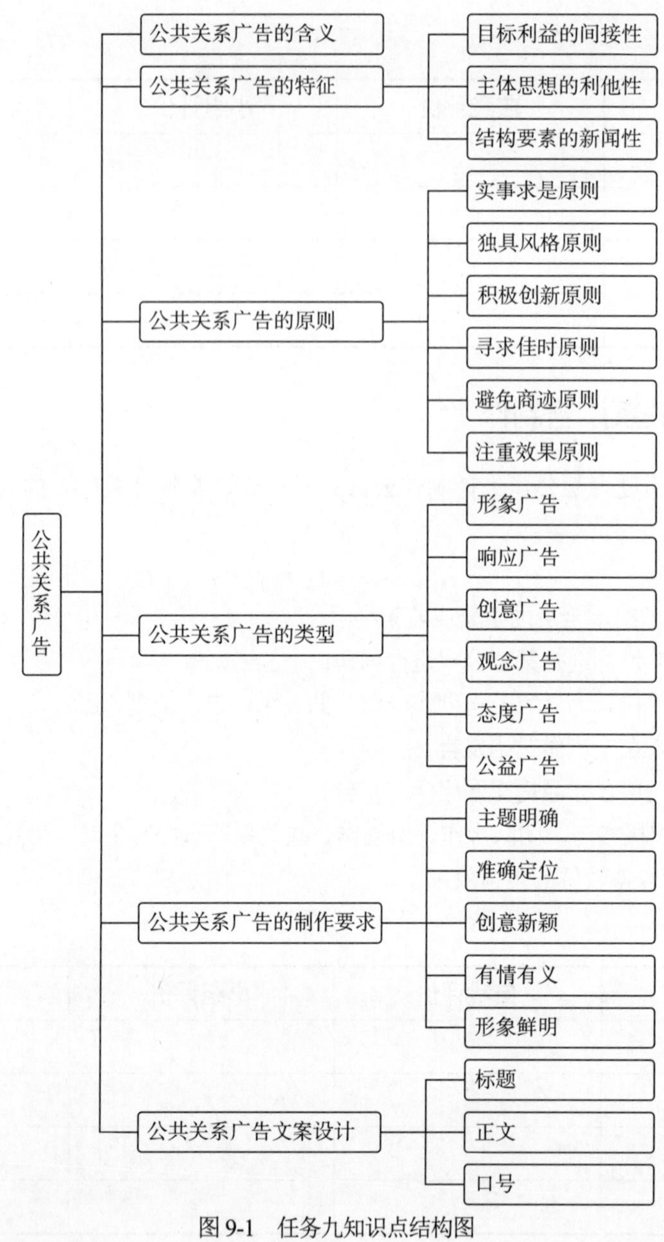

图 9-1　任务九知识点结构图

六、课后自测

(一) 判断题

1. 公共关系广告的首要目的就是利润最大化。（　）
2. 公共关系广告既属于公共关系活动的一部分，又属于广告的范畴。（　）
3. 公关广告，是指某企业或组织为增进公众对它的整体性了解，提高其知名度和美誉度而

开展的一种宣传活动。（　）

4. 良好的公关广告可给企业或组织带来显著的经济和社会效益。（　）

5. 公共关系广告是直接告知产品的属性和优点。（　）

6. 公共关系广告比商品广告的范围更广，作用更大，综合性更强。（　）

(二) 选择题

1. 公共关系广告的特征包括(　　)。
   A. 目标利益间接性　　B. 主题思想的利他性
   C. 结构要素的新闻性　　D. 目的利益直接性
2. 以下各项中，属于公共关系广告原则的有(　　)。
   A. 实事求是原则　　B. 独具风格原则　　C. 积极创新原则　　D. 寻求规模原则
3. 公共关系广告的类型有(　　)等。
   A. 形象广告　　B. 响应广告　　C. 创意广告　　D. 态度广告
4. 公共关系广告首先要根据其内容(　　)。
   A. 确定主题　　B. 制定目标　　C. 分析结构　　D. 数据采集
5. 公共关系广告的口号应该(　　)。
   A. 简短上口　　B. 朴素自然　　C. 意境深远　　D. 有感召力

(三) 简答题

1. 公共关系广告有哪些基本原则？
2. 公共关系广告有哪些基本特征？
3. 公共关系广告有哪些基本类型？
4. 公共关系广告制作有哪些基本要求？

七、课外拓展

(一) 拓展阅读

公共关系广告传播效果的测量

公共关系广告的传播效果是以社会公众对广告的收看、收听、认知、记忆等因素为依据进行调查、计算的，其测定的内容包括注意率、视听率、认知率和记忆率等。

注意率是指对公共关系广告予以注意的人数占接触所发布媒体总人数的比例。

视听率是指通过媒体收看、收听广告的人数占媒体使用人数的比例。

认知率是指通过媒体认知广告名称的人数占所发布媒体节目视听人数的比例。

记忆率是指在认知的基础上，对公共关系广告重点内容，如企业名称、经营方式、服务宗旨等的记忆程度。在这里，主要是对组织或企业的知名度与信誉度的测定，其目的在于掌握各类社会公众对组织公共关系广告印象的深刻程度。

广告经营效果的测评是把公共关系广告的费用变化与经营效果联系起来对广告效果进行评估，计算公式如下：

$$\text{公共关系广告效果比率}=\frac{\text{公共关系广告所得的效果（市场占有率、知名度的增加等）}}{\text{公共关系广告的费用}}\times 100\%$$

(资料来源：汪秀英. 公共关系学[M]. 北京：首都经济贸易大学出版社，2008.)

(二) 推荐阅读

《品牌公关实战手册》，李国威编著，中信出版社出版。该书论述了中国企业在全球经济中的地位越来越重要，而在企业快速发展的过程中，品牌公关的重要性也越来越凸显。首席执行官的形象该如何提升，该参加什么活动，接受媒体采访时说什么？做一场活动，怎么起个好名字？该如何为重要客户安排座次？给广告公司写项目要求，哪些要素不可缺少？企业突发危机事件，怎么写回应声明？……这些看似具体的公关问题，背后体现的是一种公关思维。在通用汽车、华晨汽车、生力啤酒等重量级公司担任公关负责人的李国威老师，对自己 20 多年的公关经验做了精心总结和编选。该书以分主题的形式，概括了品牌公关行业常见的实战问题，依次介绍了岗位职责、品牌规划、公共关系管理、公关活动管理、危机公关技巧、雇主品牌管理、公共事务管理、投资者关系管理、新媒体运营、能力进阶等各项内容，案例丰富，内容细致。它不仅能够帮助你解决实际工作中的困惑，也能为你在规划重大项目时，提供系统方法论的参考，是一本非常实用的品牌公关指南。

(三) 课外实践

通过网络或实地调研一家知名企业的公共关系广告，了解该企业如何进行广告和公共关系广告设计与投放。

任务十　新媒体传播

【任务描述】

1. 为某家公司设计新媒体传播矩阵。
2. 为某家公司的产品创作一份新媒体传播文案。

【目标与成果】

能力目标	知识目标	课程思政
1. 能为组织设计新媒体传播矩阵; 2. 能为组织做好新媒体传播	1. 掌握新媒体的概念、新媒体传播的基本特征; 2. 了解新媒体传播渠道和传播技巧	1. 明确新媒体传播的法规与伦理; 2. 新媒体传播必须符合国家意识形态、核心价值观
学习成果	1. 某公司新媒体传播矩阵; 2. 某公司产品新媒体传播文案	

一、案例导入

案例一　vivo S7《我与我的民族风尚》

首部手机前置镜头拍摄高清短片：vivo S7《我与我的民族风尚》

项目背景：短视频风靡，年轻人最爱的自拍也同步升级，他们不再满足于静态照片自拍，“用手机的前置镜头拍出高质感视频”成为用户的需求痛点。基于这一洞察，以自拍作为主打卖点的 vivo S 系列于 2020 年 8 月发布 vivo S7，新品搭载了当前手机界最高自拍像素规格——高达 4400 万像素的前置镜头，具有拍摄 4K/60 帧视频的影像实力。

项目目标：通过一场营销战役进一步夯实 vivo S 系列“自拍标杆”的行业地位，让用户深刻感知 vivo S7 的 4K 超清前置摄像头功能，感受 S 系列“让世界看到我”的品牌主张。

项目策略：立美好主题，邀匠人团队，用专业设备，拍走心视频，做立体传播。

项目执行：摄影师团队走访三位致力于“将民族文化融入潮流、让世界看到自己文化特色”的少数民族年轻人的家乡，全程仅用一部 vivo S7 手机和两根补光灯管记录他们的生活：24 岁的藏族女孩才仁永吉将自己所理解的传统藏族文化与现代潮流相结合，致力于设计“能穿出去的藏服”；22 岁的蒙古族男孩白韩杰将草原文化和自己热爱的潮流运动“跑酷”融合在一起，向世界展示蒙古族年轻人对美好生活的向往；26 岁的苗族姑娘 lulu 能歌善舞，同时也是一名获得十余项专利技术的纳米碳应用领域研究员。

这部首次全程采用前置摄像头拍摄的 4K 短片《我与我的民族风尚》首映于线下 4K 影院，30 家媒体、vivo 影像产品经理、视频导演文辉与 8KRAW 联合创始人一同出席见证 vivo S7 前置 6400 万超清像素带来的影像变革。

短片在微博、新片场、微信、B 站、腾讯视频等头部视频平台传播的过程中，收获数千位新片场认证专业创作人的重量级好评。

致力于发现创造与美、探求生活价值、传递人性温暖的新媒体 WeLens 随后深度解读了这三位 S 系列代表人物背后的故事，文章《被误解的少数民族青年》收获 10 万+阅读，引发大量网友对民族青年的讨论。

项目效果：业内首部全程采用手机前置镜头拍摄的高质感 4K 影片，《我与我的民族风尚》打破“手机前置镜头无法拍出质感视频”的传统认知，首映后在微博、新片场、微信、B 站、腾讯视频等头部视频平台得以广泛传播，视频总播放量 600 万+，阅读量 800 万+，各平台累积互动量 3 万+，受到媒体、影像专业人士以及广大网友的高度称赞。本次营销“战役”不但直接体现了 vivo S7 前置 4K 摄像头的超清拍摄功能，也进一步传递了 vivo S 系列“让世界看到我”的品牌主张，夯实 S 系列的“自拍标杆”行业地位。

(资料来源：https://www.dsconsulting.com/cases/c50.html)

思考：该公关项目中使用了哪些媒体传播方式？

案例二 故宫的新媒体传播

故宫博物院的全新营销方式

故宫博物院在单霁翔院长上任之前，故宫文创的营销之路曾走过不少弯路，在用户定位、产品研发、产品定位、产品定价、宣传方法、营销手段上都出现过大大小小的偏差，导致此前故宫文创产品的销售市场并不理想。从 2012 年开始，故宫博物院开始尝试利用移动互联网为游客提供服务及藏品介绍等，开始着手新媒体运营，在新浪微博里发布相关的资讯，呈现展品。以平易、直观的方式科普故宫历史，不仅可以让受众每天都了解一些平常见不到的藏品，还可以让受众对故宫产生好感。此阶段的主要目的是向广大受众介绍和科普故宫及藏品，以吸粉为主，处于探索发展阶段，并未实施有具体的新媒体营销手段，走得还是高贵、冷艳的文创路线。

故宫博物院为了让大众能够更加深入地了解藏品信息和背后的故事，研发了故宫博物院首款 App ——《胤禛美人图》，于 2013 年 5 月正式上线，利用数字技术打造了一个科普平台，让受众可以近距离地接触、欣赏和学习故宫文化。

2013 年 8 月，受台北故宫“朕知道了”纸胶带的影响，北京故宫开始感受到文创产品创新的巨大潜力，于是开始紧跟社会化的玩法，产品的策划设计开始变得好玩、走心。2013 年 9 月，创建“故宫淘宝”微信公众号。随着新媒体传播的影响，故宫淘宝公众号开始走“软贱萌”路线，以受众喜欢的风格进行营销策划宣传，不断刷新年逾六百岁的故宫的卖萌底线，打造了超多篇阅读量达 10 万+的爆款推文。2016 年 7 月 6 日，故宫博物院和腾讯联合出品了 H5——《穿越故宫来看你》。2017 年 5 月，故宫推出了 App——《故宫社区》。2017 年 12 月，亚马逊 Kindle 再次联手故宫文化推出 Kindle Paperwhite X 故宫文化 2018 新年限量款礼盒，限量 2018 套。2018 年 5 月 18 日推出“见大臣”“玩转故宫”微信小程序……故宫从文创产品销售向文化服务提供转型，从线上服务、互动到线下活动的延伸，形成较为完整、全面的，以新媒体产品为首要接触渠道的产业体系。目前，故宫文创产品正以百姓喜闻乐见的方式发展壮大，并通过新媒体平台，以创新思维将产品营销巧妙地融入现代人的生活之中。同时，也在用深厚的文化内涵走向年轻人、走向世界。

(资料来源：https://zhuanlan.zhihu.com/p/73849923?utm_source=QQ_article_bottom&ivk_sa=1024320u)

思考：故宫博物院全新的营销方式为什么会成功？

二、相关知识

知识点一 新媒体与新媒体传播

什么是新媒体？

美国《连线》杂志社认为，新媒体是所有人对所有人的传播。

联合国教科文组织对新媒体的定义为：以数字技术为基础，以网络技术为载体进行信息传播的媒介。

新媒体的概念目前并没有一种权威的界定。一方面，新媒体本身只是一种描绘，并非一个精确的概念；另一方面，它的内涵和外延在媒介技术的革新中仍在不断发生变动。《新媒体百科全书》主编斯蒂夫·琼斯曾说：新媒体是一个相对的概念，“新”是相对于“旧”而言的。相对于图书，报纸是新媒体；相对于广播，电视是新媒体。新媒体是一个发展的概念，因为新媒体不会也不可能终止在某一个固定的媒体形态上，而是一直处于发展的过程中。新媒体又是一个时间的概念，在一定的时间段之内，新媒体应该有个相对稳定的内涵。

就目前阶段来说，新媒体是在报刊、广播、电视等传统媒体的基础上发展起来的新的媒体形态，宽泛地包括所有数字化的传统媒体、网络媒体、移动端媒体、数字电视等，当前主要是指以互联网技术、数字技术、移动通信技术为基础，通过电脑、手机、数字电视等一切互联网终端，向用户提供内容资讯、音频视频、连线游戏、数据服务以及在线教育等集成信息和娱乐服务的新兴媒体。也可以简单概括为，新媒体是基于数字信息基础进行信息传播，传播者与受众可以实现即时互动传播的媒体形态。

新媒体传播就是运用新媒体进行的传播，这里指社会组织运用新媒体进行的公众关系信息传播。

知识点二　新媒体传播的特征

1. 传播模式的交互性

与传统媒体传播者对受众的单向传播方式不同，新媒体的信息交流是双向和互动的，传播者可以是受众，而受众也可以是传播者。传播状态由传统的一点对多点变为多点对多点。人人都是记者，人人都有麦克风，每一个参与者都可以自主选择信息传播的内容和形式。人们可以通过简单、可控的网络信息技术制作图片、文字、影像、动画等来传播、共享与交互个人信息，传播信息具有高共享度、高交互性。

2. 传播范围的超时空性

传统信息传播受传播者或受众时间、地理界限以及国家边界的限制，而新媒体传播可以使人在任何时候，在任何地点，发出自己或获取别人的任何信息。互联网信息传播的出现从技术上解决了信息无处不到的问题，同时从技术上来说，人为地对信息传播的隔绝与限制也很难再做到。

3. 传播内容的广泛性

互联网信息传播采取无限超链接技术，使新媒体突破传播媒体载体边界或篇幅的限制，能够提供海量的信息。任何信息传播，包括新闻传播、知识传播、人际交流，以及商业信息传播，从理论上来说都可以在互联网这个平台上无限传播下去。因此，从信息传播的广度和深度等任何角度来看，新媒体传播内容的广泛性都远远胜过了传统媒体。

4. 传播形态的融合性

媒介融合是两种或两种以上的媒介在多层次、多领域、多维度的相互渗透与交融。与传统媒体单一形态占主导地位不同，新媒体的传播形态可以是动态的，也可以是静态的；可以是文字、图像，也可以融合声音、文字、动画，在一个传播载体上完成多媒体传播成为现实。新媒体集合了文字、声音、图像、动画、游戏等拟态环境，超越了传统媒体各自单一的传播手段，成为一个集各种媒体优势为一体的融合媒体，体现了媒体的跨域传播和跨界融合的特征，信息传播渠道也因此大大增加。

5. 传播速度的即时性

新媒体大大缩短了信息传播从发送者到接收者的时间距离，甚至实现了信息的即时传播。传统大众媒体进行传播，信息需要把关、审核，然后将信息转化为文字、图片、影像等制作成媒体内容，再通过不同的渠道进行发行，媒体内容一旦确定就很难改变。多环节导致了信息从采集到传播的过程十分漫长，信息的传播与信息的反馈往往滞后，无法满足受众需求。而新媒体在信息发送的同时就可以接收到信息，两者之间几乎没有时延。已发信息可以即时更新和扩展，反馈的信息也可以即时传播，从而保证了信息传播的即时与快速。

知识点三　新媒体公关传播的优势

1. 公众沟通的及时性

公关的核心在于沟通，而新媒体即时性、互动性和畅所欲言的媒介特质，为组织与公众的沟通提供了任何传统媒体无法比拟的优势。对于组织的信息，如新概念、新产品的传播，新媒体传播可以利用新媒体即时发布相关信息，可以迅速在网络上提高知名度，将产品诉求点巧妙而快速地传播出去。而来自公众的各种反馈，组织也可以及时获知，并及时沟通、回应或做出相应调整与修正，这样可以更好地满足公众的要求，使公众关系更加协调。

2. 公关传播的差异化

新媒体提供点对点的信息传播服务，使信息传播者可以针对不同的公众提供个性化、差异化的服务。社会组织在利用新媒体进行公关传播时，还可以利用大数据，根据企业的品牌定位和参与公众的特征、地域分布、个性习惯等，正确界定组织的公众范围与公众特点，确定不同的传播策略和传播方案，采取更合适的公关形式，以取得更佳的公关效果。

3. 传播方式的多样化

不同新媒体平台有各自独特的内容风格，例如，公众号以图文为主，微博以 140 字内的短状态加照片为主，抖音以 15 秒到 1 分钟的视频为主，企业可以灵活选择使用，使内容形式多元化。新媒体使社会组织摆脱对传统媒体的强烈依赖，获得了自己的传播渠道。组织可以根据公众的特征与需要，提供不同媒体形态的传播内容。基于数字技术的支持，组织自身也能创造出形形色色的新媒体内容。信息源内容及形式更加丰富多样，文本、图片、音频及视频糅合成一个媒体传播产品，成为当前新媒体传播的常态。

4. 传播效果的可测性

新媒体传播具有便于数据处理的特点，这不仅反映在网络信息的即时性和快速调整上，也反映在对于网络公关活动效果的可监测上。组织可利用互联网技术准确统计相关数据，如参与活动的人数、地域等，有效反馈情况，甚至可以获得参与公众更多的个性信息。组织应注意收集相关的统计报告，以为今后公关活动的开展提供有价值的参考数据。

知识点四　新媒体公关传播渠道

从早期门户网站的新闻、电子邮箱、聊天室、BBS 社区，到现在的网上商城、网络音频节目、短视频、数码互动杂志、网络游戏、网络会议、网上虚拟展览、网络无线应用等，组织公关行动的开展有了更多的渠道。下面介绍企业组织应用较多的几类新媒体传播渠道，如表 10-1 所示。

表 10-1 新媒体传播渠道

平台	渠道	概述	特点
微信	微信公众号 微信个人号 微信群 微信广告资源	即时通信软件，可实现语音、图片、文字的全方位沟通与互动	1. 受众群体基数大，传播有效性更高； 2. 互动便利，信息推送迅速，实时更新； 3. 能针对用户实际情况发布不同的消息，有效实现传播的精准性、针对性及高效性
微博	企业官博 微博广告资源	分享简短、实时信息的广播式的社交媒体、网络平台	1. 快速化，信息流动更新过快，转瞬即逝； 2. 碎片化，篇幅上有局限性； 3. 开放性，对所有用户开放，可即时、充分互动； 4. 不适合深度阅读
直播平台	抖音、快手 秒拍、美拍 花椒、映客、一直播	利用视讯方式进行网上现场直播的平台	1. 活动效果好，直观、快速，形式、内容丰富，交互性强，受众可划分； 2. 时空自由，可随时提供重播、点播服务； 3. 自主性强，能够进行独立、可控的音视频采集； 4. 内容缺乏深度
视频平台	优酷、爱奇艺、腾讯视频、西瓜视频、哔哩哔哩	让用户在线流畅发布、浏览和分享视频作品的网络媒体	1. 内容生产速度极快； 2. 内容来源多样化，草根性与专业性并存； 3. 视频可植入其他网页，提高传播效果； 4. 弹幕增强用户互动； 5. 制作门槛较高，用户基数较小
音频平台	喜马拉雅 FM、荔枝 FM	让用户在线流畅发布、分享音频作品的网络媒体	1. 内容专业性强； 2. 信息更具表现张力； 3. 制作门槛较高，使用场景受限
论坛平台	豆瓣 百度贴吧 财经论坛	网络上人与人交流语言文化信息的地方	1. 人们可以自由表达和交流思想； 2. 精准地聚集志同道合者； 3. 受众群相对稳定； 4. 专业性比较强； 5. 互动性强
社交问答网站	知乎 百度问答 百度百科	公共的知识平台，用户提出问题，其他用户来回答	1. 用户门槛较高，有助于回答的权威性，保证社交关系的高效性； 2. 知识性与讨论氛围更佳； 3. 最大限度地调动用户的力量，对优质内容与劣质内容做筛选
内容平台	头条号 百度百家 简书 一点资讯	优质原创内容输出平台	1. 帮助企业、机构、媒体和自媒体在移动端获得更多曝光和关注，持续扩大影响力； 2. 可帮助实现品牌传播和内容变现； 3. 用户全体垂直度差

续表

平台	渠道	概述	特点
电商平台	小红书社区	为企业、组织和个人提供直接触达用户的服务平台	1. 可以通过平台与用户直接交流，良性互动； 2. 具有开放性和全球性的特点； 3. 破除了时空壁垒，能提供丰富的信息资源
	蘑菇街直播		
	淘宝达人平台		
	支付宝生活号		
垂直网站	虎嗅网、钛媒体、36Kr	专注于某一细分领域的媒体	1. 覆盖率更精准，集中在具有某类特性人群上； 2. 用户的有效浏览时间更长

知识点五　新媒体公关传播技巧

1. 建立新媒体矩阵

新媒体矩阵指能够触达目标群体的多种新媒体渠道组合，有横向矩阵和纵向矩阵两种类型。组织要根据组织的公关对象、传播目标及传播内容，建立健全、简洁的新媒体矩阵。例如，横向矩阵有自有 App、网站、微信、微博、抖音、头条号、小红书等，纵向矩阵有微信平台内部的订阅号、服务号、微信群、个人号及小程序。在此基础上，进一步明确管理规范，建设内容云共享机制，集中统筹所有资源，实现新媒体高效传播。

2. 进行人格化建设

选好平台、确定矩阵后，需要针对运营的平台账号进行人格化建设。所谓人格化，就是将组织产品或服务的各种特性转化成人性的特征。人格化的品牌更能拉近与消费者公众的距离，获得他们的亲近与喜爱。确定了组织的个性特点后，就可选择具有相应个性特点的图像和文字，从形象、性格、态度等方面来传递组织信息，强化组织完整、丰富的立体化形象，提高辨识度。

3. 提供优质的内容

优质的内容是新媒体生存的根基。优质的内容指能够满足用户需求、对用户来说非常有价值的内容。要做到持续输入优质内容，需要找到用户关心、关注、偏爱的内容标签进行精准定位，根据他们真正的需求点，输出他们关心的、感兴趣的内容。优质的内容还必须坚持传导正确的信息、积极的价值观，公平、正直、勇敢，不能为了流量歪曲或编造事实，没有底线。

4. 积极与用户互动

要增强平台黏性，一定要注重用户互动，积极响应用户反馈。用户互动包括用户间的互动和组织与用户间的互动。组织可通过新媒体策划一些创意活动，充分调动与满足用户之间互动与交流的需求，激发用户的活跃度。同时，组织应始终与用户保持沟通和接触，对于用户的反馈，要提供最及时、最便捷的响应通道，通过高频次的互动，提升用户的好感度。

5. 捕捉与制造热点

捕捉热点，借势而为，往往能取得较好的传播效果。社会热点是社会上新近发生的、引起巨大反响的、为人们所喜闻乐见的新闻事件、文化娱乐、体育赛事等，这些热点常为大多数人关注并津津乐道，组织可以通过反映这类热点内容来达成品牌认同，还可以通过创意策划，引导大家关注新的焦点，激发大家参与讨论，形成热点话题，提升平台关注度和组织知名度。

三、课堂分析与讨论

（一）案例分析

“小朱配琦”打破次元壁：央视的转型之路

2020 年 4 月 6 日晚，央视新闻#谢谢你为湖北拼单#公益行动首场直播开播，央视主持人朱广权携手人气主播李佳琦直播为湖北带货。此次直播累计观看人次达一亿两千多万，共售出总价值约 4014 万元的湖北商品。

早在预热阶段，这场直播即已收获众多网友的关注，公众对于电视直播与网络直播中的两大王牌的合作与碰撞寄予高度期待。尽管直播过程中出现了频繁断线的小插曲，但最终呈现的结果仍不负众望，尤其是直播中，央视主持人朱广权所展现出的专业素养更是引起全网的热议与赞叹。被称为“央视段子手”的朱广权，风趣中不失专业的态度，带货时不忘文化的气度，救场时不乏体贴的温度，整场直播妙语如珠，金句连出，令观众在直播间寻得书中黄金屋。

“小朱配琦”的尝试也指向了当今媒体融合的大趋势，合作的成功更是证明了新媒体与传统媒体融合实现双赢的可能性与可行性。

（资料来源：https://mp.weixin.qq.com/s/VLjhKzraBsR_wCfq3b2zYQ）

分析：试分析“小朱配琦”对于合作双方的意义。

参考分析	你的分析
作为传统媒体代表的央视，主动适应新环境做出调整，积极探索转型之路。直播增强了公众的参与感，互动性的强化实现了更高效率的对话，提高了用户黏性。话语表达上跳出严肃语态构建的框架，创新表达方式，呈现出年轻化、亲民化的特点。 人气主播李佳琦与央视展开公益合作，既为其印上了某种意味“官方认证”的图章，同时参与公益本身，提升了公众好感度与个人形象，提高了他的事业定位	

(二) 观点讨论

网络直播是昙花一现还是新媒体传播新趋势？

参考观点	你的观点
网络直播的应用范围非常广，除了秀场直播，用作个人的展示和用户与主播之间的交流，还被广泛地应用在各行各业里，如在线教师直播、在线会议直播、网络资源共享等。网络直播是中国互联网发展的新热点	

(三) 课堂讨论

说出你关注的 5 个微信公众号，并说明关注它们的理由。

序号	微信公众号	关注理由
1		
2		
3		
4		
5		

四、任务实训

实训一　为某公司建立新媒体矩阵

【实训目的】通过为某公司建立新媒体矩阵，熟悉新媒体传播渠道和传播方式。

【实训步骤】

(1) 4～5 人为一组，全班同学分成若干小组；

(2) 以小组为单位，调研一家公司的公共关系状态；

(3) 以小组为单位，为这家公司设计新媒体矩阵；

(4) 每组派代表在全班做总结发言。

【实训要求】积极参与，团队合作。所设计新媒体矩阵以图来表现，内容符合公司特点，能取得较好的传播效果。

【实训评价】

评价指标	自我评价	小组评价	教师评价
参与度			
完整性			
准确性			
成效性			

实训二　为某公司的产品写一篇公众号文章

【实训目的】为某公司的产品策划并撰写一篇公众号文章，提高新媒体写作与传播能力。

【实训步骤】

(1) 4～5 人为一组，全班同学分成若干小组；

(2) 以小组为单位，选择实训一中公司的产品并予以熟悉；

(3) 以小组为单位，为这家公司产品创作一份宣传文案；

(4) 每组派代表在全班做总结发言；

(5) 将优秀文章提交网络学习平台。

【实训要求】积极参与，团队合作。所创作文案内容生动有趣，形式新颖，富有创意，符合公司产品特点，能取得较好的传播效果。

【实训评价】

评价指标	自我评价	小组评价	教师评价
参与度			
完整性			
准确性			
成效性			

五、内容小结

任务十主要介绍新媒体传播的特征、优势、渠道和传播技巧等，如图 10-1 所示。

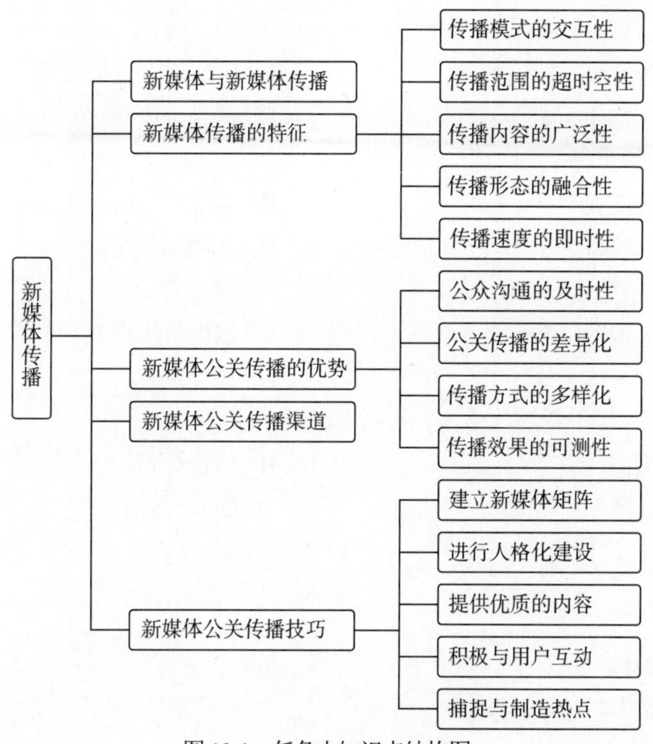

图 10-1　任务十知识点结构图

六、课后自测

(一) 判断题

1. 新媒体是以数字技术为基础，以网络技术为载体进行信息传播的媒介。（　）

2. 新媒体是一个相对的概念，宽泛地包括所有网络媒体、移动端媒体、数字电视等，但数字化的传统媒体不是。（　）

3. 新媒体矩阵，指能够触达目标群体的多种新媒体渠道组合。（　）

4. 新媒体的传播形态必须是动态的，不可以是静态的。（　）

5. 新媒体可以针对不同的公众提供个性化、差异化的服务。（　）

6. 直播平台的内容一般来说缺乏深度。（　）

(二) 选择题

1. 不属于新媒体的特征有(　　)。

A. 超时空性　　B. 融合性

C. 交互性　　D. 工业化

2. 微博平台的特点包括(　　)。

A. 信息更新过快、即逝　　B. 碎片化，篇幅受限

C. 可即时、充分互动　　D. 适合深度阅读

3. 音频平台的特点包括(　　)。

A. 内容专业性强　　B. 信息更具表现张力

C. 制作门槛较高　　D. 使用场景受限。

4. 新媒体传播技巧可以有(　　)。

A. 提供优质内容　　B. 积极与用户互动

C. 人格化　　D. 捕捉热点

5. 下列各项中，属于新媒体传播渠道的有(　　)。

A. 博客、微博　　B. 广告灯箱

C. 电视、广播　　D. QQ、微信

(三) 简答题

1. 什么是新媒体?
2. 新媒体传播有哪些基本特征?
3. 新媒体传播优势是什么?
4. 新媒体传播渠道主要有哪些？其各自特点是什么?

七、课外拓展

(一) 拓展阅读

《互联网信息服务管理办法》(节选)

第十四条　从事新闻、出版以及电子公告等服务项目的互联网信息服务提供者，应当记录提供的信息内容及其发布时间、互联网地址或者域名；互联网接入服务提供者应当记录上网用户的上网时间、用户账号、互联网地址或者域名、主叫电话号码等信息。

互联网信息服务提供者和互联网接入服务提供者的记录备份应当保存60日，并在国家有关机关依法查询时，予以提供。

第十五条　互联网信息服务提供者不得制作、复制、发布、传播含有下列内容的信息:

(一) 反对宪法所确定的基本原则的;

(二) 危害国家安全，泄露国家秘密，颠覆国家政权，破坏国家统一的;

(三) 损害国家荣誉和利益的;

(四) 煽动民族仇恨、民族歧视，破坏民族团结的;

(五) 破坏国家宗教政策，宣扬邪教和封建迷信的;

(六) 散布谣言，扰乱社会秩序，破坏社会稳定的；

(七) 散布淫秽、色情、赌博、暴力、凶杀、恐怖或者教唆犯罪的；

(八) 侮辱或者诽谤他人，侵害他人合法权益的；

(九) 含有法律、行政法规禁止的其他内容的。

第二十条　制作、复制、发布、传播本办法第十五条所列内容之一的信息，构成犯罪的，依法追究刑事责任；尚不构成犯罪的，由公安机关、国家安全机关依照《中华人民共和国治安管理处罚法》、《计算机信息网络国际联网安全保护管理办法》等有关法律、行政法规的规定予以处罚；对经营性互联网信息服务提供者，并由发证机关责令停业整顿直至吊销经营许可证，通知企业登记机关；对非经营性互联网信息服务提供者，并由备案机关责令暂时关闭网站直至关闭网站。

第二十一条　未履行本办法第十四条规定的义务的，由省、自治区、直辖市电信管理机构责令改正；情节严重的，责令停业整顿或者暂时关闭网站。

颁布单位：国务院　文件号：中华人民共和国国务院令(第 292 号)

(二) 推荐阅读

《新媒体传播十问》，唐嘉仪编著，人民日报出版社出版。该书讲述自新媒体出现后，这种新兴传播介质可能对传播、对社会、对人们带来广泛影响。面对新媒体的相关议题，我们可能会有截然不同的思考方式和答案，而这些问题是不是一定存在“非黑即白”的答案？未必如此。该书选择了 10 个当下新媒体传播领域具有争议性的问题，包括网络实名制、社交媒体、网络直播、新媒体营销等，并就这些问题进行开放式的思索及探讨，以帮助大家更好地读懂新媒体、理解新媒体。

(三) 课外实践

通过网络或实地调研一家企业的新媒体传播的方式，了解该企业成功的互联网公关营销案例，分析成功的原因。

模块四　公众关系维护与发展

任务十一　消费者关系管理

任务十二　员工关系管理

任务十三　媒体关系管理

任务十四　政府关系管理

任务十一　消费者关系管理

【任务描述】

1. 为某公司制订一个加强消费者关系的年度计划。
2. 为某公司客户投诉案例设计一个客户投诉处理方案。

【目标与成果】

能力目标	知识目标	课程思政
1. 能做好消费者关系管理; 2. 能妥善处理客户投诉	1. 了解消费者关系的重要意义; 2. 掌握消费者关系管理的内容; 3. 掌握客户投诉处理的基本方法	1. 与消费者的沟通强调真诚友好、尊重理解、客户利益至上; 2. 客户投诉处理强调换位思考、尽责敬业。
学习成果	1. 某公司消费者关系管理年度计划; 2. 某公司客户投诉处理方案	

一、案例导入

案例一　杜康品鉴之旅

杜康首期万人品鉴官招募活动

2020 年 5 月，杜康创新营销模式，开启招募品鉴官活动，11 月，这些因白酒结缘、因杜康结伴的品鉴官，各自集结，前往酒祖故里，拜酒祖、品杜康、鉴匠心。

据了解，本次杜康品鉴官酒厂体验游活动是杜康品质大鉴定 • 万人品鉴官大招募活动的线下联动项目，杜康盛邀众多优秀品鉴官走进杜康酒厂，品读五千年灿烂的白酒文化，领略博大精深的酿酒工艺。

“从参观酿造过程，到探访地下酒窖，再到游览杜康造酒遗址公园，杜康品鉴官们在云端相识，于线下相聚，在杜康美酒的香气中，品鉴入冬的第一杯酒，一起把酒言欢，一起高谈阔论，一起畅诉衷肠。这不仅是一次酒厂体验游，更是一次品牌的发声，一场文化的交流。以后杜康将持续开展与终端消费者的互动，讲好杜康故事，传播杜康文化，重塑杜康辉煌。”杜康控股品牌部负责人表示。

（资料来源：http://lyrb.lyd.com.cn/html2/2020-11/17/content_251682.htm）

思考：杜康此次消费者活动的意义表现在哪些方面？

案例二　有房还是没房

F平台预售酒店到截止使用日一直无房

2020年11月，“电诉宝”接到上海市的朱女士的投诉，称自己于2020年3月25日在F平台上购买了房券一张，价格1399元。该房券的有效期到2020年11月30日，页面注明必须提前一天预定。朱女士联系商家想兑换11月13—14日的房间一晚，商家直接告知没房，让她退款。朱女士致电酒店，酒店方告诉她这个房型是有房的，可以预定。于是朱女士又联系F平台客服，客服联系完商家告诉她，商家没库存了，也就是说这最后一个月全部都无法预定，还说这个房券本身就是二次预约产品，先到先得。

朱女士表示钱早就付了，订单也显示商家已发货。如果说某一天无房可以理解，但是截止日期之前的一个月都没房，商家给的说法是没库存了，朱女士怀疑F平台和商家是不是存在超售行为？现在朱女士觉得商家和F平台是在欺骗消费者，严重损害消费者的权益。而且当初自己买的价格是1399元一晚，现在同样房型已经涨到三千多元一晚。

（资料来源：http://caifuhao.eastmoney.com/news/20210318142757101095570）

思考：案例中F平台和商家是否侵犯消费者的基本权益？应如何正确处置？

二、相关知识

知识点一　消费者关系及其意义

1. 消费者关系的含义

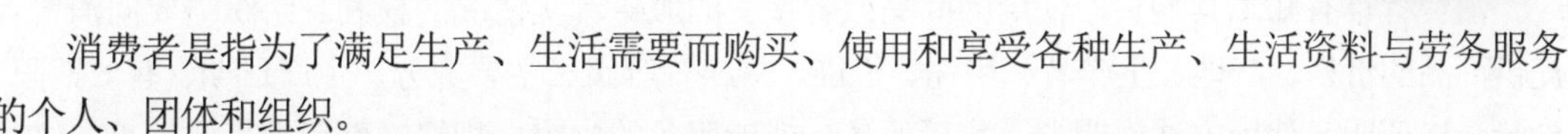

消费者是指为了满足生产、生活需要而购买、使用和享受各种生产、生活资料与劳务服务的个人、团体和组织。

消费者关系是组织与各种消费者公众之间的关系。消费者关系的对象不局限于为了满足个人与家庭生活需要而购买、享受生活资料和劳务的个人，也包括购买和享受生产资料以及精神产品的组织和个人，如医院的病人、酒店的客人、影院的观众、网站的读者等。也就是说，一切生产或推销物质产品与精神产品供社会消费的组织，都面临消费者关系。

2. 消费者关系的意义

消费者关系是组织外部公共关系中最重要的一种关系，良好的消费者关系对于组织的生存和发展有十分重要的意义。

(1) 为组织带来直接利益。在激烈的市场竞争环境下，消费者的选择决定了组织的盛衰与存亡。组织有了消费者的支持，就有了直接的经济利益和社会效益。组织目标最终能否实现直接取决于它与消费者的关系。

(2) 为组织营造良好的发展氛围。对组织外部公共关系来说，消费者是数量最多、与组织关系最为广泛而密切的一类公众。他们不但分布广、层次多，而且这类关系往往表现为人与人之间直接接触，直接打交道，如销售与购买、服务与被服务、讲解与聆听等，可以更好地联络感情，争取人心，从而营造良好的发展氛围与环境。

(3) 有助于树立正确的经营观念。组织公共关系工作要处理好消费者关系，必须将消费者的利益和需求放在第一位，只有赢得消费者信任与好感的组织，才能获得较好的利润与发展，而这有助于组织树立“消费者第一”“顾客是上帝”的经营思想。一切政策、行为都以消费者的利益和需求为导向，有助于组织进入良性的全面发展轨道。

(4) 有助于培养积极、健康的消费者。加强消费者关系，可以引导消费者对组织的知觉、感觉、情绪、情感，形成积极、健康的消费者意识，形成稳定的消费者群体，增强组织对消费者的凝聚力，使更多的消费者成为组织或组织产品、服务的稳定的忠诚者、追随者，使组织在长期竞争中立于不败之地。

知识点二　消费者关系的基础

搞好消费者关系的基础是尊重消费者的基本权益。消费者权益是指消费者在购买、使用商品或劳务等一系列生产、生活消费过程中应该享有的权利和应该得到的利益。根据《中华人民共和国消费者权益保护法》，消费者在社会组织方面享有的基本权益主要包括以下几项。

1. 人身财产安全权

消费者在消费过程中，享有人身、财产安全不受损害的权利，社会组织要保证自己提供的商品和服务符合保障人身、财产安全的要求。

2. 知悉真情权

消费者享有知悉其购买、使用的商品或者接受的服务真实情况的权利。组织需要向消费者提供商品的价格、产地、生产者、用途、性能、规格、等级、主要成分、生产日期、有效期限、检验合格证明、使用方法说明书、售后服务，或者服务的内容、规格、费用等真实信息，这是消费者决策的前提和基础，是做出购买商品或接受服务的真实意思表示的依据。

3. 自主选择权

组织需要保证消费者自主选择商品或者服务的权利。不能存在“官商”习气、商品搭售和强买强卖等不良现象。消费者可以根据自己的意愿，自主选择经营者、商品品种或者服务方式，自主决定购买或不购买任何一种商品，接受或不接受任何一项服务。在自主选择商品或服务时，消费者有权进行充分的比较、鉴别和挑选。

4. 公平交易权

消费者为生活消费购买商品、接受服务时，与经营者之间是一种平等主体之间的民事法律关系，但消费者往往处于弱者的地位。法律赋予消费者公平交易权，确保消费者在消费时有权获得质量保障、价格公平合理、计量准确无误等公平交易条件，有权拒绝经营者的强制交易。当经营者违反公平交易时，消费者有权要求修理、更换、降价、退货、退款甚至加倍补偿等。

5. 依法求偿权

消费者购买使用商品或接受服务时，如果遭受了生命健康权、姓名权、名誉权、荣誉权等人身损害或财产损害，可以依法请求获得赔偿。财产损失包括财产的灭失、破损以及伤、残、死亡所支付的费用等。享受赔偿的主体除消费者外，还包括因事故受到损害的相关人。

6. 人格尊严权

消费者消费时，享有自己的人格尊严和风俗习惯得到尊重的权利。人格尊严是消费者精神上的权利，包括姓名权、名誉权、荣誉权和肖像权等。人格得到切实尊重和保护，是人们的普遍要求和愿望，绝不能对消费者进行侮辱、诽谤、讥嘲、非法搜查等，侵犯人格尊严。

知识点三　消费者关系管理的内容

1. 了解消费者心理

了解消费者心理，可以帮助组织有针对性地开展公关活动。

消费者心理表现出一定的共同性，如在消费者购买心理方面，有专家学者归纳为从众心理、仰慕心理、自豪心理、实惠心理、占有心理、享受心理、求异心理、攀比心理、好恶心理、怀旧心理等 10 种类型。

消费者的心理受个人因素的影响，还受其所处社会历史条件的制约和社会因素的影响，不同的文化、民族、种族、社会阶层、集体、宗教、家庭、受教育程度、职业特征，不同的商店布局、广告宣传、销售服务、营业人员、经营方式、企业形象，不同的商品设计、包装装潢、商标命名、原料工艺、商品质量、商品价格，不同的地理环境、气候变迁等，都会对消费者心理和行为产生不同影响。

不同的消费者还存在不同的消费个性，如不同的兴趣、态度、动机和消费方式等。社会组织在面对消费者时，需要进行细致观察与了解，还可以利用大数据和人工智能等技术手段，对消费者个性进行科学分析。

2. 满足消费者需求

需求是人们在个体生活和社会生活中感到某种欠缺而力求获得满足的一种心理状态。消费者需求主要包括物质资料需求和精神需求，不同的消费者、消费者的不同时期，需求是不一样的。现代成熟的消费需求，既包括对消费对象使用价值的需求，还包括文化需求、自我完善、自我发展等精神和心理需求，同时也包括享受消费过程的需求、可持续发展的需求。组织既要满足消费者当前的需求，还要满足长远发展的需求。消费者需求的满足应该是全方位的。

满足消费者需求时，要注意避免利益驱动下一味地迎合、讨好、追逐消费者消费欲望及个体偏好的现象，因为那样会将消费者需求带入歧途。表面上看好像消费者需求得到了满足，但实际上常常是顾及了消费者眼前利益，而牺牲了消费者长远利益，如导致过度消费甚至浪费、奢侈消费、不合理消费等。

3. 提供优质产品与服务

提供优质产品和服务，实际上也是一种对消费者需求的满足，人人都希望能够获得优质产品和优质服务。

组织通过关注顾客的需求，以严格的制度、精细的管理、精准的操作和精致的服务，实现产品生产全过程的质量控制，不断提高产品质量，不断增强市场竞争力，提升产品形象，赢得消费者对组织产品的信任与好评。

仅有优质的产品还不够，越来越多的消费者更看重的是产品的附加值，如产品的服务、服务的标准、服务的方式、服务的态度等。组织要通过强化服务意识、规范服务行为、创新服务手段、加强员工的素质培训等手段向消费者提供优质、高效的服务，从而提升顾客的口碑与满意度，提高企业的形象。

4. 加强与消费者的沟通

社会组织要建立与消费者的密切关系，必须加强与消费者在感情、心理和精神上的沟通，建立情感交流的纽带，增进组织和消费者公众的相互了解，更好地巩固和保持双方的联系，培养消费者对组织的信任和好感。

与消费者的沟通要建立良好的交流平台，如传统的电话、邮件、广播、电视，现代的互联网平台、行业论坛和自媒体社群等，保证沟通渠道的活跃与畅通。

与消费者沟通还可以采用不同的方式，如通过消费者调查或直接受理消费者的投诉，广泛收集和了解消费者的需求、要求，了解他们对组织经营管理、方针政策及有关产品与服务质量等方面的建议和意见；策划多种消费者参与的线上线下活动，如座谈会、答谢会、售前售后的特殊服务、线下体验活动、线上互动游戏等，和消费者保持密切的联系，为消费者排忧解难，丰富消费者对组织的认知，赢得消费者的价值认同。

总之，与消费者沟通的渠道和方式要注意与时俱进，保持新鲜与活力，适应不同消费者群体的需要，建立立体的沟通系统，如会员制、加企业微信好友等方式，可使后续的服务与管理变得更加便捷与高效，形成一种更可靠、更牢固的消费者关系。只有这样，才能实现组织与消费者之间更加全面、充分和有效的沟通。

5. 妥善处理消费者抱怨

当社会组织提供的产品或服务存在缺陷，或没有达到消费者预期，消费者就容易产生抱怨。消费者的抱怨如果没有得到及时回应和处理，或处理不当，就可能造成不良印象和负面评价的扩散，影响组织的良好形象。

妥善处理顾客抱怨，要求组织建立一套相应的管理制度，包括正确的观念、员工培训、处理方法、处理流程、总结评估等。组织内部全体人员要树立“顾客的抱怨，是给组织最好的礼物，对组织发展有利”的观念；建立有效的抱怨处理制度之后，训练员工接受顾客抱怨时应持有正确的态度和行为，能设身处地妥善处理顾客的抱怨；不同部门定期调研自查，建立顾客抱怨资料档案，总结顾客抱怨处理的经验和教训，以便将来能够尽快妥善处理顾客抱怨，或防患于未然。

知识点四　客户投诉处理

1. 客户投诉的意义

客户投诉是客户对企业组织的产品、服务存在不满的行为表现，是每一个企业都可能遇见的问题。有效处理客户投诉，需要先认清客户投诉对于企业的积极意义，做好面对客户投诉的心理建设。

(1) 减少客户流失。不满意的客户前来投诉，一定程度上说明这些客户没有完全放弃与企业的关系，他们对企业还寄予希望，这对企业来说，意味着获得一次补救的机会。通过妥善处理，可以消除他们的抱怨与不满，提升对企业的正面印象，从而避免客户流失。防止客户流失是非常重要的，因为吸引一个新客户比维持一个老客户的成本要高出 5 倍。而一个公司如果将其客户流失率降低 5%，利润有可能增加 25%～85%。另外，老客户还能产生不容小觑的口碑效应：1 个满意的客户会引发 8 笔潜在的生意，1 个不满意的客户会影响 25 个人的购买意向。老客户的评价往往比企业的自我营销更有说服力。

(2) 获取有用信息。客户投诉的内容反映的是企业组织各方面存在的问题，组织可从客户投诉中发现盲点，检视错误，发现客户潜在的需求、喜好和竞争对手的状态等，进而利用这些信息改进产品设计、生产技术、服务方式等，从客户投诉中寻找新的商机。也就是说，要善于从问题中找到原因、汲取教训、举一反三，从投诉中获取有用的信息，挖掘出重要价值。还可将信息资源变为知识资产，如建成投诉处理信息库、知识库。员工通过投诉数据库知识、信息的学习，可以避免再犯同类错误，或出现类似客户投诉后，可以少走弯路，及时、准确地处理好客户投诉。

2. 客户投诉处理基本程序

(1) 耐心倾听，接受客户抱怨。以一种尊重、谦虚的态度认真听取客户的叙述，全面了解客户所投诉的事情或问题。当面倾听的时候注意身体语言，如注视客户、不时地点头示意等，电话中则注意语气、语调等副语言的恰当运用，让对方明白你在认真听取和对待他的意见，可以边听边做好记录，以示重视。

(2) 充分道歉，认同客户感受。了解了客户投诉反映的情况后，对给客户带来的不愉快体验或物质、精神上的损失，要发自内心地表达歉意，并对客户的心情表示理解和认同，对客户的投诉行为表示感谢。例如对客户说："这确实是我们工作的疏忽，给您带来的损失，我们一定会想办法弥补，非常感谢您给我们提出宝贵意见，您指出了我们服务中的差错和不足，帮助我们及时发现并纠正。"

(3) 积极主动，提出解决方案。对客户投诉的事情进行核实后，就要及时拿出解决问题的方案，采取行动，纠正错误，弥补客户的损失。除了解决问题本身，还可额外提供一些赠品、折扣等，适当给予补偿。

(4) 诚恳征询，客户参与解决。要让客户知道你的处理方案及具体措施，并征询客户的意见，可以用征求意见的口气说："如果我这样做，您看您是否满意？"如果客户仍不满意，就要进一步了解客户的需求，提供更多的选择。也可以让客户提出自己的解决方案，然后将意见反馈给上司。注意不要超越职权范围随意表态或承诺。

(5) 执行承诺，加强后续服务。协商确定处理方案后，要安排涉及的所有部门、人员，对方案内容逐一加以落实，兑现承诺。执行过程中要讲究时效，讲求质量，提高投诉现场解决率。解决问题之外，还要加强对客户的后续服务，如回访关怀，提供投诉进度实时查询渠道，开展投诉处理满意度调查等。最终使客户恢复原有的信心，恢复组织信用与名誉。

(6) 回顾反思，投诉案例归档。投诉受理完毕后，应对投诉时间、地点、当事人、投诉的原因和处理结果做详细的记录，完整地归入客户投诉智能管理系统。对于典型的案例，要在组织内部讨论，共同寻找漏洞，吸取教训，不断改进、完善组织的客户投诉管理体系。

三、课堂分析与讨论

(一) 案例分析

【案例分析 11-1】　乔·吉拉德的 250 定律

35 岁以前，乔·吉拉德曾经当过小偷，开过赌场，换过 40 个工作仍一事无成。然而，此后的短短三年内他竟然爬上了世界第一的位置，并被吉尼斯世界纪录称为"世界上最伟大的推销员"，尽管他先天不足——患有相当严重的口吃。他成功的原因是创造并执行了 250 定律。

在每位客户的背后，都大约站着 250 个人，这是与他关系比较亲近的人，如同事、邻居、亲戚、朋友。如果一个推销员在年初的一个星期里见到 50 个人，只要有两个客户对他的态度感到不愉快，到了年底，由于连锁影响就可能有 500 个人不愿意和这个推销员打交道，他们知道一件事：不要跟这位推销员做生意。这就是乔·吉拉德的 250 定律。由此，乔·吉拉德得出结论：无论在什么情况下，都不要得罪任何一个客户。

在乔·吉拉德的推销生涯中，他每天都将 250 定律牢记在心，抱定生意至上的态度，时刻控制着自己的情绪，不因客户的刁难，或是不喜欢对方，或是自己心绪不佳等原因而怠慢客户。

乔·吉拉德说："你只要赶走一个客户，就等于赶走了潜在的250个客户。"

(资料来源：http://www.360doc.com/content/19/0216/14/50291843_815336724.shtml)

分析：对乔·吉拉德的250定律，你有什么感悟？

参考观点	你的观点
认真对待身边的每一个人，因为每一个人的身后都有一个相对稳定的、数量不小的群体。善待一个人，就像拨亮了一盏灯，可以照亮一大片	

【案例分析11-2】　开发商隐瞒实情售房

消费者卢女士花费102万元在沧州某房地产开发公司购买了一套商品房。建成后，因该楼房前5米处建了垃圾回收站和公共厕所，而开发商事先未说明此事，卢女士找开发商退房无果，向盐山县消费者协会投诉。消协调查发现，开发商除对楼前垃圾站和公厕无事前说明外，其售楼大厅内沙盘上也未标注。卢女士在不知情的情况下，签下购房合同缴纳购房款。了解事情原委后，消协进行了调解。最终开发商同意给卢女士退房。

(资料来源：http://szbz.hbfzb.com/hbfzbpaper/pc/content/202103/15/content_20364.html)

分析：房地产开发公司侵害了消费者的什么权益？分享你所知道的侵犯消费者权益的案例。

他人的分享	你的分享

(二) 观点讨论

消费者关系管理人员应该具备哪些基本素质？

参考观点	你的观点
(1) 专业的服务意识和业务能力； (2) 对相关法律法规有基本认知； (3) 对本公司情况，尤其是对产品与服务有彻底了解； (4) 能快速把握消费者心理； (5) 良好的沟通能力、情绪管理能力、语言能力，诚信、良善、热情、开朗、幽默	

四、任务实训

实训一　制订消费者关系管理计划

【实训目的】通过制订某公司消费者关系管理计划，提高消费者关系管理能力。

【实训步骤】

(1) 4～6 人为一组，全班同学分成若干小组；

(2) 以小组为单位，选定一家公司，对该公司基本情况进行调查、了解；

(3) 对该公司消费者公众进行分析；

(4) 小组讨论，为该公司制订消费者关系管理年度计划；

(5) 每组派代表在全班做总结发言。

【实训要求】小组成员积极参与，团队合作；消费者关系年度计划切合实际，方法可行，结构合理，表述准确，格式规范。

【实训评价】

评价指标	自我评价	小组评价	教师评价
参与度			
完整性			
准确性			
成效性			

实训二　客户投诉处理角色扮演

【实训目的】通过客户投诉处理角色扮演，掌握客户投诉处理的基本方法与基本程序，提高客户投诉处理能力。

【实训步骤】

(1) 教师提供客户投诉情境案例；

(2) 学习小组之间进行角色扮演，一组代表企业组织，另一组代表消费者；

(3) 推选表现优秀的小组做班级展示；

(4) 完成案例中的客户投诉处理方案；

(5) 实训总结。

【实训要求】小组成员积极参与，角色扮演投入，处理方式合理；客户投诉处理方案方法可行，条理明晰，表述准确。

【实训评价】

评价指标	自我评价	小组评价	教师评价
参与度			
完整性			
准确性			
成效性			

五、内容小结

任务十一主要介绍了消费者关系的意义、基础和管理方法等，如图 11-1 所示。

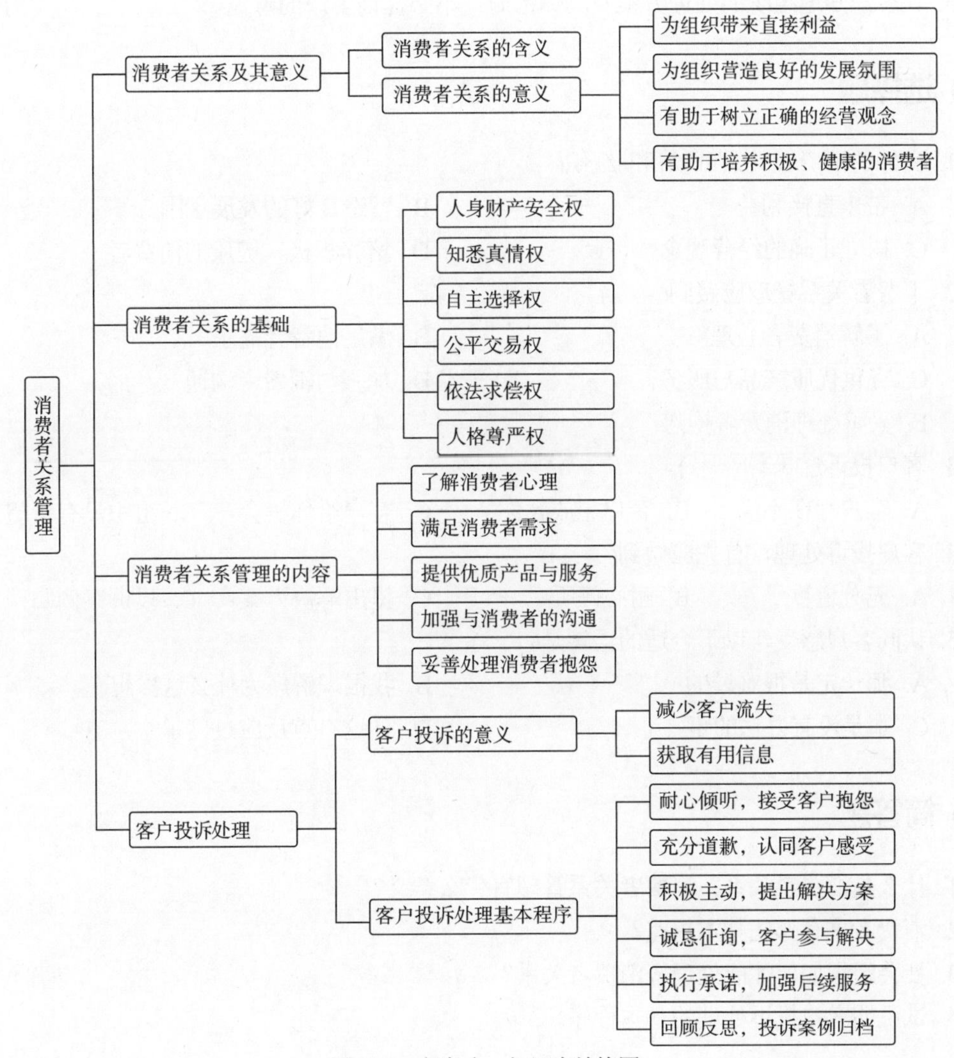

图 11-1　任务十一知识点结构图

六、课后自测

(一) 判断题

1. 一切生产或推销物质产品与精神产品供社会消费的组织，都面临消费者关系。 ( )
2. 尊重消费者的基本权益是搞好消费者关系的基础。 ( )
3. 消费者心理是由个人因素决定的。 ( )
4. 不同的消费者存在不同的消费个性，可以利用大数据和人工智能等技术手段，对消费者个性进行科学分析。 ( )
5. 要满足消费者需求，需要迎合、讨好、追逐消费者的消费欲望及个体偏好。 ( )
6. 让客户知道组织的处理方案及具体措施，不必征询客户的意见。 ( )

(二) 选择题

1. 良好的消费者关系可以帮助组织( )。

A. 带来直接利益　B. 营造良好的发展氛围
C. 树立正确的经营观念　D. 培养积极、健康的消费者

2. 消费者关系管理应做到( )。

A. 了解消费者心理　B. 满足消费者需求
C. 提供优质产品与服务　D. 加强与消费者沟通
E. 妥善处理消费者抱怨

3. 客户投诉意味着( )。

A. 客户存在不满　B. 客户想放弃你　C. 客户给你机会　D. 组织没有希望

4. 客户投诉处理，首先应做到( )。

A. 充分道歉　B. 耐心倾听　C. 提出解决方案　D. 投诉案例归档

5. 认同客户感受，以下合适的语句是( )。

A. 那一定是很难过的　B. 我很理解您为什么这样想
C. 那是没有办法的事　D. 你这有点反应过度了

(三) 简答题

1. 什么是消费者关系？消费者关系管理有什么意义？
2. 消费者享有哪些基本权益？
3. 社会组织如何才能处理好消费者关系？
4. 试说明客户投诉处理的基本程序。

七、课外拓展

(一) 拓展阅读

1.《中华人民共和国消费者权益保护法》(节选)

第二章 消费者的权利

第七条 消费者在购买、使用商品和接受服务时享有人身、财产安全不受损害的权利。

消费者有权要求经营者提供的商品和服务，符合保障人身、财产安全的要求。

第八条 消费者享有知悉其购买、使用的商品或者接受的服务的真实情况的权利。

消费者有权根据商品或者服务的不同情况，要求经营者提供商品的价格、产地、生产者、用途、性能、规格、等级、主要成分、生产日期、有效期限、检验合格证明、使用方法说明书、售后服务，或者服务的内容、规格、费用等有关情况。

第九条 消费者享有自主选择商品或者服务的权利。

消费者有权自主选择提供商品或者服务的经营者，自主选择商品品种或者服务方式，自主决定购买或者不购买任何一种商品、接受或者不接受任何一项服务。

消费者在自主选择商品或者服务时，有权进行比较、鉴别和挑选。

第十条 消费者享有公平交易的权利。

消费者在购买商品或者接受服务时，有权获得质量保障、价格合理、计量正确等公平交易条件，有权拒绝经营者的强制交易行为。

第十一条 消费者因购买、使用商品或者接受服务受到人身、财产损害的，享有依法获得赔偿的权利。

第十二条 消费者享有依法成立维护自身合法权益的社会组织的权利。

第十三条 消费者享有获得有关消费和消费者权益保护方面的知识的权利。

消费者应当努力掌握所需商品或者服务的知识和使用技能，正确使用商品，提高自我保护意识。

第十四条 消费者在购买、使用商品和接受服务时，享有人格尊严、民族风俗习惯得到尊重的权利，享有个人信息依法得到保护的权利。

第十五条 消费者享有对商品和服务以及保护消费者权益工作进行监督的权利。

消费者有权检举、控告侵害消费者权益的行为和国家机关及其工作人员在保护消费者权益工作中的违法失职行为，有权对保护消费者权益工作提出批评、建议。

2. 消费者购买心理

(1) 从众心理：在从众心理诱导下的购买动机具有跟随性，其表现常常是在购买行为中呈群体聚集购买状态，购买者争相购买某一商品。从众心理支配下的购买行为一般具有购买无目的性、偶发性、冲动性的特点。

(2) 仰慕心理：在仰慕心理诱导下的购买动机具有趋向性和目标追求性，其表现常常是购买名优产品、大城市产品及进口商品。仰慕心理支配下的购买行为一般具有选择性和目标追求性的特点。

(3) 自豪心理：在自豪心理诱导下的购买动机具有地方性，其表现常常是购买家乡的名、优、特产品。自豪心理支配下的购买行为具有馈赠性的特点。

(4) 实惠心理：在实惠心理诱导下的购买动机具有追求廉价性和追求实惠性，其表现常常是购买价格低廉、经久耐用的一般商品和降价处理商品。实惠心理支配下的购买行为具有节约性和实用性的特点。

(5) 占有心理：在占有心理支配下的购买动机具有恐失性，其表现常常是购买文物古董、名人字画和珍贵工艺品。占有心理支配下的购买行为具有收藏性、保存性的特点。

(6) 享受心理：在享受心理支配下的购买动机具有奢侈性，其表现常常是购买高档生活和文化用品，如名贵补品、高档家具、高级食品饮料、高级服装、装饰品、高档家用电器以及化妆品等。享受心理支配下的购买行为具有率先性、求质性的特点，对整个社会消费方式和消费结构的改变有导向作用。

(7) 求异心理：有些人消费时喜欢追求与众不同，追求标新立异的效果。这种消费有时可以推动新工艺和新产品的出现，但展示个性要考虑社会的认可，还要考虑代价。为显示与众不同而过分标新立异，是不值得提倡的。

(8) 攀比心理：饮食消费向广告看齐，服装消费向名牌看齐，娱乐消费向流行看齐，人情消费向成年人看齐，这些攀比心理是不健康的。

(9) 好恶心理：在好恶心理诱导下的购买动机具有直观性，其表现常常是购买已认定商品时，对不同产地、不同包装、不同厂家、不同零售店铺、不同售货员的选择有偏好。在好恶心理支配下的购买行为具有主观评价性和习惯性的特点。

(10) 怀旧心理：在怀旧心理诱导下的购买动机具有重复性，其表现常常是购买具有某历史时期特征的传统商品或仿古制品。怀旧心理支配下的购买行为一般具有明确的购买日。

(资料来源：李志勇. 跨境电子商务教程(助理跨境电子商务师)[M]. 北京：北京理工大学出版社，2015.)

(二) 课外实践

调查了解所在地某企业的消费者关系管理状况，并做具体分析。

任务十二　员工关系管理

【任务描述】

1. 为某公司策划一次员工活动。
2. 为某公司制订某年度员工关系计划。

【目标与成果】

能力目标	知识目标	课程思政
1. 能策划恰当的员工活动; 2. 能开展有效的员工关系管理	1. 掌握员工关系的含义及目的、意义; 2. 掌握员工关系处理的基本原则、基本内容	1. 明确员工关系管理的核心是以人为本; 2. 员工关系管理强调和谐，有凝聚力和团队精神
学习成果	1. 某公司员工活动策划书; 2. 某公司某年度员工关系计划	

一、案例导入

案例一　阿里巴巴内部福利

阿里巴巴慷慨的内部福利

阿里巴巴作为国内电商巨头，员工福利在业界是赞不绝口。它通过各种福利，为员工创造了一个安心、积极且没有后顾之忧的工作氛围，简单地说，就是尽量让他的员工身为阿里人感到幸福。

老板亲自颁奖的成长纪念

“一年香、三年醇、五年陈”是阿里巴巴对员工进入公司的一种纪念。“香”“醇”“陈”本是形容酒的，却用来纪念员工进入阿里巴巴的岁月。阿里巴巴会给一年的员工一枚纪念徽章，给三年的员工一个白玉吊坠，给五年的员工一枚白金戒指。

独一无二的"阿里日"

阿里巴巴把5月10日定为"阿里日"，每年的这一天，阿里巴巴盛情邀请员工家属参观公司、了解公司，"阿里日"更广为人知的另一项内容就是集体婚礼，马云会亲自做证婚人。13年过去，已经有近两千对新人在全体阿里巴巴员工的见证下喜结连理，组成新的家庭。

惠及人人的"iHome"

阿里巴巴向员工推出了总额30亿元的"iHome"无息置业贷款。凡在阿里集团服务期限满2年，工作地在中国内地的正式员工，可申请上限为30万元的无息贷款。同时还为改善员工居住、工作环境打造了"亲橙里"项目，阿里员工可以按市场价六折的价格购买亲橙里的住房，每平方米1万元的售价被誉为"行业里的顶级福利"。

解决后顾之忧的"iBaby"

阿里巴巴拿出5亿元设立"iBaby"子女教育关怀项目，为阿里人提供子女入学政策咨询，进行及时、有效的教育资讯传播，解决子女的学前和小学教育的问题；定期开展育儿培训、组织亲子活动、制作亲子杂志等丰富的员工活动。

天天开业的阿里美食节

俗话说，留住人要留住他的胃，阿里食堂就能满足员工吃遍全国的心。食堂饭菜的价格非常亲民，2元钱就能在食堂吃饱，最贵的套餐也才25元钱，而且阿里巴巴对加班的员工提供免费晚餐，享受免费晚餐也并不需要上级的审核。当然，不需要审核的免费晚餐自然会有人蹭吃，阿里巴巴的管理哲学是选择相信员工，"天天蹭吃又不加班，自然会有人说你的"。

阿里巴巴的核心价值观中，有一条是"客户第一、员工第二、股东第三"。

(资料来源：http://www.360doc.com/content/20/1114/14/52703380_945808677.shtml)

思考：员工关系在公共关系中的地位？阿里巴巴提供的内部福利如何促进员工关系发展？

案例二　患病员工被裁风波

W游戏公司患病员工被裁风波

2019年11月，一篇名为《W公司裁员，让保安把身患绝症的我赶出公司》的文章刷爆了朋友圈。文章的作者是一位W公司的前员工，他在W公司工作了5年，一直兢兢业业，绩效优异。他5年来的总加班时长差不多是4000个小时，基本都是项目组强制的加班。5年来，他没有一次迟到早退，感冒、发烧、身体不舒服时，早上强撑着也要去公司，等半夜才离开公司。然而，5年加班，他只拿到了一天的加班工资。更让人气愤是，今年1月，他被确诊为扩张型心肌病，然后噩梦开始了。公司开始采取各种手段强迫他辞职。最开始是故意打很低的绩效，把他踢出工作群，撤掉他的工位。然后HR直接威胁他再不辞职就算他旷工，想方设法不给该有的裁员赔偿，最后干脆让保安把他赶出公司……

W公司正式回应，称"确实存在简单粗暴、不近人情的行为"，表示"人才是W发展的基石，同事的健康、成长、发展，是W公司最大的KPI。这次事件是对我们的一次警醒，W公司将重新审视自己，除了进一步优化内部人才发展机制、改善员工关怀体系外，还将建立对离职员工的沟通及关怀平台，关注昔日战友的成长，分享公司发展的点滴"。W公司又发布了一封内部说明信，说明被裁员工在获得 N+1 赔偿后，又提起了劳动仲裁申请，要求公司支付其 61 万余元赔偿，现双方已经达成和解。

即便 W 公司致歉，并与员工达成和解，但外界的负面评价不断，W 公司仍然成为那个互联网裁员“暴力”“冷漠”的代表。

(资料来源：https://www.sohu.com/a/357397808_155464)

思考：W 公司员工维权案例给我们处理员工关系带来的启示是什么？

二、相关知识

知识点一　员工关系

1. 员工关系的含义

员工关系是指社会组织与内部员工之间的关系。组织与员工通过双向沟通的方式，在互惠互利原则下寻求和谐一致。简单地讲，就是通过良好的信息沟通，消除组织与员工之间的内耗，促使组织与员工达成共同奋斗的目标。

员工公众包括企业一线人员、技术人员、业务人员、行政后勤人员、管理人员等。员工是一个社会组织赖以存活的细胞，没有员工，也就不存在组织，更不存在组织所面临的一切公共关系。组织的一切工作均须依靠内部员工的合作与努力才能完成，没有良好的员工关系，就不会有良好的外部公共关系，也不可能建设良好的组织形象。因此，员工公众是内部公共关系最重要的公众。

2. 员工关系与人事关系、劳动关系

人事关系指员工与组织之间存在的名义关系的总和，一般包括档案管理关系、行政隶属关系和组织隶属关系，具体包含人员身份、职称、政审、工资计算、行政关系、职务任免、奖惩、党团组织关系等。人事关系更多地从规范和制度上确定内部员工与组织的隶属关系。

劳动关系指劳动者与用人单位之间在劳动过程中形成的相互关系，劳动者以自己的劳动为用人单位完成一定的工作任务，而用人单位为劳动者提供一定的劳动条件，并支付一定的劳动报酬。劳动关系规定劳动者和用人单位之间的权利义务关系，内容一般包括工作内容、劳动保护、劳动条件、劳动报酬、劳动纪律、合同终止条件、违反合同的责任等。

员工关系不同于组织内部的一般人事关系，也不属于劳动关系，但是三者关系极为密切，总体目标是一致的，都是为组织的整体员工关系服务。完善、合理的人事关系和劳动关系是良好员工关系的基础，而良好的员工关系有助于人事关系和劳动关系的正常运转。三者之间相互交融，互为依托。

知识点二　员工关系管理的目的

员工关系管理的总目标是内求团结，围绕这一总目标，员工关系管理的具体目的如下。

1. 培养员工对组织的认同感

通过加强与员工的信息沟通，使员工更好地理解组织精神、组织文化和组织发展愿景，自觉执行组织的各项规章制度和措施计划，增强员工对组织决策的信心与价值认同。

2. 培养员工对组织的归属感

通过对员工各方面需求的了解与满足，关心关爱员工，尊重表彰员工；通过丰富多彩的员工活动，营造和谐友爱的工作氛围，让员工真正体验到组织的温暖，强化员工与组织的感情联系，使员工产生强烈的归属感与向心力。

3. 提高员工对岗位工作的责任感

通过员工培训与教育，使每一个员工认识到自己在组织形象塑造中的重要作用，认清自己肩负的责任，也使员工认识到组织重视每一个员工的贡献，珍惜每一个员工的创造性，从而调动起员工工作的主动性和积极性，提高他们做好本职工作的责任心和维护组织形象的责任感。

4. 培养员工为组织服务的自豪感

通过宣传与沟通，使员工知道自己的组织在社会上、在同行业中的地位，了解组织所取得的成绩，对社会、对国家所做的贡献，甚至在国际上的影响，可以鼓舞每一个员工，激发他们对所在组织的自豪感，激励他们同心协力为组织的生存和发展而努力。

知识点三　员工关系管理的意义

1. 有利于营造融洽的组织文化

良好的员工关系管理能有效地沟通组织与员工、上级与下级、部门之间、同事之间的信息，使员工明确自己的工作方向和努力目标，增加相互间的了解与信任，营造友好、和谐的工作与生活环境，激发员工的积极性和创造性，增强组织的凝聚力和战斗力。

2. 有利于塑造组织的良好形象

组织政策的实施、任务的落实、目标的实现、凝聚力的形成、组织文化的创造等，均有赖于员工的配合与努力，所以，组织良好形象的建立取决于全体员工。员工心情愉悦，既可以提高工作效率，又可以保证产品与服务质量。而一个心情不愉快的工作人员，很容易影响生产，得罪顾客，破坏组织形象。每个员工都是组织的形象窗口，他们的言谈举止、气质风度都会直接反映这个组织的形象，他们的服务态度、办事效率也都能影响组织的形象。

3. 有利于组织形象的正向传播

员工处在对外公共关系的第一线，他们与社会的各个层面有广泛的接触，每个员工都是组织形象的宣传员。如果组织内部公共关系状态良好，员工对组织的发展目标、战略决策明确，并且抱有充分的信心，对组织具有自豪感和归属感，那么，他们在日常谈话和对外沟通时，自豪之情溢于言表，可以增进外部公众对组织的了解，从而提高组织的声誉。如果组织内部公共关系状态不好，那么，员工就可能牢骚满腹，怨声载道，有意无意地破坏组织的声誉。

知识点四　员工关系管理的基本内容

1. 加强员工沟通

(1) 信息公开透明。公共关系的主要手段就是双向的沟通传播，因此保持社会组织内的信息公开、透明就显得尤为重要。作为社会组织的成员，了解自己的组织是做好工作的前提，也是与组织之间建立感情、形成向心力的基础。信息的公开、透明还有助于消除成员和组织之间理解的偏差，避免非正式渠道信息的蔓延，有利于形成良好的工作氛围。

(2) 征询和倾听。通过有效的征询和倾听，及时获知组织内部员工的动态，这不仅能够使组织了解员工，而且也能够给员工提供疏解心中苦恼和困惑的途径。同时，也能够增加员工的被重视感，让员工感受到“原来我的意见也很重要”“有人愿意听我的想法”，无疑可以鼓舞员工积极参与组织事务的热情，增强其主人翁的意识，使牢骚逐渐减少，而积极的建言献策越来越多，从而极大地促进社会组织的进步与发展。

2. 满足员工需求

(1) 完善的福利制度。对于公共关系而言，福利制度不在多，而在全。与奖金和薪酬相比，福利更倾向于体现对人的尊重与关怀。如果说一切以利益为目标的、明确而吸引人的奖金制度使员工和组织之间多了些许冰冷的目标感，那么完善而未必很多的福利制度则会使员工和组织之间平添几分温馨的关怀气息。过年过节发放的礼物、加班费的及时足额发放、员工定期体检、假期的严格执行等无不体现了组织对员工人格的尊重，这样才会形成真正意义上的、类似于“以厂为家”的强大凝聚力。

(2) 细致的人文关怀。相对于福利制度而言，人文关怀则更加偏重从情感方面体现组织对于内部员工的尊重和关怀。有时候，一句恰如其分的贴心问候也许会让员工感到舒心，一个宽容的微笑也许会让员工之间充满感动，一个信任的眼神也许会让你获得下属员工的忠心，这些细节都可以让组织中的员工关系变得和谐融洽。

人文关怀可以有很多形式，比如，定期组织员工和家属看电影，六一儿童节公司给员工的孩子送礼物，举办一些员工娱乐活动等。有一个很典型的例子，当员工平时忙于工作，甚至连自己的生日都不曾记起时，而组织或公司高层能够以一封电子邮件的形式向他表示祝贺，那么对于这位员工产生的激励可能比多发一些奖金更为显著。

还有一个方面的人文关怀就是，在辞退员工和招聘新员工时，要保持对员工的足够尊重。“欺生”和“一脚踢开”都不可取，不仅要使员工进入组织后对组织产生一个良好的印象，也要使员工在离开公司后对组织依然留有好的印象，这对于组织保持长久的吸引力和树立良好的口碑是至关重要的。

(3) 提供培训机会。在现代社会组织中，尤其是在企业中，大量的培训机会和完善的培训制度不仅有利于组织自身的发展，也有利于留住优秀员工。当今社会，培训和薪资一样，越来越被认为是一种组织给予员工的福利待遇而受到广泛欢迎。甚至有人认为，良好的成长机会和优质的培训比眼前的收入更能吸引人才，因为个人的成长会使自己受益终身，这也是培训制度完善的跨国公司吸引人才的重要优势。

(4) 心理咨询辅导。随着社会和组织自身的迅速发展，员工感受到的内外压力越来越大。面对压力，建立一个良好的心理状态，对员工的工作以及组织的发展至关重要。为此，越来越多的企业都开始设立心理咨询热线，对员工提供必要的帮助。心理咨询有其独特性和不可替代性，员工的心理问题可能由于种种原因会涉及个人隐私而不适合或者不愿意向别人诉说，而专业的心理咨询可以为其保守秘密，充分尊重咨询者的个人意愿，甚至可以匿名咨询，这样可以打消员工的顾虑，帮助其化解心理问题，但这要求心理咨询机构保持一定的独立性。

(5) 公平而广阔的发展空间。对于员工来说，任何眼前的利益都不能代替长期持久的成长与发展。因此，组织为员工提供一个公平而广阔的发展空间是吸引员工的重要条件和因素，也是保持员工队伍稳定性的根本保证。创造公平而广阔的发展空间，首先要做到制度上的严谨和公平，不能搞双重标准；做到公开竞争、保持足够的透明度以及信守承诺；让每一位员工都明白只要凭借自己的努力就可以达到目标，极大地调动员工的积极性。另外，组织在员工的发展上要结合组织的发展特点设置多元化的发展方向，尽可能为员工创造更多的发展机会。

3. 培养团队精神

团队是指才能互补、团结和谐并为统一目标和标准而奉献的一群人。团队精神是对团队的一种正面的、积极的态度，包括成员对团队目标和团队核心价值观的认同、对团队的积极的情感与反应意向、为团队贡献的意识、合作的意识以及凝聚力。

有团队精神，员工就有大局意识，有奉献精神。大家思想上同心，目标上同向，行动上同步，凝聚成为一个强有力的集体。没有团队精神，这个组织就是一盘散沙，各行其是，方向不明。

组织要采取各种有力措施培养员工的团队精神，如加强思想教育，强化大局意识，把团队利益放在第一位，个人利益服从团队利益；建立和完善协作机制，使大家形成分工不分家、互相支持和配合的习惯；精心策划与组织各种集体活动，使大家在活动中体验和感受竞争与合作的关系、个人与集体的关系，充分理解分工合作、组织协调的重要意义。

4. 完善员工管理

(1) 员工信息跟踪及应对。社会组织必须通过规范、细致和完善的方法对组织内部员工的情况进行全面、持续的跟踪。也就是说，社会组织必须全面地了解自己的员工，这是搞好员工关系的前提，也体现了组织对其成员的重视。组织可以根据员工的情况变化，及时做出反应，以应对各种不同的情况。

(2) 员工状态评估。不管是表扬员工的出色工作，还是总结他们的失败教训，都要开宗明义地进行评估工作，这将有助于员工理解组织的目标愿景，不仅能消除员工的抵触情绪，而且使员工的努力有了更加明确的方向。相反，纯粹的严厉批评和责骂不能解决任何问题。

三、课堂分析与讨论

（一）案例分析

员工之间互赠假期

云南祥鹏航空公司自 2016 年起开始执行新的休假政策，员工可互赠年假。已经用完个人假期的员工可以从另一名员工那里“得到”其赠送的假期，此举让有需要的员工在其他同事的捐赠帮助下，既有时间忙活自己的事，又不会因此影响收入，达成工作、生活同时兼顾的双赢局面。祥鹏航空一直倡导“工作很重要，家人和生活也很重要”的理念——希望每个祥鹏人下班后能带着笑容回到家，第二天能把生活的快乐和智慧带到工作中。

（资料来源：http://news.carnoc.com/list/377/377149.html）

分析：请谈谈你对该事件的看法。

参考分析	你的分析
祥鹏航空公司在处理员工关系方面，给我国企业树立了榜样，也带来了很多启示。很多企业存在员工忠诚度低、流失率高，以及劳动力紧缺的问题。除了劳动力减少、就业观念的变化等因素之外，最重要的就是很多企业不重视员工关系，不关心员工的健康和发展，这种短视行为最终会伤害企业自身	

（二）观点讨论

【观点讨论 12-1】什么是职场 PUA？职场 PUA 如何影响员工关系？

参考观点	你的观点
职场 PUA 特指发生在职场中的精神控制现象，主要包含画饼利诱，类似压榨行为，要求你感恩，安排不合理的工作内容，不停地打击、否定你，抢占你的功劳等类型。 职场 PUA 是情商低，不尊重人的表现。 职场 PUA 是一种错误的沟通方式。 职场 PUA 导致员工精神压力增加、跳槽逃离组织，影响组织形象	

【观点讨论 12-2】讨论员工关系在传统时代与“互联网+”时代的区别。

参考观点	你的观点
在“互联网+”时代，员工关系可能会是颠覆性的，因为员工关系已经脱离了以实体经济为主的传统社会环境、传统经济环境。互联网精神逐渐占据主流，特别强调平等、尊重和自由，特别强调协作、参与和共享。这使得我们在处理员工关系时，必须改变传统思维模式，采用创新的方式，以更宽阔的胸襟建立新型员工关系	

四、任务实训

实训一　员工活动策划

【实训目的】通过员工活动策划，认识员工关系的意义，提高员工关系管理能力和活动策划能力。

【实训步骤】

(1) 4～5 人为一组，全班同学分成若干小组；

(2) 以小组为单位，熟悉某公司基本情况与员工关系状态；

(3) 小组头脑风暴，为该公司策划员工活动；

(4) 完成策划方案，并做课堂展示；

(5) 完成实训总结。

【实训要求】全员参与，活动有创意，符合公司文化，能达成改善员工关系的目的。策划方案结构合理，表述准确，可行性强。

【实训评价】

评价指标	自我评价	小组评价	教师评价
参与度			
完整性			
准确性			
成效性			

实训二　制订某年度员工关系管理计划

【实训目的】通过某年度员工关系管理计划的制订，能从全局上把握员工关系状态。

【实训步骤】

(1) 4～5 人为一组，全班同学分成若干小组；

(2) 以小组为单位，熟悉某公司基本情况与员工关系状态；

(3) 小组头脑风暴，为该公司制订下年度员工关系管理计划；

(4) 完成计划书，并做课堂汇报；

(5) 完成实训总结。

【实训要求】全员参与，计划内容较有新意，符合公司制度与文化，能达成改善员工关系的目的；计划书结构合理，表述准确，可行性强。

【实训评价】

评价指标	自我评价	小组评价	教师评价
参与度			
完整性			
准确性			
成效性			

五、内容小结

任务十二主要介绍了员工关系的含义、目的、意义和基本内容等，如图 12-1 所示。

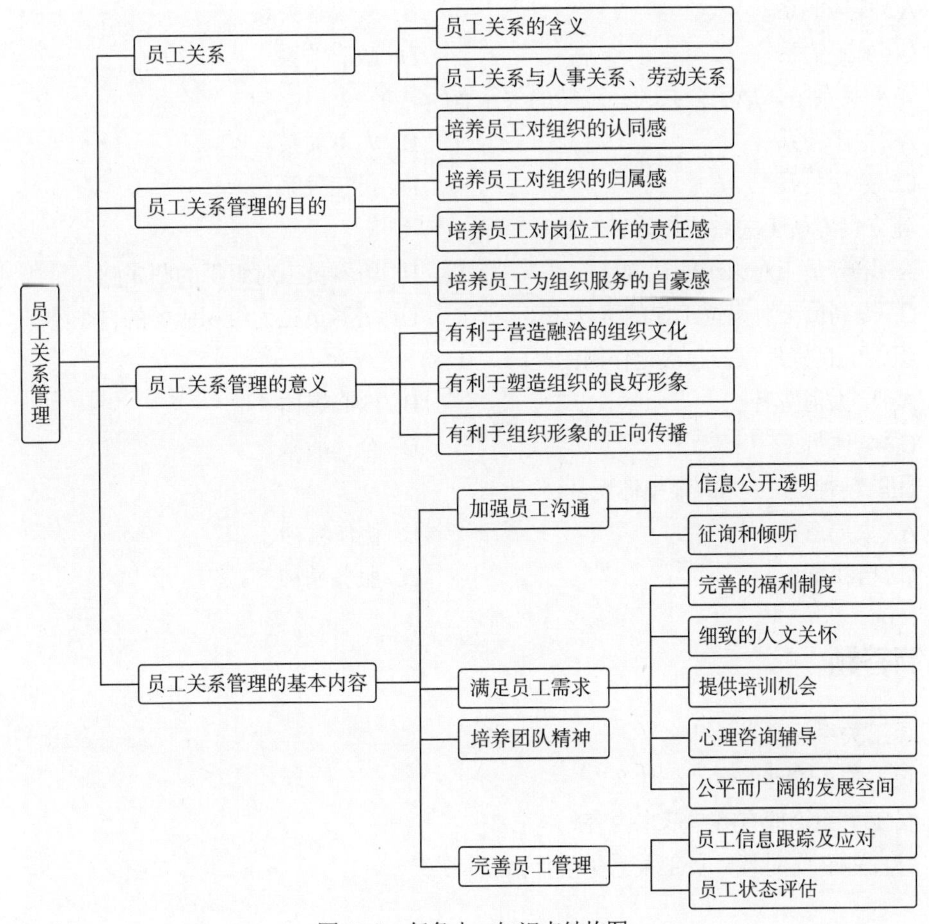

图 12-1　任务十二知识点结构图

六、课后自测

(一) 判断题

1. 员工关系等于人事关系与劳动关系的总和。 ( )
2. 员工关系的总目标是内求团结。 ( )
3. 员工离职之后就应该断绝与公司的联系。 ( )
4. 细致的人文关怀是满足员工的精神需求。 ( )
5. 社会组织必须全面地了解自己的员工，这是搞好员工关系的前提。 ( )
6. 好的员工关系有利于组织形象的正向传播，反之，则会破坏组织形象。 ( )

(二) 选择题

1. ( )是组织第一位的公共关系。

   A. 媒体关系　　B. 投资者关系

   C. 员工关系　　D. 政府关系

2. 下列关系中，属于公共关系范畴的关系有( )。

   A. 生产关系　　B. 人事关系

   C. 劳动关系　　D. 员工关系

3. 建立良好员工关系的具体目的是( )。

   A. 培养员工对组织的认同感　　B. 培养员工对组织的归属感

   C. 提高员工对岗位工作的责任感　　D. 培养员工为组织服务的自豪感

4. 组织的良好形象，起决定作用的是( )。

   A. 广大消费者　　B. 核心媒体

   C. 全体员工　　D. 全体股东

5. 团队精神是( )的集中体现。

   A. 大局意识　　B. 协作精神

   C. 自我意识　　D. 服务精神

(三) 简答题

1. 员工关系的含义是什么？
2. 员工关系管理的意义是什么？
3. 员工关系管理有哪些基本内容？
4. “互联网+”时代，员工关系呈现什么新特点？

七、课外拓展

(一) 拓展阅读

德国的企业文化

在德国，跳槽是一件稀罕事，德国普通员工对企业的忠诚度完全不亚于日本，在德国的宝马工厂中，有很多不到 60 岁的工人，却在宝马工作了 40 年之久，员工的高忠诚度是德企的特色。当然，员工认为这是老板先对他们好，所以他们都很忠诚，能够受到公平的对待。企业对员工的尊重，也是德企的特色，关怀普通员工也是每一个领导的日常，有的岗位设置了医疗护理，特殊的工作有着不同的安全工具，在换班期间还有小床可以休息，使得 50 岁以上员工的比例得到了大大的提升。

薪资待遇：为了保障普通员工的利益，德国颁布了劳动法的新规，宣布德国的时薪最低工资为标准 9.35 欧元。大部分企业的薪酬远高于最低工资标准，尤其是德国的技术工人。德国工人的时薪为 36～40 欧元，按一周工作 40 小时来计算，那么德国工人的月薪约为 6400 欧元。德国工人的薪资是全欧洲最高的，也远高于美国普通工人。

福利保障：德国法律规定，已婚有孩子的德国工人，要给予补贴。德国企业认为有家庭的工人稳定性会更高，所以有家庭的德国工人工资反而会增加。德国法律规定，无论家庭富裕情况如何，生育孩子的德国工人家庭都可获得额外的补贴。第一胎每月补贴 50 欧元，第二胎每月补贴 100 欧元，第三胎每月 250 欧元，以此类推，孩子越多，补贴越多，这份补贴可以一直领到小孩 27 岁。如果德国工人夫妻分居两地，德国劳动局会给予分居补贴，报销夫妻之间相互探视的路费。如果一方决定结束分居住在一起，德国劳动局会报销搬家费。德国企业不能随便开除员工，也不能随意找借口克扣工资。如果遭遇欠薪，德国工人在提出申诉后劳动局会先代发工资，之后政府会上门与企业主进行交涉。

社会福利：德国法律规定德国员工只在法定工作日上班，没有特殊事项，不允许员工加班，加班工资是平常的三倍以上。德国人不在周末和节假日上班是惯例，德国的商场在节假日也是关门的。加上法定节假日和双休日，德国人一年可以享受 178 天的假期和为期 6 周的带薪年假。如果女性员工怀孕，那她总共可以获得 14 周的休假时间。如果员工的妻子怀孕，他将获得一些额外假期来陪伴妻子。

员工关系：德国企业经过长期的实践和研究发现，更少的工作时间和更宽松的工作环境最能激发工人的工作效率。在德国宝马等大企业，没有加班文化，很多企业甚至会批评主动加班的行为，一到时间就会把工人“赶”回家，公司在节假日肯定是关门的。在员工的日常工作中，德国制造业十分流行“人体工学”这个概念。例如针对视力不好的员工安装可调控亮度的灯光；为防止腰肌劳损，安装了适合员工搬运的可移动式货架；为了让员工在工作中感到舒适，配置个性化设计的工作座椅。

除了待遇保障和关怀，德国企业十分支持员工的发展，德国巴斯夫集团就认为投资员工的未来就是在投资巴斯夫的未来，因此在职员工如果想继续深造，企业会在薪酬方面和工作时间方面创造条件给予支持。

（二）推荐阅读

《女职工劳动保护特别规定》(节选)

第三条　用人单位应当加强女职工劳动保护，采取措施改善女职工劳动安全卫生条件，对女职工进行劳动安全卫生知识培训。

第四条　用人单位应当遵守女职工禁忌从事的劳动范围的规定。用人单位应当将本单位属于女职工禁忌从事的劳动范围的岗位书面告知女职工。

第五条　用人单位不得因女职工怀孕、生育、哺乳而降低其工资、予以辞退、与其解除劳动或者聘用合同。

第六条　女职工在孕期不能适应原劳动的，用人单位应根据医疗机构的证明，予以减轻劳动量或者安排其他能够适应的劳动。

对怀孕 7 个月以上的女职工，用人单位不得延长劳动时间或者安排夜班劳动，并应当在劳动时间内安排一定的休息时间。

怀孕女职工在劳动时间内进行产前检查，所需时间计入劳动时间。

第七条　女职工生育享受 98 天产假，其中产前可以休假 15 天；难产的，应增加产假 15 天；生育多胞胎的，每多生育 1 个婴儿，可增加产假 15 天。

女职工怀孕未满 4 个月流产的，享受 15 天产假；怀孕满 4 个月流产的，享受 42 天产假。

第八条　女职工产假期间的生育津贴，对已经参加生育保险的，按照用人单位上年度职工月平均工资的标准由生育保险基金支付；对未参加生育保险的，按照女职工产假前工资的标准由用人单位支付。

女职工生育或者流产的医疗费用，按照生育保险规定的项目和标准，对已经参加生育保险的，由生育保险基金支付；对未参加生育保险的，由用人单位支付。

第九条　对哺乳未满 1 周岁婴儿的女职工，用人单位不得延长劳动时间或者安排夜班劳动。

用人单位应当在每天的劳动时间内为哺乳期女职工安排 1 小时哺乳时间；女职工生育多胞胎的，每多哺乳 1 个婴儿每天增加 1 小时哺乳时间。

第十条　女职工比较多的用人单位应当根据女职工的需要，建立女职工卫生室、孕妇休息室、哺乳室等设施，妥善解决女职工在生理卫生、哺乳方面的困难。

第十一条　在劳动场所，用人单位应当预防和制止对女职工的性骚扰。

（三）课外实践

通过网络或实地调研一家企业的员工关系管理，了解企业的员工关系处理、工作的部门所属、岗位设置、主要工作内容以及典型员工关系处理案例。

任务十三　媒体关系管理

【任务描述】

1. 为某公司建立媒体资料库。
2. 为某公司建立该公司媒体关系管理制度。

【目标与成果】

能力目标	知识目标	课程思政
1. 能制作媒体资料库; 2. 能建立妥善、有效的媒体关系管理制度; 3. 能做好媒体关系管理	1. 了解媒体关系的重要意义; 2. 掌握媒体关系管理原则; 3. 掌握媒体关系日常维护与活动中的关系维护方法	1. 媒体沟通中强调尊重理解、共同成长; 2. 媒体关系维护中强调社会道德与法律底线
学习成果	1. 某公司媒体资料库; 2. 某公司媒体关系管理制度	

一、案例导入

案例一　公司该不该道歉

媒体人采访 L 公司工程师遭辱骂，CEO 发文：公司该不该道歉

近日，一位女媒体人与 L 汽车公司工程师的微信聊天截图在社交媒体流传，对话中，女媒体人表示听闻 L 公司的改款车型将于 5 月上市，向对方询问“有啥变化”，遭到了该工程师的不雅语言回应。

该工程师还表示，这种涉密的问题不要再找小白询问，“泄露机密什么后果你不清楚？”随后，女媒体人表示，对方不想跟媒体接触完全可以不通过微信好友申请，可以选择不答或者拒绝作答。

该疑似 L 公司员工的过激回应引起舆论争议。有网友认为，女媒体人只是正常地进行多种

途径采访，对方不应用敏感字眼回应，也有观点认为，因新车信息仍保密，该公司员工有权利明确拒答。

事情不断发酵，L 公司 CEO 也在深夜发微博进行了回应。

在“还原”事件经过之余，该 CEO 表示，该男工程师永远不需要和媒体打交道，但企业无论如何都不允许员工用言语侮辱女性，企业已经解雇了正处于试用期的该工程师，并表示企业和媒体关系负责人都已经对女媒体人进行了道歉。

但该 CEO 也提出了质疑，称女媒体人及相关媒体要求的公开道歉是否有必要，“企业除了尽到解雇员工的责任外，是否有责任对被辱骂或被侮辱的当事人承担公开道歉的责任？”

微博发布后不久，该 CEO 便对其进行了删除。

(资料来源：http://m.mp.oeeee.com/a/BAAFRD000020210428477930.html)

思考：案例中，L 公司在处理媒体关系方面犯了哪些错误？

案例二　康尔生物又刷屏

康尔生物又刷屏，多家媒体争相报道

近日，“第三届《长城食品安全科学技术奖》颁奖仪式暨康尔绿厨 2021 年市场启动大会”在三亚理文索菲特度假酒店隆重举行，受到行业高度关注，引发《中国食品报》融媒体、今日头条、百度、腾讯、新浪潮、武汉烛海传媒等近 30 家媒体争相报道，对康尔饲用复合微生态制剂开发利用关键技术及其在无抗饲料中的应用给予高度评价，迅速占据话题热点！

近年来，绿色食品理念深入人心，广大消费者对畜禽食品品质的要求也更加苛刻。而抗生素在畜禽饲料中的大量使用不仅使病原菌产生耐药性，还会在禽畜产品中残留，给人体健康带来一定的危害。寻找有效抗生素替代品是畜牧业健康、良性发展的必然趋势。康尔视食品安全为己任，以构建质量安全管理的良性循环为目标，在无抗化规范养殖方面，创新海洋科技，保障食品安全工作成效显著，受到了业内专家、广大媒体及消费者的关注与好评。

《长城食品安全科学技术奖》由国家科学技术奖励工作办公室备案审批，由《中国食品报》发起和承办，是目前我国食品安全科学研究领域的专项奖，旨在促进我国食品安全科学技术事业以及食品行业可持续健康发展，不断提高人民健康水平，鼓励科技创新，保障百姓食品安全。荣获 2020 第三届《长城食品安全科学技术奖》一等奖，既是对康尔生物长期以来坚持安全的食品品质的认可，也对康尔的未来发展之路提出了更高期许。

未来，康尔生物将继续带着社会各界的广泛关注，凭借对安全的食品品质的坚守，对科技创新的执着，在产品研发及技术创新上持续发力，以更加稳健的姿态助力中国安全食品行业高质量发展！

(资料来源：http://www.hotds.com/news/html/25577.html)

思考：康尔生物此次事件为何能引起多家媒体争相报道？

二、相关知识

知识点一　媒体关系及其意义

1. 媒体关系的含义

媒体关系是社会组织与媒体公众之间的关系，也可指一种行为，即社会组织为了营造和维护自身良好的社会形象，主动与媒体开展互动交流，以期获得有利于自己的报道的行为。

媒体对社会组织的影响是一把双刃剑，既可以帮助组织扩大影响、制造机会，也可以瓦解组织声誉，使组织一蹶不振。与媒体关系的好坏，在一定程度上决定了社会组织的公众形象，所以必须深刻认识媒介环境下的媒体作用，努力营造良好的媒体关系。

2. 媒体关系的意义

(1) 良好的媒体关系有助于形成良好的媒介形象。媒体公众是社会组织重要的外部公众之一，还是其他各类型公众与社会组织关系的重要中介渠道。公众对社会组织的印象和评价，很大程度上是通过媒体对组织的经营管理、企业文化、产品服务、公益活动等方方面面的展现去了解和感知的，良好的媒体关系有助于组织媒体形象的塑造，有助于组织实现与公众的有效沟通，优化公共关系。

(2) 良好的媒体关系是组织实施大众传播的前提。大众传播是借助现代传播技术，跨越时间、空间限制，实现大范围、远距离的传播，而大众传播媒介主要掌握在专业的传播机构或有影响力的网络大 V 手中，所以媒体是实现大众传播的重要手段和途径。组织只有与媒体建立良好的关系，才能尽可能运用大众传播媒介，争取更多、更快、更好的媒介传播机会。

(3) 良好的媒体关系帮助组织形成良好舆论氛围。媒体作为新闻真实的代言人、信息内容的把关人和社会舆论监督者，具有较高的公信力，而作为社会组织的第三方，媒体关于社会组织的言论具有较强的可信性、说服力。良好的媒体关系可以帮助组织获得媒体客观、积极的报道，产生一些有一定影响的热点话题，这样有利于形成良好的舆论氛围，提升组织的美誉度。

知识点二　媒体关系管理原则

1. 积极主动原则

社会组织与媒体之间是一种互相需要、相互成就的关系，媒体帮组织做宣传，组织向媒体提供新闻资源，但社会组织在两者的互动中应更为积极、主动。积极、主动地建立关系、维护关系；积极、主动地建设沟通渠道、提供有价值信息；积极、主动响应媒体要求、承担社会责任；等等。不要平时消极被动，出现危机事件了才求助媒体。临时抱佛脚，往往得不到及时帮助。

2. 一视同仁原则

对所有媒体公众要一视同仁地予以尊重。媒体公众是组织的重要公众，应给予充分的尊重、信赖和配合。不能无视媒介的独立性，只把它当成宣传的工具，需要时态度热络，不需要或不利于自身时变脸；不能只重视媒体高层，不注重记者；也不能因媒体层次的不同，影响力的不同，厚此薄彼，对其中一些媒体一味迎合，投其所好，对另一些媒体冷淡傲慢，令其难堪。组织内部对于媒体关系可以有轻重缓急的划分，但在它们共同出现的场合一定要一视同仁，给予平等的机会和权利。

3. 坦诚开放原则

对媒体坦诚，向媒体公开本组织的真实材料，绝对不能说谎。如果提供虚假、掺水的材料或隐瞒事实、遮蔽真相，一旦被揭露，不但失信于广大公众，也会使相关媒体因违背新闻真实而影响其公信力，从而破坏媒体关系。即使组织的政策或行为出现了失误，影响到自身形象，也应该积极面对事实，如实反映情况，提出解决问题、弥补过失的举措；面对负面舆情，采取开放的态度，对有关报道指出的问题正面回应，有则改之，无则加勉，重新获得公众的谅解和支持，扭转不利局面，恢复组织形象。

4. 尊重规律原则

媒体关系管理中的尊重规律原则主要指尊重媒体的新闻规律。媒体信息要求真实性、时效性、新闻价值等，组织就应及时提供新鲜的、真实的、有新闻价值的信息资料。媒体本身有自己的编辑方针、内容要求和版面设计风格等，组织就应充分了解媒体的实际情况，有针对性地提供便于媒体利用的信息，而不是从组织自身利益出发，对媒体提出不切实际的要求。

5. 合理合法原则

媒体关系对社会组织非常重要，社会组织愿意尽最大的努力亲近媒体公众，与媒体公众建立起情感联系，维护好媒体关系，这时要注意方式、方法上既合乎情理又合乎法律，不能用请客送礼或行贿等手段，要求媒体撰写有利于本组织的报道、不利于甚至抹黑竞争对手的新闻报道。有的社会组织对坚持正义而报道本组织负面新闻的媒体进行威胁、报复，或习惯于使用金钱或变相经济利益“收买”媒体关系进行“黑公关”，导致一些媒体人因接受各种形式的“公关维护”，如稿费、车马费等，而遭到司法调查被判入狱，这些都违反了合理合法原则。

知识点三　媒体关系的日常维护

1. 建立媒体资源库

建立组织的媒体资源库是媒体关系维护的基础，需要做好以下几步。

(1) 对组织相关媒体进行分类。根据组织的行业性质、辐射范围、产品或服务类型、公众特点，将可能涉及的相关媒体罗列出来，进行多级分类。例如首先明确传统主流媒体有哪些？新兴媒体有哪些？再将这些媒体按影响力的大小分类，哪些是中央级媒体，哪些是跨区域层面的媒体，哪些是地方媒体？这些媒体中哪些是综合类媒体，哪些是行业媒体？通过分类调研，对组织相关媒体有一个全面的了解。

(2) 确定核心媒体。对分类媒体进行了解、分析，分析内容主要包括媒体性质、内容定位、栏目设置、发行渠道、发行周期、发稿数量、受众分布、费用标准等。在此基础上，根据组织的公关战略需要和自身实力，确定核心媒体数量和具体媒体关系对象，并对这些核心媒体进行进一步的深入研究。

(3) 确定媒体关键联系人。在对核心媒体充分了解的基础上，确定核心媒体的关键联系人，对这些媒体联系人个人情况进行多方了解，如职位、经历、爱好、联系方式等。

这时，就可以列表搭建组织自身的媒体资源库了，媒体资料库需要定期进行更新与维护。

2. 建立媒体联系制度

(1) 对媒体联系人进行分级管理。根据媒体资源库中媒体和媒体联系人的重要性程度，将其分为不同等级，如媒体的社长、站长、台长、总编或主编，对合作能产生重要影响，可以列为最重要的 A 级；资深言论人士、媒体顾问、关键意见领袖等可列为 B 级；一般媒体的众多编辑、记者等，可列为 C 级。分级管理有助于组织关注重点领域，为组织节省不必要的媒体维护成本。

(2) 建立专业的媒体数据平台。数据平台不仅可以提供媒体库的信息，还以媒体信息、媒体人信息、报道篇幅、影响力等的动态跟踪为主要功能，通过监测和分析实时媒体情况，来指导工作上的需求。

(3) 建立服务媒体的智能内容平台。智能内容平台是为企业和媒体搭建的内容沟通的桥梁。根据不同媒体的属性和需要，及时更新企业的各种信息和资讯，包括企业动态、品牌和产品信息、未来的话题规划等。媒体公众可以随时登录该内容平台，查询自己感兴趣的资料。

(4) 建立组织内部集群化服务矩阵。媒体关系单靠组织公共关系人员的力量不可能覆盖所有区域的媒体，可以尝试让媒体关系延展到一线员工，如果遇到媒体关系方面的具体事情，组织内部员工也能够进行与媒体的沟通并提供相关服务。所以，组织可以对员工的媒体关系管理能力进行培训和引导，如制定媒体沟通的执行手册、开设媒体关系课程讲座等，使组织媒体关系管理制度标准化、流程化。

3. 注重人际互动沟通

注重与媒体联系人的人际互动沟通，根据人际沟通的基本原则进行媒体关系维护，和媒体人员做朋友，可以做好以下几点。

(1) 建立私人友谊。确定一定数量的核心媒体人，与他们培养共同的生活志趣，寻找和满足他们工作之外的需求，建立工作以外的私人友谊。有专家表示，每一个做公关的人，身边都需要几个靠谱的、任何时候都可以“打扰”的媒体朋友。既然是朋友，就不会敷衍、功利，有事情才联系；不会为难朋友去做有损其利益的事情；不会人走茶凉，当他跳槽或换岗了就不再联系。

(2) 追求共同成长。组织公关人员自己要具备一定的视野、格局，具有较强的策略能力、业务能力，同时把对方设想成一个有追求的理想主义者，通过相互间对于专业水平的认同、信息的分享来互相学习，共同成长，提升双方关系的质量。

(3) 维护好媒体群。有的组织根据媒体资源库的信息，建立了媒体群，如 QQ 群或微信群等。媒体群要注意维护，可多找几个活跃分子活跃媒体群的氛围，多关心时事和潮流，多讲趣事，多提供一些媒体公众在意的福利，如新闻线索、独家报道权、行业地位提升等潜在的职业可能性。除了组织活动通知，不要在媒体群中发布宣传公司的内容。

知识点四　公关活动中的媒体关系

1. 策划有新闻价值的活动

媒体需要有价值的新闻素材，如果社会组织能策划一些活动，这些活动既符合组织的价值理念和组织文化，媒体和受众又都感兴趣，才更有可能对媒体产生吸引力。

媒体比较感兴趣的内容往往是组织领导人、创新技术或产品、大事件、创新管理方法等。表现在具体活动上，可以是组织运营过程中发生的产品营销活动、跨品牌推广、产品展示会、庆典活动、股票上市、企业并购等；可以是直接使媒体受益的高层访谈、信息广告、媒体节目冠名赞助活动等；也可以是体现组织社会责任，有利于社会和谐发展的慈善活动、公益活动。此外，组织还可以掌握一些创造新闻热点的能力，通过精心策划的新闻事件，吸引媒体的主动报道。

2. 讲好组织自己的故事

“讲故事”是传播组织信息的公关利器，社会组织要善于发现故事。故事存在于组织运营管理过程的点点滴滴中，如企业的创业故事、诚信故事、服务故事、公益故事、危机处理故事等。要注意从日常的人与事中提炼和总结故事，注意故事的典型性和趣味性，故事要能传递组织的价值理念。社会组织还要善于把故事融入公关活动，通过合适的途径，把故事生动地讲出来。媒体欢迎故事，组织也能通过有亲和力的故事拉近与媒体的关系。

3. 做好活动现场媒体服务

任何有媒体到场的公共关系活动，如新品发布会、新闻发布会、产品展销会等，都要注意做好媒体服务工作。例如准备好媒体通行证件，保证他们进出便利；在现场适当的地方开辟一定的区域供媒体使用，配备供媒体写稿、发稿需要的设施如电脑、传真机、写字台、纸、笔等；向媒体工作人员提供茶水饮料、小点心，以及相关的介绍资料如活动背景、行业概况、活动计划等；安排专人负责媒体人员的接待与联络，随时回应媒体人员提出的各种问题。

知识点五　危机事件中的媒体关系

当社会组织发生危机事件，与媒体保持良好的沟通至关重要，重点要做好以下几方面。

1. 强化组织媒体意识

强化组织媒体意识，需要充分认识媒体在组织危机管理中的重要性。一方面，媒体可能是组织危机的引爆者，很多企业的危机是由媒体的报道引发的。另一方面，媒体是组织与广大公众的重要中介，当危机发生后，需要通过媒体向公众解释事件的真相；需要通过媒体向公众表明自己解决危机的真诚态度和能力决心；还需要通过媒体与相关利益方进行沟通，试探各方的态度和反应，如果各方的反应与预期不符则需要调整解决方案；需要通过媒体的报道让公众知晓组织为了解决危机所付出的种种努力和具体措施，让他们对企业重新建立信任；当舆论中出现与事实不符的不利信息时，还必须借助媒介予以澄清，以免误导公众。可以说，媒体是社会组织进行危机干预和公关最有力的工具，运用得好则事半功倍，反之则事倍功半。只有认识到这些，才能在危机管理过程中形成较强的媒体服务意识，正确对待媒体的采访，对媒体的要求予以积极配合，从而在媒体的帮助下做好危机管理，又在危机处理的过程中增进与媒体的关系。

2. 积极开展有效沟通

社会组织必须采取开放、坦诚的态度，积极与媒体进行有效沟通，防止媒体将错误信息传递给公众。危机发生后，及时与媒体互动交流，第一时间让媒体最大限度地了解真实情况，并将组织危机处理工作透明化，让媒体和公众了解事情的发展。后续阶段坚持站在媒体的角度，主动为媒体提供其需要的信息，在防止媒体主观臆测进行错误报道的同时，也可潜移默化地影响舆论导向。危机恢复阶段，持续将组织的其他活动信息传递给媒体，让媒体了解组织在危机事件后的发展状况，重新建立对组织的信心。

3. 提高媒体应对能力

社会组织发生危机后，往往成为媒体关注的焦点，各路记者蜂拥而至，在这个关键时刻，一定要做好媒体应对。面对媒体记者的采访，应是一种不躲避、不抗拒的态度，坦诚、实事求是地发布信息；组织要统一口径，不同时间，不同的被采访对象，对同一事件的表态都要保持一致；健全新闻发言人制度，及时、全面、真实、准确地向媒体、向社会发布相关信息，赢得话语主动权；掌握语言艺术，表达准确，留有余地，避免把话说得太绝对，礼貌得体，体现正确的价值观等。

三、课堂分析与讨论

(一) 案例分析

地产公司高管群内“踢人”事件

8 月 21 日晚，某地产公司在媒体群转发了多个红包和七夕营销活动的预告链接，并配上一段文案，希望媒体帮忙转发朋友圈。但是群内的媒体人没有回应“金主”的要求，一时间令该地产公司的某高管按捺不住心中怒火，直接发布命令：“没转发的移出本群。”随后他升级为该群群主，并使用微信“拍一拍”功能，开始“拍”群内的媒体人，以“督促”转发。

一小时后，终于有媒体人忍无可忍，留下一句“有点东西、先行告辞”后主动退群，其他媒体人纷纷表态并自动退出群聊。

面对媒体人主动退群，该高管回应：“能有被吹捧的时刻，就能接受被踩踏的勇气，谢谢抬举，也领教了大家的傲气。”

当晚，就有房地产行业的自媒体公众号发布了相关文章。此时，该高管还没有意识到问题的严重性，还主动去转发该文章的媒体人朋友圈评论其“发酵过度”。

8 月 22 日，铺天盖地的负面新闻袭来。早上 6 时 24 分，该高管在媒体群里发布道歉声明，称“昨晚在群里的发言和表述确系我本人唐突，严重失当，给各位朋友们带来了不好的影响，也破坏了与媒体之间本应相互依存、互相成就的良好关系”“期待着七夕夜的北京品牌活动能够得到各位媒体朋友的关注与支持”。道歉声明很官方，最后还提到了请媒体支持公司的活动。

该地产公司先是凭此事件登上了微博热搜，阅读量30万+。随后又被转发至各大官媒平台，从房地产领域蔓延到泛财经领域，引起全国的不满，甚至新华网都专门做了相关海报，以批评此事。

（资料来源：https://baijiahao.baidu.com/s?id=1686668855091537188&wfr=spider&for=pc）

分析：高管群内“踢人”事件可以给公关人什么启示？

参考分析	你的分析
闫跃龙：该地产公司的问题在于企业新闻发言人对媒体的角色定位偏差，将媒体看作自己的下属、乙方。在这方面，误解颇多，媒体既不是企业的乙方，也不是甲方，新闻发言人不应将媒体视作冤家路窄的敌人，或者无话不谈的密友，正确的姿态是平等的合作伙伴，彼此尊重，合作共赢	

（二）观点讨论

【观点讨论 13-1】你如何理解社会组织与媒体之间又爱又恨的关系？

参考观点	你的观点
社会组织“爱”媒体：可通过媒体的宣传达到其需要的目的。 媒体“爱”社会组织：提供新闻素材、提供媒体节目赞助、刊登广告等。 社会组织“恨”媒体：版面紧张、缺少传播机会、负面新闻、费用高昂等。 媒体“恨”社会组织：缺少有价值的信息、不顾媒体特点提无理要求、回避抵触的态度等	

【观点讨论 13-2】有人认为，企业可以运营自媒体进行信息传播，媒体关系无关紧要了。你怎么看？

参考观点	你的观点
媒体关系依然很重要。自媒体的兴起拓宽了信息传播的渠道，企业能及时发出自己想要传播的内容，能更加高效地通过点滴故事产生更好的传播效果，能直接与公众连接互动，信息传递上也更有时效性。但是，自媒体人群覆盖面有限，权威性、可信性不如主流媒体，关键时候还需要其他媒体的帮助	

四、任务实训

实训一　建立某公司媒体资料库

【实训目的】通过某公司媒体资料库的建立，训练媒体分析、媒体分类、媒体选择与媒体信息搜集等能力。

【实训步骤】

(1) 4～6 人为一组，全班同学分成若干小组；

(2) 以小组为单位，选定一家公司，对该公司的基本情况进行调查；

(3) 对该公司相关媒体进行分类；

(4) 对该公司核心媒体进行选择，并做具体分析；

(5) 确定媒体关键联系人，通过网络了解各联系人的基本情况；

(6) 以表格的形式建立该公司媒体资料库；

(7) 每组派代表在全班做总结发言。

【实训要求】小组成员积极参与，团队合作；调查较为切实，媒体资料库较为切合实际，内容准确明晰。

【实训评价】

评价指标	自我评价	小组评价	教师评价
参与度			
完整性			
准确性			
成效性			

实训二　建立某公司媒体关系管理制度

【实训目的】通过为某公司建立媒体关系管理制度，掌握媒体关系维护的基本方法。

【实训步骤】

(1) 在实训一的基础上进行；

(2) 根据该公司的媒体资料库，为该公司建立媒体关系日常维护制度；

(3) 建立该公司在公共关系活动中的媒体接待制度；

(4) 建立该公司在危机管理中的媒体管理制度；

(5) 以文档的形式做制度汇总；

(6) 每组派代表在全班做总结发言。

【实训要求】小组成员积极参与，团队合作；调查较为切实，媒体关系管理制度措施切实有效，表述条理明晰，语言准确。

【实训评价】

评价指标	自我评价	小组评价	教师评价
参与度			
完整性			
准确性			
成效性			

五、内容小结

任务十三主要介绍了媒体关系的意义、原则和管理方法等，如图 13-1 所示。

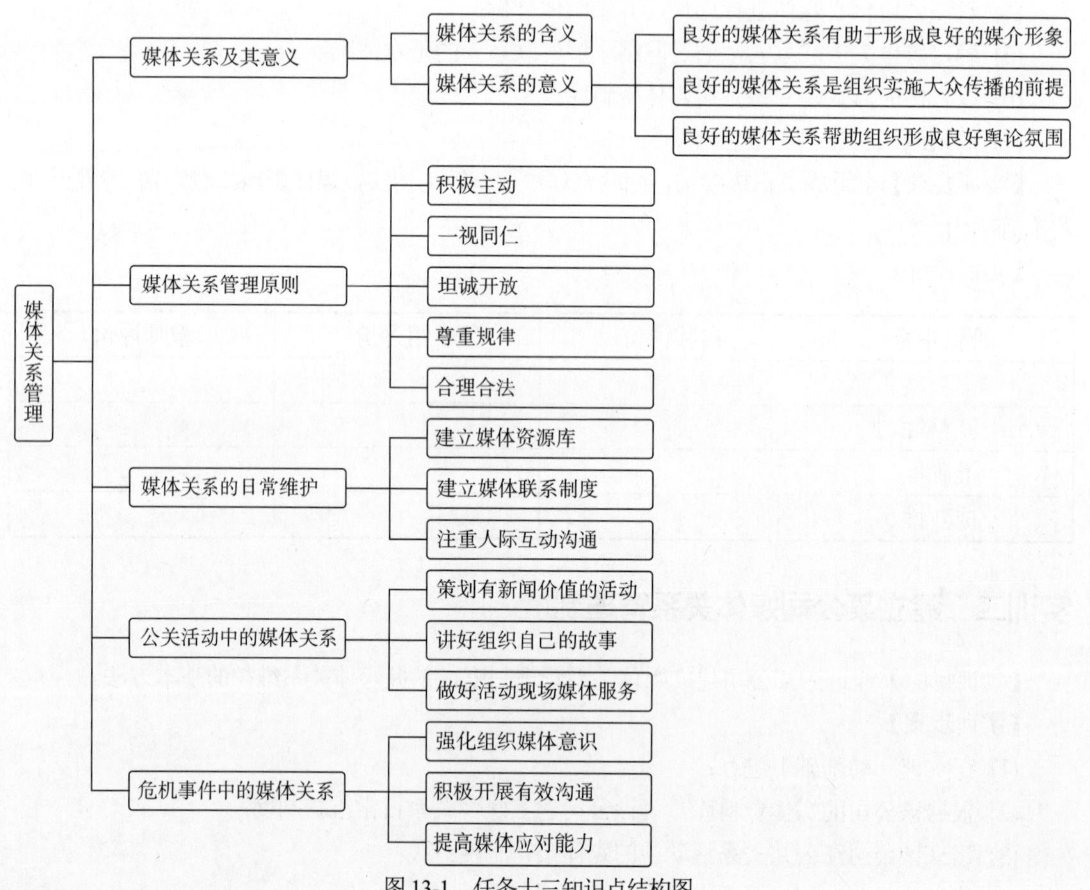

图 13-1　任务十三知识点结构图

六、课后自测

（一）判断题

1. 对媒体要一视同仁，所以不应对相关媒体进行分级、分类。 (　　)
2. 专业的媒体数据平台与服务媒体的智能内容平台是一回事。 (　　)
3. 媒体对社会组织的影响是一把双刃剑。 (　　)
4. 社会组织可以通过精心策划新闻事件，吸引媒体的主动报道。 (　　)
5. 社会组织与媒体之间是一种互相需要、相互成就的关系。 (　　)
6. 企业在媒体群里，除了组织活动通知，还可多发布宣传公司的内容。 (　　)

（二）选择题

1. 良好的媒体关系可以帮助组织(　　)。

   A. 优化公共关系　B. 实现大众传播　C. 删除负面信息　D. 优化舆论氛围

2. 媒体关系管理应做到(　　)。

   A. 积极主动　B. 一视同仁　C. 坦诚开放　D. 尊重规律

   E. 合理合法

3. 建立媒体资源库，需要做好的工作包括(　　)。

   A. 对组织相关媒体进行分类　B. 确定核心媒体

   C. 确定媒体关键联系人　D. 建立媒体社交群

4. 建立媒体联系制度可做好(　　)等工作。

   A. 对媒体人分级管理　B. 建立专业媒体数据平台

   C. 建立服务媒体的智能内容平台　D. 建立组织内部集群化服务矩阵

5. 与媒体人员建立私人友谊的方法有(　　)。

   A. 培养共同爱好志趣　B. 满足他们的生活需求

   C. 有事情才联系　D. 换岗了不再联系

（三）简答题

1. 如何做好媒体关系的日常维护？
2. 为什么需要策划有新闻价值的活动？
3. 社会组织如何讲好自己的故事？
4. 危机事件中如何处理媒体关系？

七、课外拓展

（一）拓展阅读

《中国新闻工作者职业道德准则》(节选)

第三条　坚持新闻真实性原则。把真实作为新闻的生命，努力到一线、到现场采访核实，坚持深入调查研究，报道做到真实、准确、全面、客观。

1. 通过合法途径和方式获取新闻素材，认真核实新闻信息来源，确保新闻要素及情节准确；

2. 根据事实来描述事实，不夸大、不缩小、不歪曲事实，不摆布采访报道对象，禁止虚构或制造新闻，刊播新闻报道要署记者的真名；

3. 摘转其他媒体的报道要把好事实关、导向关，不刊播违背科学精神、伦理道德、生活常识的内容；

4. 刊播了失实报道要勇于承担责任，及时更正致歉，消除不良影响；

5. 坚持网上网下“一个标准、一把尺子、一条底线”，统一导向要求、管理要求。

第四条　发扬优良作风。树立正确的世界观、人生观、价值观，加强品德修养，提高综合素质，抵制不良风气，保持一身正气，接受社会监督。

1. 强化学习意识，养成学习习惯，不断增强政治素质，提高业务水平，掌握融合技能，努力成为全媒型、专家型新闻工作者；

2. 坚持走基层、转作风、改文风，练就过硬脚力、眼力、脑力、笔力，拜人民为师，向人民学习，深入了解社情民意，增进与群众的感情；

3. 坚决反对和抵制各种有偿新闻和有偿不闻行为，不利用职业之便谋取不正当利益，不利用新闻报道发泄私愤，不以任何名义索取、接受采访报道对象或利害关系人的财物或其他利益，不向采访报道对象提出工作以外的要求；

4. 严格执行新闻报道与经营活动“两分开”的规定，不以新闻报道形式做任何广告性质的宣传，编辑记者不得从事创收等经营性活动。

（二）课外实践

1. 围绕一个近期发生的“制造新闻”的例子，尽量多地搜集新闻媒体对于这一事件或活动的报道，分析并比较不同媒体、不同时期新闻报道的角度。

2. 调查了解所在地某企业的媒体关系维护状况，并做具体分析。

任务十四　政府关系管理

【任务描述】

1. 制订某公司的政府关系管理计划。
2. 搜集某企业海外公司的政府关系管理案例。

【目标与成果】

能力目标	知识目标	课程思政
1. 能为公司制订政府关系计划，进行政府关系管理； 2. 能运用政府关系基本原则分析政府关系管理案例	1. 掌握政府关系的定义、基本原则、主要内容和方法； 2. 了解跨国企业政府关系管理与政府关系禁忌	1. 明确政府关系管理应遵纪守法、承担社会责任； 2. 明确跨国企业政府公关应传播与塑造国家正面形象
学习成果	1. 某公司的政府关系管理计划； 2. 某企业海外公司的政府关系管理案例	

一、案例导入

案例一　一次专题会

红豆集团的专题会

2021 年 2 月 22 日晚，红豆集团党委书记、董事局主席周海江在集团董事局会议室组织召开了学习贯彻习近平总书记在党史学习教育动员大会上重要讲话精神专题会。

值得注意的是，党史学习教育动员大会是 2 月 20 日在京召开的。仅仅时隔两天，红豆集团就组织了专题会，其学习贯彻的速度甚至快过了很多政府单位和部门。而 2 月 24 日，党史学习教育领导小组才印发了学习贯彻重要讲话的通知。

绝大多数的企业特别是互联网企业可能都没有注意到中央召开的这次会议，更遑论第一时间组织召开了学习贯彻专题会，并且是企业一把手主持出席。

周海江在专题会上说，红豆集团作为全国先进基层党组织，他作为全国优秀党务工作者和优秀共产党员，不仅要带头学好党史，还要带领红豆全体党员一起学好党史，从而带领企业更好地发展。

周海江，现任中国民间商会副会长，中国企业联合会、中国企业家协会第九届理事会副会长，红豆集团有限公司党委书记、董事局主席、CEO，全国工商联宣传教育委员会主任，中共十七大、十八大、十九大代表，全国工商联第十一届副主席；2016 年 7 月，被中共中央授予“全国优秀党务工作者”荣誉称号；2017 年 7 月 24 日，被评为德耀中华第六届全国道德模范候选人；2017 年 11 月，荣获第六届全国道德模范提名奖；2018 年 10 月 24 日，入选中央统战部、全国工商联《改革开放 40 年百名杰出民营企业家名单》；2018 年 12 月 7 日，被江苏省公示为“改革开放 40 年先进个人”；2019 年 1 月 18 日，荣获“2018 十大经济年度人物”称号。

从红豆集团官网也可以很轻易地看出这是一家“讲政治”的企业。官网首页每个模块的内容都直接或间接体现政府对该企业的认可，或是企业对党和政府的坚定拥护。官方简介一共 6 段话，其中 5 段都与政府或政策相关。

(资料来源：https://mp.weixin.qq.com/s/j54LZJn6WWKRMLALZEKfcw)

思考：从红豆集团的做法及其领导人的简介中分析该企业是如何做好政府关系管理的？

案例二　福耀促进中美合作

美国俄亥俄州表彰福耀促进中美合作

福耀玻璃美国公司 6 日宣布，将投资 4600 万美元为其美国俄亥俄州代顿工厂购买新设备。这笔投资预计将新增 100 个工作岗位，这将让该厂就业岗位增加至 2400 多个。

当天，在位于代顿市的福耀美国公司举行仪式。俄亥俄州州长迈克·德万、副州长乔恩·赫斯特德向福耀玻璃美国公司和董事长曹德旺颁发表彰信，表彰其对该州发展所做的杰出贡献。中国驻纽约总领事黄屏出席仪式并致辞。

“我在此代表俄亥俄州政府，表彰福耀玻璃美国公司和董事长曹德旺先生的贡献，相信你们的业务会蒸蒸日上，取得更大的成功。”迈克·德万在表彰信中写道，福耀集团在美投资，创造了大量就业机会，对当地经济产生了积极影响，对迈阿密河谷的发展产生了显著影响。

迈克·德万感谢曹德旺在促进俄亥俄州与中国的联系上发挥了“民间大使”的重要作用。他说，俄亥俄州非常珍视与福耀玻璃的合作关系。他希望福耀在该州的成功能够带动更多中国企业前来投资。

中国驻纽约总领事黄屏表示，福耀在美国的投资和发展，出色地展示了中美两国“能够也应该进行合作”。“尽管我们在文化、历史方面有很多不同，国家发展方式也不一样，但并不意味着我们不能携手共进。”黄屏坚信，“当我们共同努力时，我们可以在协同、合作与稳定的基础上建立良好的关系，以带来切实的成果，使我们两国人民乃至世界人民受益。”

曹德旺表示，福耀决定在美国投资，就意味着愿意和其他美国企业公平竞争，靠实力取胜。他表示，福耀美国公司不仅直接创造了 2300 多个工作岗位，还带动相关产业 3800 多个就业岗位。

6 日，福耀代顿工厂中一个“千人食堂”投入使用，员工可以享受免费午餐。这一自助餐厅占地1200平方米，可同时容纳上千人，当地员工称之为“家庭咖啡厅”。餐厅里既有美国食品，也有中国食品。接受记者采访的多名该厂员工表示，他们喜欢这样的企业文化，并希望在这里工作到退休。福耀北美集团总裁刘道川介绍，开设餐厅的目的是让工厂员工在这里“有家的感觉”。

美国媒体积极评价了福耀扩大投资的决定。美国光谱新闻网报道说，福耀已经成为迈阿密河谷地区最大的雇主之一，增资决定得益于俄亥俄州经济的稳定性，以及福耀在美国投资的成功，“这是显而易见的成功”。报道认为，俄亥俄州树立了吸引中国投资的榜样，希望吸引更多中国投资。

美国2019年的一部纪录片《美国工厂》拍摄了福耀美国公司代顿工厂建厂的故事，引发了人们的很多关注与讨论。

经过40多年的发展，福耀集团已在中国、美国、德国、俄罗斯等11个国家建立了完整的产业链。

(资料来源：https://baijiahao.baidu.com/s?id=1655258656726053929&wfr=spider&for=pc)

思考：根据案例介绍的情况，试评价福耀玻璃美国公司的政府关系管理水平。

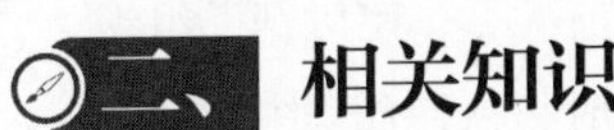

二、相关知识

知识点一　政府关系管理的含义

政府关系即社会组织与政府部门之间的关系。是指企业等社会组织利用各种信息传播途径和手段，与政府各部门进行信息沟通，以获得信任、支持，从而为自己建立良好的外部政治环境，促进组织的生存与发展。政府关系是组织公众关系管理的重要组成部分。

政府关系管理不同于政府公共关系。政府公共关系是政府的公众关系，主体是各级政府，客体是广大内外公众，是指政府为了更好地管理社会事务、争取公众对政府的支持和理解、在公众中塑造政府的良好形象而采取的政府行为。政府关系管理的主体是政府以外的社会组织，客体是政府部门及其工作人员。

知识点二　政府关系管理的意义

1. 有利于社会组织的正常运行

政府是国家权力的执行机关，是对社会各部门单位、各行业企业和各阶层人士进行统一管理的机构。政府对组织的正常运行起着举足轻重的作用。例如一家企业受政府监督、管理和影响的方面大致有经济发展战略、财政金融、税务、外汇、价格、市场管理、物资与能源计划、海关和贸易进出口管理、商标和专利、商品检验、审计和统计、干部与人事、公安、交通、环保、公共事业、公益事业等。几乎一切生产经营活动都需要与政府机构直接或间接打交道。搞好政府关系，有助于各种渠道的沟通与联系，可以保障组织各项工作的顺利进行。

2. 有利于得到政府的政策支持

政府通过政策的制定和行政干预，对社会组织的各项活动进行直接或间接的制约，而社会组织必须积极支持与执行国家的政策与法规，接受政府的监督与调控，服从政府的统一管理。如果有关政策对某社会组织是支持的、有利的，那么该组织就能获得更好的竞争条件和发展环境，如果政策对该组织是限制的，就可能带来较大的损失。所以社会组织可以通过有效的政府关系管理，争取政府出台有利于自己的政策，使组织在更有利的条件下运行与发展。

3. 有利于得到政府的经济支持

政府是某些社会组织运行经费或其他物质资料的主要来源，政府还可以通过政府采购、财政补贴等方式支持社会组织的发展。另外，政府部门在各领域承担着不同程度的审批职能，企业等社会组织在运营过程中，需要政府机构行政审批的事项比较多，通过良好的公关沟通，可以在一定程度上加快审批的进度，为组织赢得效益。

4. 有利于提高把握时机的能力

现代社会飞速发展，竞争日趋激烈，市场环境瞬息万变，机遇稍纵即逝。一个能够乘风破浪、稳定发展的组织，必须善于审时度势，抓住一切机会。而良好的政府关系，可以帮助组织提高把握时机的能力。因为政府具有社会管理中枢的特殊地位，而且政府与其他社会组织有广泛的联系，可以让组织及时、准确地掌握各方面信息，在判断形势、把握机遇上得到有益的指导，给组织带来难得的发展机遇。

知识点三　政府关系管理的基本原则

1. 遵纪守法原则

遵纪守法是政府关系的基本前提。政府通过各种政策法令来管理社会生活，规范社会行为，各类社会组织必须严格遵守这些规定，只有遵纪守法，才能获得各级政府的信任、赞赏。一个企业，如果偷税漏税，或违章作业，或生产假冒伪劣商品，甚至行贿受贿，受到法律的惩罚和政府的处罚，那必定是不受欢迎的。

2. 主动沟通原则

各类组织应采取主动与合作的姿态，及时将自己的各种信息，如组织发展规划、经营状况、税收贡献、环保举措、公益慈善、庆典喜事等，通过企业内刊、新闻报道、座谈会、公关活动等适当的渠道与政府部门进行沟通。这样，既有助于政府根据实际情况归纳出带有普遍倾向的问题，制定更为合理的政策条例，也有助于加强组织与政府在感情上的联系，使政府保持对组织动态的了解与支持。

3. 积极配合原则

政府面临社会管理中的许多事务，需要广大社会组织的支持与帮助。此时，社会组织就要积极响应政府的号召，认真配合完成政府交给的本职工作和经营工作以外的任务，满足政府部门提出的各种合法要求。例如提供政府需要收集的有关资料，帮助政府应对突发性重大公共灾难事故，热心参与社区事务和社会公益事业、治理三废、植树造林、美化环境及其他与社会主义精神文明建设有关的活动。组织对社会的贡献越突出，在政府心目中的组织形象越好，政府对组织的信任与支持也就越有力。

4. 协调利益原则

各类社会组织与政府是利益互惠的关系。企业的发展有利于推动当地的经济发展，提供大量的就业机会，并向政府缴纳税金，而政府为企业营造良好的公共设施环境与提供各种优惠政策，两者是一种鱼水关系。组织的自由发展和政府的管理调控之间，有时会出现组织的局部利益与社会的全局利益不一致的冲突，这时，组织可以主动暂时放弃自己的局部利益，服从社会的全局利益。组织对利益关系要注意妥善地加以协调，既不能忽视社会的整体利益，也不能以国家为由完全无视组织利益。

知识点四　政府关系管理的内容与方法

1. 熟悉渠道，稳定联系

政府机构上至国务院，中继省、市、县政府，下到街道办事处，层次各不相同。组织需要熟悉、了解各级政府的机构设置及其职能、工作范围与工作程序，指定专人与政府特定部门保持不同层面、不同方式的稳定联系，发展和加深与政府部门工作人员的感情，提高信任感。例如经常向对应政府主管部门汇报工作情况及生产经营情况，如实申报经济数据，反映重大事件，使政府了解组织的发展现状、获得的成绩、面临的问题与困难；利用一切可能的机会，邀请政府领导人或有关人员来组织视察和指导工作，从而利用机会联络感情，增进了解。

2. 注意细节，言行得体

组织中的个人在政府关系交往中要注意服装、语言、行为、态度的相关礼仪。例如去政府部门办事，服饰上不能过于华丽、招摇或过于前卫、滑稽；行为上不能硬闯硬入或东张西望、乱摸乱翻；语言上要谦恭有礼，叙事简洁明了，切忌磨磨蹭蹭，胡搅蛮缠；接待或拜访政府工作人员态度应热情主动，不能冷漠倨傲或视而不见，等等。

3. 遵纪守法，落到实处

各类社会组织在发展过程中，必须全面了解、领会国家已经出台的相关政策法令，作为制订计划和推动各项工作的依据。组织的各项活动都要严格按照政策法规来安排，如按税法规定主动、准确纳税等，同时应积极地与有关政策法律部门建立稳定、持久的联系，使组织能及时得到其帮助和指点，吸收和借鉴对组织开展活动有直接帮助的内容，避免发生任何偏差。

4. 利用资源，支持政府

各类社会组织可以利用自己手中的各种资源，为政府提供不同类型的支持。例如积极为政府提供合理化建议和意见，帮助政府获得决策信息；学校可以提供助学、培训、技术支持等社会服务；企业可以通过追加投资、吸纳就业、开放场馆、举办大型文化活动等为区域经济、文化发展提供动力，助力政府提升政绩，等等。优秀的社会组织可以为当地带来知名度与美誉度，对政府也是一种间接而有力的帮助与支持。

5. 公益捐赠，分担责任

公益有不同的维度，可以直接捐钱、捐物，也可以开展活动解决实际问题，还可以通过科技创新、制度创新等系统重构的方式解决社会问题。社会组织需要开发不同维度的公益活动，参与或组织各种公益慈善活动，为政府分担社会责任，建立良好的政府合作关系，树立有社会责任感的组织形象。

6. 注重宣传，打造亮点

注重对企业及企业家的宣传，打造政治亮点。对企业的宣传，需要突出企业在区域企业中的特色和优势，同时结合区域经济的需要，将企业塑造成一个具有社会责任感、关注区域发展的企业。企业家的形象塑造，应突出其作为行业领袖或管理精英而具有的深厚文化内涵、独特人格魅力、精准专业知识，诚实而有故事，才能使企业家逐渐步入政治家的视野。这样，通过有针对性的宣传，可以使企业成为区域经济发展的标志，使企业家树立良好的公众形象，提升企业的政治形象，优化企业的政治环境。

知识点五　跨国企业政府关系

1. 跨国企业政府关系的定义

跨国企业是指以本国为基地，通过对外直接投资，在世界其他地方设立分支机构或子公司，从事国际化生产和经营活动的企业。跨国企业政府关系指跨国企业在跨国开拓市场过程中，与母国政府和东道国政府建立的、与市场业务或者社会活动相关的联系。具体表现在跨国企业不局限于市场环境，而在政治领域采取措施以争取政府政策支持，规避政治风险，减少在海外市场经营的阻力，满足企业的发展需求。

2. 跨国企业政府关系的类别

根据对象的不同，跨国企业政府关系可以分为对母国政府的公共关系、对东道国政府的公共关系、对政府间国际性组织的公共关系。

(1) 对母国政府的公共关系，指跨国企业对自己国家政府的公共关系，主要目的是通过母国政府和外国政府的政治外交关系，为企业的海外市场拓展提供政治前提。

(2) 对东道国政府的公共关系，指对海外市场所在国政府的公共关系，以获取东道国政府尽可能多的理解和支持，为企业在海外的长期经营提供基本条件。

(3) 对政府间国际性组织的公共关系。各种国际经济组织在全球化时代的国际经济活动中发挥着越来越大的作用，跨国企业必须对它们开展公关活动，以获得理解与支持，有利于企业国际经营业务的开展。

3. 跨国企业政府关系策略

(1) 熟悉所在地环境。了解跨国所在地人口特征、自然条件、经济发展水平、市场状况、基础设施、政治稳定性、法制安全等政治、经济、文化、自然环境，更有利于跨国企业制定相宜的经营策略和管理模式，遵守所在地的法律制度和管理制度，尊重所在地民众的宗教信仰和风俗习惯，促进企业文化的本土化，减少文化冲突带来的阻力。

(2) 设立公共关系部。保证资金投入，专门处理对外关系，与所在国政府部门、行业协会、上下游企业对接，分析与制定公关策略，定期开展与这些利益团体的公关活动，遇到问题做出及时反应和处理。

(3) 游说与谈判策略。跨国企业的经营活动受到政府政策、行政效率、经济措施等多方面的限制。当一项关键的新政策要出台时，跨国企业可雇佣公关公司组成专门的游说团队，对民众、机构、政府开展游说活动，以对政府政策的制定施加影响，获得跨国经营的有利位置，获取更多经济利益和发展空间。当跨国企业受到来自东道国政府的管制，可以通过直接谈判或通过母国与东道国谈话，来调整利益分配，为自身的发展创造最大限度的宽松环境。

(4) 搭建友谊之桥。通过多种方式，搭建双方沟通的友谊之桥，如有针对性地了解当地政府构成，建立良好的沟通渠道，定期沟通；加入本地行业协会，通过协会建立与本土企业及领袖企业家沟通的关系渠道，提升自身的影响力；积极参与当地社会活动，建立“客户俱乐部”，邀请代表团来母国实地访问和参观等。

(5) 树立良好形象。借助媒体宣传，向社会公众传达长期投资的决心与社会责任感，拉近与当地民众的情感距离；以符合东道国社会要求、对社会负责的方式进行生产经营活动，遵守市场道德，保护劳动者合法权益，积极纳税，积极参与慈善公益，保护生态环境等。跨国企业表现出来的高素质通常也会被认为是母国高文明程度的体现，在树立企业良好形象的同时，也为国家树立起负责任的大国形象。

知识点六　政府关系管理禁忌

1. 权力寻租

权力寻租指高层领导利用手中的权力，避开各种控制、法规和审查，为自己寻求利益最大化或维护既得利益的活动。政府公关很容易被人们将其与权力寻租联系起来，说明现实生活中这类现象在一定程度上大量存在。应从观念上消除这种不健康的公关理念，通过规范运作、执行监察等方式进行控制，防止权力寻租现象的产生。

2. 推诿责任

社会组织在发展过程中会受到许多不可预见的危险因素的影响。当由于组织内部主客观原因导致重大事故、产生不良影响时，组织应主动承担责任，及时向政府汇报情况，接受政府的调查、处理，寻求最佳解决方案。切不可鸵鸟思维，回避矛盾，推诿责任。

3. 过度夸饰

过度夸饰指在与政府沟通的过程中，或参与政府安排的各类活动时，组织对取得的成绩进行过度夸张，对做过的公益慈善过度吹嘘。有的组织利用政府的公信力，将与政府高层产生的联系进行夸耀式借势传播。这些过度夸饰的行为违背了公共关系的基本运作原则，对组织形象有不良影响。

4. 超出能力

政府关系管理与维护必定产生资本、智力、时间等方面的成本，如果不加以计划、控制，就可能超出支付能力，对组织正常运行秩序造成破坏。所以，有效的政府公关应在接受组织可支付能力约束的基础上编制运作计划，使有限的投入发挥其最大的公关效益。

5. 逾越需求

不同的社会组织，不同的发展阶段，对政府关系的需求是不同的。有效的政府关系应注意自身的个性化需求，保证公关目标、公关内容、公关主题、公关路径与组织的实际发展需求相适应，而不是相背离，以免造成精力分散和成本浪费。

6. 形式固化

世界发展变化加快，不同的时间，不同的地方，由于经济发展不平衡，对同一件事情会有不同的利益考量和处理方式，管理制度和办事风格也可能大不相同，处理政府关系应因时制宜、因地制宜，机动灵活地应对，不能形式单一、机械套用，使公关运作陷入固化。

7. 势利公关

政府部门有级别层次的不同，不同的级别有不同的角色、功能，持续的政府关系应整体考虑，不应只重视上层公关，忽视下层、中层的力量。政府公务员制和高层异地调换制度的实施，使政府公关的目标联系人始终处于有序流动中，应把握这种流动性，注意新老之间的承接，对老人做有计划的回访和沟通，充分利用老人的影响力，而不是人走茶凉，表现得庸俗势利，缺乏人情味。

三、课堂分析与讨论

(一) 案例分析

西夏嘉酿啤酒有限公司的政府关系管理工作

宁夏西夏嘉酿啤酒有限公司(以下简称西夏嘉酿)是嘉士伯啤酒工厂有限公司与宁夏农垦企业(集团)有限公司合资成立的一家外商投资企业。按照嘉士伯集团公司的构架，公司成立了由副总经理牵头负责政府关系的公共事务部。

西夏嘉酿建立了区、市、县三级党委、政府及各职能部门的利益相关者地图和简历，制订拜访计划；加强与政府部门的合作交流，主动拜访、沟通，邀请相关领导到企业参观调研，做好政府来访服务接待；积极向政府及职能部门上报各种信息资料，申报企业荣誉；积极响应银川市政府号召，连续举办多届西夏啤酒音乐节和乐堡绿放音乐节；连续多年与银川市委宣传部共同举办“社区欢乐行”活动，为银川市成功创建文明城市做出贡献；先后投入数百万元组织开展汶川地震救援、青海玉树地震救援、爱心校车捐赠等一系列社会公益活动。由于诚信经营、照章纳税和良好的经营业绩，企业获得大量的政府荣誉，企业领导也当选为自治区人大代表。

(资料来源：https://www.zhihu.com/question/290715973)

分析：企业政府事务工作包含哪些主要内容？

参考分析	你的分析
● 获取资质证照，如蔚来汽车取得北京自动驾驶车辆道路测试牌照。 ● 申请扶持资金，如华拓金服获政府项目扶持资金超过千万元。 ● 推动政企合作，如滴滴与公安部刑事侦查局及全国多省公安厅达成战略合作。 ● 参与国家项目，如百度、阿里、腾讯、科大讯飞入选首批国家新一代人工智能开放创新平台名单。 ● 领导考察调研，如蔡奇走访、调研小米、联想集团。 ● 参与高端会议，如百度李彦宏受邀列席中共十九大闭幕式。 ● 获取政治身份，如张近东、雷军当选全国工商联副主席。 ● 开展危机公关，如瓜子二手车处理工商涉诉。 ● 开展非公党建，如知乎、58 集团、便利蜂、链家等成立党组织	

(二) 观点讨论

【观点讨论 14-1】根据以下政府事务专员岗位职责分析岗位专员的任职要求。

某公司政府事务专员主要岗位职责：

1. 拓展政府专家资源，建立政府专家资源库，并维系专家关系；
2. 及时跟踪相关政府法规，获取并解读国家最新政策；
3. 寻找和创造与政府双赢的合作机会，为企业争取各项正面宣传的机会；
4. 负责政府申报材料编写，跟进政府合作项目执行、验收；
5. 负责公司与相关政府部门有关的日常沟通；
6. 及时收集行业最新动态并分析及汇报；
7. 协助制订部门工作计划及实施各类公共事务活动；
8. 完成上级交办的临时性工作。

参考观点	你的观点
任职要求： 1. 教育背景：大学学历。 2. 履历背景：1～3 年工作经验。 3. 熟悉政府运作机制、组织架构和办事流程。 4. 有一定的政府资源。 5. 良好的人际交往和沟通协调能力，良好的团队合作精神。 6. 熟悉政府行为格式与规范。 7. 较强的抗压能力。 8. 工作积极、主动，有较强的责任意识，工作细致，能够熟练使用办公软件。 9. 形象气质佳	

【观点讨论 14-2】很多企业建立了政府事务部，有人说：如果说以关系驱动的政府关系属于 1.0 版本，以事务驱动的政府关系属于 2.0 版本，那么当下正在进入以业务驱动的 3.0 时代。你怎么理解？

参考观点	你的观点
政府关系部门早期多称政府关系部，这几年称政府事务部的居多。名称的内涵和外延已有所区别，工作导向从突出关系转变为突出事务，在朝着阳光化、规范化迈进。 从关系驱动到事务驱动，再到业务驱动，已逐渐成为行业发展趋势。为业务赋能，也并非新观点，关键在于如何为业务赋能，以及如何获得政府的支持与认可	

四、任务实训

实训一　某公司政府事务部工作计划

【实训目的】通过某公司政府事务部政府关系管理工作计划的制订，了解政府关系的意义、内容和方法。

【实训步骤】

(1) 4～6 人为一组，全班同学分成若干小组；

(2) 以小组为单位，选定一家公司，对该公司进行全面了解；

(3) 以小组为单位，讨论该公司政府事务部本年度政府关系管理工作计划的内容；

(4) 以小组为单位，编制该工作计划；

(5) 每组派代表在全班做总结发言。

【实训要求】政府关系管理工作计划结构合理，内容全面，表述准确；小组代表发言应对小组实训过程基本情况做真实、简明的概括，总结性强。

【实训评价】

评价指标	自我评价	小组评价	教师评价
参与度			
完整性			
准确性			
成效性			

实训二　政府关系案例采集

【实训目的】通过采集典型政府关系案例，加强对政府关系管理的意义、内容与基本原则的理解。

【实训步骤】

(1) 4～6 人为一组，全班同学分成若干小组；

(2) 小组中每人通过网络采集至少一个政府关系案例；

(3) 以小组为单位，讨论所采集案例蕴含的政府关系的意义、内容与基本原则；

(4) 每组派代表在全班做总结发言；

(5) 将优秀案例提交网络学习平台。

【实训要求】采集到典型的政府关系案例，能够联系相关知识，分析案例体现的政府关系管理的意义、内容与基本原则。

【实训评价】

评价指标	自我评价	小组评价	教师评价
参与度			
完整性			
准确性			
成效性			

五、内容小结

任务十四主要介绍政府关系管理的意义、原则、内容和方法等，如图 14-1 所示。

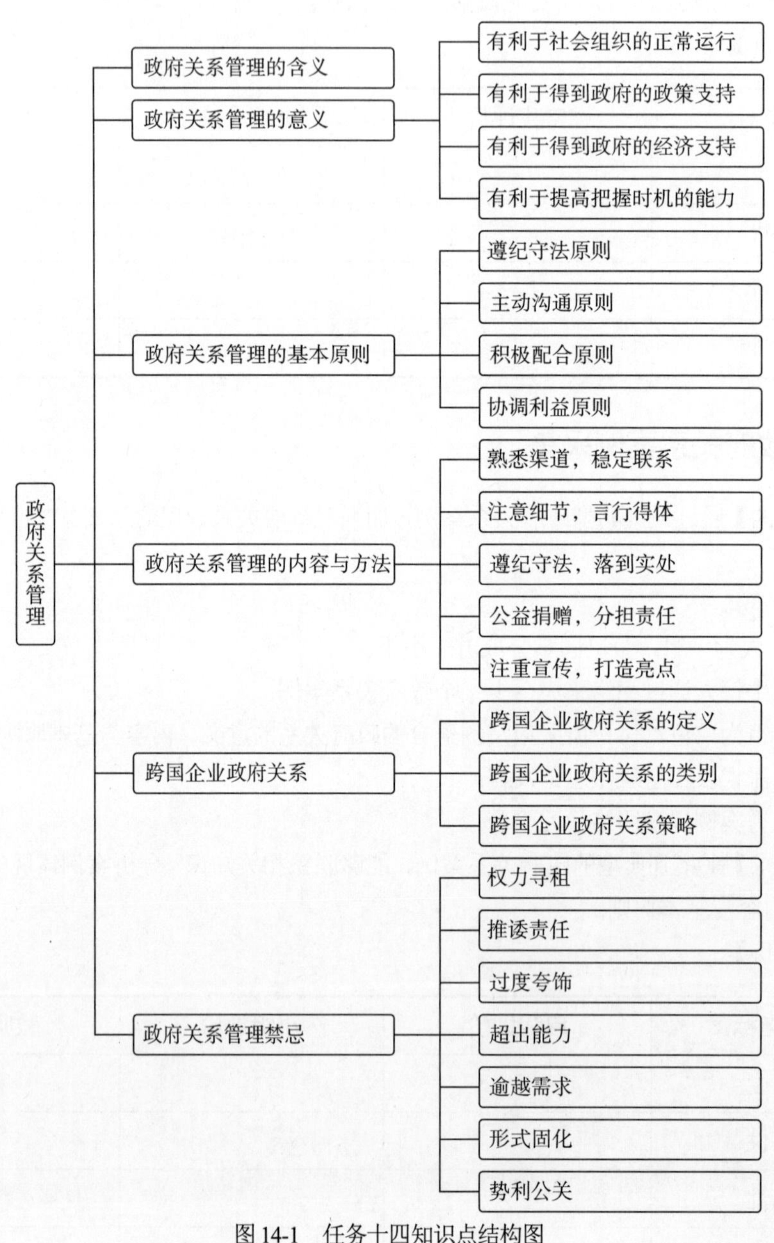

图 14-1 任务十四知识点结构图

六、课后自测

(一) 判断题

1. 组织的政府关系管理等同于政府公共关系管理。 (　)

2. 组织对社会的贡献越突出，在政府心目中的组织形象越好，政府对组织的信任与支持也就越有力。 (　)

3. 权力寻租指高层领导利用手中的权力，避开各种控制、法规和审查，为自己寻求利益最大化或维护既得利益的活动。 (　)

4. 跨国企业熟悉所在地环境，有助于减少文化冲突带来的阻力。 (　)

5. 政府关系要注重宣传，不妨将与政府高层产生的联系进行夸耀式借势传播。 (　)

6. 政府公关的目标联系人始终处于有序流动中，应把握这种流动性，注意新老之间的承接，对老人可以从联系人中删除。 (　)

(二) 选择题

1. 政府关系的意义在于有利于帮助组织(　)。
   A. 超速运行　B. 得到政策支持　C. 得到经济支持　D. 把握时机
2. 政府关系的基本原则是(　)。
   A. 遵纪守法　B. 主动沟通　C. 积极配合　D. 争取利益
3. 政府关系的内容与方法不包括(　)。
   A. 注意细节，言行得体　B. 遵纪守法，落到实处
   C. 超出能力，权力寻租　D. 利用资源，支持政府
4. 根据对象的不同，跨国企业政府关系可以分为(　)。
   A. 对母国政府的公共关系　B. 对发达国家政府的公共关系
   C. 对东道国政府的公共关系　D. 对政府间国际性组织的公共关系
5. 政府关系禁忌包括(　)。
   A. 推诿责任　B. 过度夸饰　C. 形式固化　D. 游说谈判

(三) 简答题

1. 为什么要进行政府关系管理？
2. 政府关系有哪些基本原则？
3. 政府关系的内容与方法是什么？
4. 政府关系管理中要注意哪些禁忌？

七、课外拓展

(一) 拓展阅读

企业能从政企合作中获得什么

第一，可量化的资金

(1) 产业资金，包括以下内容。

① 专项资金：各级产业管理部门设置的以项目或补贴形式为主的产业扶持资金，大致可分为科研类、成果转化与产业化类、补贴类、创新体系建设类等。

② 股权基金：参股不控股，不参与企业经营决策，适时保本退出，属于政府借钱给企业，产业资金的另一种扶持形式。

③ 产业基金：政府、社会投资机构与企业合作设立的产业基金，由企业主导开展产业生态建设与产业并购，促进某个细分产业做大做强，基金规模从几亿元到几十亿元不等。

(2) 税收优惠，包括高新技术企业、研发费加计扣除、重点软件企业优惠、技术合同登记退税等。

(3) 市场项目，包括利用政府资源开展产品销售活动，政府项目和市场项目相互转化与促进，通过政府项目建立的资源开展市场销售活动，创造主营业务收入，通过市场项目建立的资源策划政府项目。

第二，不可量化的无形资产/成果

(1) 资质：各种许可类、合规类资质(如商用密码产品销售许可证)，保障业务合规性。

(2) 荣誉：政府机构颁发的各种证书(如中关村高成长TOP100、知识产权试点单位)，由政府为企业背书。

(3) 知识产权：专利、专著、商标，提升核心竞争力。

(4) 标准规范：主导或参与自身业务相关行业标准、国家标准、国际标准的制定和修订，彰显行业影响力。

(5) 合作资源：通过政企合作对接并导入企业所需的技术、市场合作伙伴，助力企业发展。

(6) 政策法规的影响与倾斜：参与行业政策的研讨和政策制定，让产业和行业政策法规为企业发展保驾护航。

(7) 品牌宣传：通过政企合作在各级政府、产业主管单位、行业监管机构、科研院所、行业组织及专家、学者层面宣传并提升企业形象，扩大企业知名度和影响力。

(8) 人才奖励：官方荣誉+奖励资金。

(9) 企业经营过程中的问题：如企业融资、上市、外地投资等。

(资料来源：https://zhuanlan.zhihu.com/p/360942275?ivk_sa=1024320u)

(二) 课外实践

1. 华为从 1996 年正式实施国际化行动至今 20 多年以来，其海外市场拓展比较成功，但也经历了不少失败。通过不同渠道了解华为成功的原因和失败的教训。

2. 通过网络或实地调研本地一家企业的政府关系工作，了解该企业政府关系管理工作的部门所属、岗位设置、主要工作内容及政府关系典型案例。

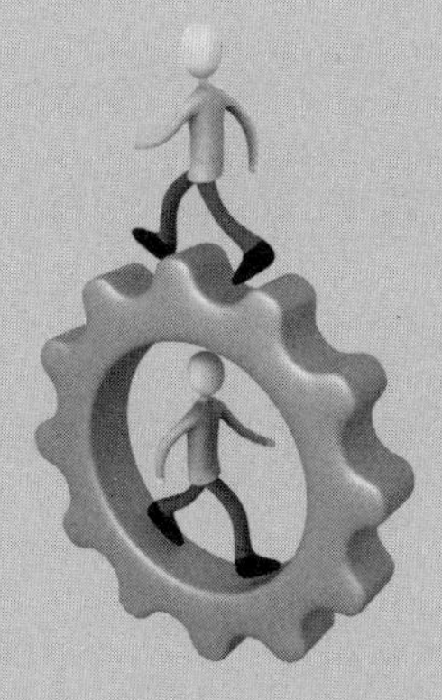

模块五　公共关系活动策划与实施

任务十五　公共关系形象调查
任务十六　品牌形象推广活动策划
任务十七　新闻发布会
任务十八　新品发布会

任务十五　公共关系形象调查

【任务描述】

1. 为某公司设计公共关系形象调查问卷。
2. 网络调查问卷的发布与统计。

【目标与成果】

能力目标	知识目标	课程思政
1. 能进行公共关系形象调查问卷的设计; 2. 能进行网络调查问卷发布与统计	1. 了解公共关系形象调查的含义、意义、原则和内容; 2. 掌握公共关系形象调查的基本程序和方法	1. 公共关系形象调查中要求实事求是、公正无私; 2. 秉承实践出真知的调查精神
学习成果	1. 某公司公共关系形象调查问卷; 2. 某公司公共关系形象调查问卷网络链接	

一、案例导入

案例一　电梯问题

公寓大楼的电梯问题

有一家出租公寓的物业管理公司，持续地收到公寓大楼内住户的抱怨和投诉，原来大楼内只有一部电梯，出入不方便且耗时很长，公司起初没有引起重视，后来陆续有房客因此而搬离公寓，直接影响了公司的出租收入。可是如何解决这个问题呢？物业管理公司找到建筑公司，建筑公司预算在大楼内再安装一部电梯需要 700 多万元，还需要许多天的施工期。经理又找到电梯公司，让其预算把现有的电梯速度加快一倍需要多少经费。电梯专家报价至少要 350 万元，还需要几天的改造施工期。最后，经理找到公关公司，希望帮助解决此事。公关公司派人实地考察3天后，只用了几千元，很快就解决了问题。

(资料来源：秦启文. 公共关系心理学[M]. 上海：华东师范大学出版社，2020.)

思考：公关公司要处理这个问题，要采用哪些调查方法开展哪些方面的调查？

案例二　红罐王老吉

红罐王老吉的形象调查

为了了解消费者的认知，调查公司对红罐王老吉现有用户进行调查分析，从而了解红罐王老吉在消费者心中的位置。

通过调查发现，广东的消费者饮用红罐王老吉主要在烧烤、登山等场合，其原因不外乎“吃烧烤容易上火，喝一罐先预防一下”“可能会上火，但这时候没有必要吃牛黄解毒片”。而在浙南，饮用场合主要集中在外出就餐、聚会、家庭聚餐。在了解当地饮食文化的过程中，研究人员发现：该地区消费者对于“上火”的担忧比广东有过之而无不及，如消费者座谈会桌上的话梅、蜜饯、可口可乐都被认为“会上火”而无人问津。消费者对红罐王老吉的评价是“不会上火”，“健康，小孩、老人都能喝，不会引起上火”。

这些观念可能并没有科学依据，但这就是浙南消费者头脑中的观念，这是调查人员需要关注的“唯一的事实”。从而确立了红罐王老吉在消费者心中的形象就是“预防上火”的功能性饮料，购买红罐王老吉的真实动机是“预防上火”，希望在品尝烧烤时减少上火情况发生，而真正上火以后可能会采用药物，如牛黄解毒片、传统凉茶类治疗。

(资料来源：http://www.360doc.com/content/11/0404/08/533996_107059365.shtml)

思考：红罐王老吉的形象调查体现了公关调查的什么原则？

二、相关知识

知识点一　公共关系形象调查的含义

任何一项组织行为都应有一个充分而周密的准备过程，公共关系活动作为一项管理活动也应首先开展调查研究，通过对组织与主要公众关系状态的了解与审视来确定其后的工作策略，进行活动的策划、组织实施和效果评估。将整个公共关系工作过程划分为公关调查、公关策划、公关实施、公关评价四个基本步骤的方法，称为公共关系四步工作法，这四个步骤相互衔接、循环往复，形成一个动态的环状模式。公共关系调查是公共关系过程的第一个步骤，也是公共关系活动的基础性工作，是卓有成效地开展公关活动的前提。

公共关系形象调查是指社会组织运用科学方法，围绕组织内外公众对组织的整体印象和评价进行调查，从而分析组织的表现和特征在公众心目中的反映情况。

知识点二　公共关系形象调查的意义

1. 帮助组织进行形象的准确定位

组织的形象定位是指组织在其公众中的形象的定量化描述。组织形象地位的测定可通过对其知名度和美誉度的测评获得。

知名度表示社会公众对一个组织的知晓和了解程度，计算公式：

知名度＝知晓人数/调查人数×100%

美誉度表示社会公众对一个组织的好感和赞美的程度，计算公式：

美誉度＝赞美人数/知晓人数×100%

一个组织的形象尺度是社会舆论和公众评价，公共关系调查可以使组织准确地了解组织在公众中的形象地位。通过形象定位，可以测量出组织自我期望的形象与其在公众中实际形象的差距。组织可针对这个差距制定有效的公共关系活动方案，由此提高该组织在社会中的知名度和美誉度。

2. 有利于塑造组织良好的形象

公共关系调查从组织的主观方面来说，以搜集信息为主要目的，但在客观上，开展调查活动要与调查对象进行广泛接触，所以调查人员同时向公众传播组织注重自身形象的信息，恰当的调查本身也会赢得公众对组织的好感。因此，从某种意义上说，公共关系调查本身也是一种传播，也会起到塑造组织形象的作用。

3. 能使组织及时把握公众舆论

公众舆论是自发产生的并处于不断扩大和缩小的动态变化中，它是公众对组织的一种浮动的、表层的认识。但是，当少数人的观点、态度扩展为多数人的观点、态度，分散的、彼此孤立的意见集合为彼此呼应的公众整体意见，声势尚小、影响甚微的局部意见变成声势浩大的公众的共同反响时，将对组织的形象产生极大的影响。积极的公众舆论有利于塑造组织的良好形象，消极的舆论则有损于组织的形象，甚至会造成组织形象危机。因此要密切监测和关注自身所处的公共关系环境，及时检测公众舆论的变化，及时扩大积极舆论，缩小消极舆论。

4. 能使组织决策依据科学化

社会组织要积极对待自身与环境的交互作用，获取完整、及时和准确的信息资料，必须进行公共关系调查，只有通过调查，才能使组织了解公众的要求和愿望，才能做出符合公众要求和愿望的决策。只有做出符合公众要求和愿望的决策并认真实施，才能使组织在公众的心中树立起良好的形象。

知识点三　公共关系形象调查的基本原则

1. 客观原则

公共关系形象调查是为了准确地了解公众对组织形象的评价。坚持调查的客观性是调查人员应该遵循的最基本的原则。调查人员在调查过程中要注意信息的来源和渠道，收集的资料应是第一手信息。同时，调查时要把握调查对象的客观态度，从实际出发，区别公众的客观态度和主观臆想。

2. 全面原则

公共关系形象调查还要求调查要全面，必须注意各方面公众的意见。调查对象必须有代表性，调查所得到的资料必须全面，既要有调查对象的正面意见，也要有调查对象的反面意见，并且要注意多方公众的意见，不能以偏概全。

3. 时效原则

公共关系形象调查时要了解调查对象在某一确定时间内对组织形象的评价，评价的结果具有很强的时效性。人们的观点和想法在不断改变，不能以人们过往的情况衡量此时的态度。对于组织来说，调查所得到的信息的价值，与提供信息的时间成正比。要注意提高信息传递的时效性，便于组织及时、果断地采取应对措施。公共关系调查人员还要注意新闻的价值，做到及时调查、收集，及时加工、处理，迅速提供有价值的线索。

知识点四　公共关系形象调查的内容

公共关系形象调查的内容范围十分广泛，它涉及影响社会组织公共关系状态的种种因素。根据公共关系状态的影响因素以及表现社会组织与公众关系现状的知名度、美誉度等指标项目，大致可将公共关系形象调查的内容分为以下四大方面。

1. 组织情况调查

任何公共关系活动的开展都不能脱离社会组织的实际情况，因而也都离不开对组织自身基本情况的掌握。组织情况包括基本情况和实力情况。

(1) 组织基本情况调查内容如下。

第一，组织总体情况，如组织的性质、任务、类型与规模，组织的管理体制、机构设置、主管部门等。

第二，组织经营情况，如组织经营发展目标、经营方针战略，组织对社会提供的产品和服务及其特色等。

第三，组织荣誉情况，如组织的光辉历史、发展史上的重大事件及影响、对社会的贡献、获得的各种奖励与殊荣的情况。

第四，组织文化情况，如组织信念、精神信条、道德规范、文化传统，以及组织的名称和各种识别标志等的文化含义等。

(2) 组织实力情况一般指组织自身的物质基础和技术力量方面的情况，具体应当调查的内容如下。

第一，组织的物质基础，如组织拥有的空间、组织拥有的先进设备和设施的情况、组织拥有的现代办公手段的情况、组织的各种附属设施的情况等。

第二，组织的技术实力，如组织拥有的技术人员的数量和知识构成情况、组织拥有的科研器材和实验手段情况、组织技术和领先程度等。

第三，组织的财务实力，如组织的固定资产总额、流动资金总额、人均利润率等。

第四，组织成员的待遇，如组织成员的工资水平、奖金数额、津贴标准、住房面积、劳动保护情况等。

2. 公众意见情况调查

组织开展公共关系形象调查，必须着重收集公众对组织的评价性信息。公众意见情况一般可以用知名度和美誉度两项指标来衡量。

(1) 知名度可通过以下调查来判断：着重调查社会公众是否知道本组织的名称、标记、产品种类或服务内容，是否了解本组织的领导人，了解的程度、范围如何，通过什么途径了解本组织情况的，等等。

(2) 美誉度主要通过社会公众对本组织信誉的看法判断，主要包括以下内容：

第一，对组织产品的评价，如公众对产品的内在质量、产品外形、产品价值的评价等。

第二，对组织服务质量的评价，如公众对组织服务项目、服务方式、服务措施、服务水平的评价等。

第三，对组织管理水平的评价，如公众对组织管理机构及其办事效率评价，对组织经营创新和管理革新的评价，对组织管理效益的评价等。

第四，对组织人员素质的评价，如公众对组织领导人、中层管理人员、专业技术人员、一般员工、公共关系人员及特殊人物的评价等。

第五，对组织外向活动的评价，如公众对组织外部宣传活动、社会公益活动的评价等。

3. 传播媒介状况调查

在信息化社会，人们对任何组织或产品的了解不再停留于直接接触阶段，更多地通过传媒宣传对组织以及产品形成印象。所以传播媒介是社会组织与其他公众信息沟通的中介环节，许多社会组织都将与媒体保持良好关系视为公共关系的重要内容。

传播媒介状况调查主要是对大众传播媒介情况进行调查，基本内容和范围有：大众传播媒介的分布情况，如地域分布、行业分布、类型分布、数量分布情况；大众传播媒介的功能和作用情况，如涉及大众传播媒介功能和作用的传播范围、传播内容、传播特色、传播效果、传播者的威信等方面的情况；大众传播媒介所需信息的情况，如一定时期内大众传播媒介的报道中心、新栏目的开辟、编辑和记者需要的内容等方面的现实状况。

4. 社会环境调查

社会环境是指与社会组织生存和发展相关联的外部社会条件的总和，包括宏观社会环境调查、微观市场环境调查。

(1) 宏观社会环境调查。宏观社会环境一般是指由社会组织所处的一个国家或地区的政治、经济、文化等因素构成的宏观社会环境系统。政治环境因素包括对现在和未来一定时期国内外的政治形势、政治制度及方针政策、法规、条例、规章制度等，凡是同组织活动特别是同公共关系有关的政策法规都应纳入政治环境调研的内容，如经济合同法、环境保护法、劳动法、商标法等。经济环境包括国家或地区的经济体制及其政策情况，国家或地区的产业结构、分配结构、交换结构、消费结构、技术结构及其调整变化情况，国家或地区的经济发展情况及相应的战略与策略的情况等；文化环境包括国家或地区的民族特征、文化传统、宗教信仰、教育水平、社会结构、风俗习惯、价值观念、生活方式、社会道德规范与精神文明建设等。

(2) 微观市场环境调查。微观市场环境是指由与社会组织公共关系活动相关联的市场因素组成的社会环境系统，主要内容有：市场需求状况，如市场容量、社会的购买力、居民的消费结构与消费水平、现有的和潜在的购买人数、银行是否贷款支持某类消费等；消费者状况，如消费者的总体销量、消费者的构成情况、消费者的消费欲望与购买动机、消费者的偏好及造成消费者偏好的原因等；市场竞争状况，如市场是否形成竞争态势，竞争对手的生产能力、产品特色、销售政策、服务措施、在消费者中的印象、与中间商和消费者的关系、广告宣传的力度、公关促销的措施等；所属行业的基本情况、所属行业特定组织的情况和所属行业的协作情况等。

知识点五　公共关系形象调查的程序

调查是公共关系活动的实务操作，又是一种社会研究方法。调查作为一种过程，由几个相关的步骤构成。

1. 明确具体的调查目的

对于一个组织来说，要调查的内容很多，但每一项具体的调查都有自己特殊的目的，即为什么要调查，要了解什么，解决什么问题。调查目的明确了，才能减少调查工作的盲目性。确定调查目的时要注意该调查目的应是调查主体最需要解决的主要问题，避免把调查目的定得过高、过宽，或把一些已经了解的问题和稍加整理就可以取得的资料也包括进去，以免分散精力。

2. 确定调查项目

调查目的明确后，将调查项目确定下来。确定调查项目时，需注意调查项目应是调查任务所需而且能取得答案的，项目的表达方式必须明确，使答案具有确定的表达形式，如数字式、是否式或文字式，项目之间应尽量相互联系，资料应相互对照，遵照调查对象的内在逻辑进行选择与安排。

3. 制订调查方案和计划

调查方案是对调查本身的设计，是指导调查进行的依据，应包括调查的目的和意义、调查的内容及要求、调查的对象和范围、调查时间和地点、调查的方法和方式、调查资料的研究和分析方法等内容。调查计划是为了完成设计要求而规定的工作安排，一般包括调查的组织和领导，人员的选择、配备和考核，完成的时间和进度，经费及物资保证等内容，目的是使调查工作能有计划、有秩序地进行，以保证调查方案的实现。

4. 实施调查

此阶段的主要任务是系统地搜集与调查课题相关的资料和数据。搜集的资料分为第一手资料和第二手资料，其中最困难的是对第一手资料的搜集。实施调查时，要根据调查方案所确定的调查方式，选择调查对象，运用各种不同的调查方法，按照调查计划中的时间安排、工作进度和经费预算，有条不紊地进行。

5. 整理、分析调查资料

运用科学的方法，对收集到的调查资料进行鉴别、整理、统计分析，使其完整、适用和条理化，并对分析后的数据进行思维加工，提出合理建议和预测。该阶段是公共关系调查从感性认识到理性认识的飞跃阶段，它不仅能为解答社会组织的公共关系问题提供理论认识和客观依据，而且能为公共关系学理论的发展做出贡献。

6. 提出调查报告

完成了调查资料的整理、分析后，一般还要写调查报告。调查报告是指反映公共关系调查所获得的主要信息成果或初步认识成果的书面报告，是公共关系调查研究的成果。通过调查报告，可以使组织领导者或公共关系部门的负责人全面、概括、直接地了解公关问题的所有情况。调查报告有利于将公共关系调查成果尽快地应用于公共关系科学运作过程之中，求得公共关系科学运作的良好效果。

7. 总结评估

总结评估阶段是公共关系调查的最后阶段，内容主要是评估调查成果的应用价值、学术价值，对整个公共关系调查活动的工作过程和有关情况进行回顾总结。通过总结评估，可以了解本项公共关系调查的完成情况如何，所取得的成果怎样，经验和教训何在。

知识点六　公共关系形象调查的方法

公共关系形象调查的方法是多种多样的，一般常用的方法有文献调查法、访谈法、观察法、问卷调查法和大数据调查法等。

1. 文献调查法

文献调查法是调查人员利用手头可以找到的历年统计资料、档案资料、样本资料乃至报刊等二手资料进行研究、分析的方法。这种方法适合对历史资料和远程区域资料的收集，既可以作为一种独立方法运用，也可以作为其他方法的补充。

2. 访谈法

访谈法是指调查人员直接与调查对象进行交谈，收集有用信息和资料的调查方法。访谈通常是在面对面的场合下进行的，由调查人员接触调查对象，就要调查的问题向调查对象提问，要求调查对象对提出的问题做出回答，并由访谈员将回答内容，交谈时观察到的动作、行为及印象详细记录下来，然后回去进行分析研究。

3. 观察法

观察法是指调查人员在现场通过自己的感官或借助辅助工具观察和记录被调查对象的行为或表现的实地调查方法，可以帮助调查人员获取第一手资料。通过观察收集到的资料更直接、更真实、更生动、更具体，所以往往成为公共关系调查中常用的方法。例如作为商场销售者，了解其他消费者对本企业产品、服务和企业的评价，汽车厂家的公关人员在道路上观察普通顾客汽车购买的情况等。

4. 问卷调查法

问卷调查法是指运用统一设计的问卷通过现场发放或邮寄等方式向被调查者了解情况或征询意见的做法。调查人员依据心理学原理，将精心设计的各种问题全部以询问的形式在问卷中罗列出来，许多问题还给出了多种可能的答案，提供给被调查者进行选择。这种方法有助于被调查者及时、准确地获取调查的内容，领会调查意图，从而提高调查的系统性和准确性。

5. 大数据调查法

大数据调查又可称为大数据分析，基于计算机字节的大数据分析可视为新形式的调查研究。互联网时代，善于获取数据、分析数据、运用数据，应当成为提升管理能力的基本功。被誉为“大数据商业应用第一人”的维克托·迈尔·舍恩伯格给大数据下的与统计调查工作有关的定义是：“大数据指不用随机分析法(抽样调查)这样的捷径，而采用对所有数据进行分析处理的一切方法的集合。”大数据调查要先确定处理数据的目标，再开始数据挖掘。调查人员可以先通过网络爬虫或者历年的数据资料，建立对应的数据挖掘模型，采集、获取大量的原始数据；再通过数据分析软件，对大量的数据进行分析处理，并将结果可视化出来，为管理决策提供参考。

知识点七　调查问卷设计

在公共关系形象调查中，人们常常采用问卷的形式进行资料的收集和整理工作。调查问卷是进行直接调查的重要工具，问卷设计有很强的专业性。一个好的问卷设计就是调查成功的一半。一份良好的问卷，应能较好地达到调查目的，即能将调查目的以询问的方式具体、重点地列举在问卷上，且能正确表达访问者与被访问者的相互关系，促使被访问者的合作，提供正确情报，协助达成调查目的。

1. 调查问卷的结构

调查问卷的结构通常包括四部分：开场白、示范答卷例子、主体和结束语。开场白是对调查目的、意义及有关事项的说明。示范答卷例子由访问员示范一个与访问主题无关的中性例子，将极大地利于双方沟通。调查主体包括调查问题的内容和问题形式。结束语主要是用简短的语言对被调查者的合作表示感谢。

2. 调查问题的类型

调查问题一般有封闭式问题和开放式问题两种类型。

(1) 封闭式问题。这种问题的特点在于限制被调查者的回答，即限于已拟定的备选答案。封闭式问题设计较难而回答容易，便于统计分析，且资料较准确，但答案范围狭窄，往往不全面(不能穷尽各种情况)、不具体(如归入“其他”一项的答案)。

封闭式问题有以下多种形式。

① 二分式问题：把问题简化成是与否两种答案，由答题者勾选。例如：

你会带早餐进教室吗?

□会　　□不会

② 选择式问题：列出多项答案，只选一个或选择多个。例如：

你在学校中发现的环境问题有哪些?

□食物浪费　□践踏草坪　□手扔垃圾　□随地吐痰　□垃圾未分类　□其他

③ 排序顺位式：要求按一定排出先后顺序。例如：

你选购纸尿裤时，认为哪一种条件最重要? 请按重要程度用 1、2、3、4 对答案进行排序。

□好用　□防漏　□经济　□耐久

(2) 开放式问题。开放式问题不列出可供选择的答案，被调查者可自由回答，不受任何限制。开放式问题设计容易回答难，答案过于分散，不易归纳，不利于统计分析，且资料不准确，易产生偏差，但可以让被调查者充分发表意见，从而得到足够全面、具体的答案。

3. 问题设计要求

调查问卷的设计质量会直接影响调查结果，关系到能否得到客观、真实的答案。因此，应严格按照调查目的设计提问，所有项目都是必需的，无关紧要的问题不应列入。此外，还应注意以下方面：

(1) 问题不应过多、过长、过散，以减轻被调查者的负担和调查统计的工作量；

(2) 所提问题力求明确，用词准确简洁，清楚具体，含义明晰单一，应避免词意含混、模棱两可的问题；

(3) 问题避免带有倾向性、暗示性、引导性，保持中立态度，以求真实，以免造成调查的偏差；

(4) 问题难易适当，注意适合被调查者的身份和水平，尽量避免提出一些被调查者难以回答的问题；

(5) 问题排列有逻辑性和顺序性，思路清晰连贯，层次分明，由易到难，由简单到复杂，由浅入深，由近及远，私人问题和易引起对方困扰的问题应最后提出；

(6) 用语亲切自然、有礼貌、有趣味，注意问卷中语言的心理影响和社会影响。

知识点八　调查报告的写作

调查报告是在分析调查资料的基础上撰写而成的书面报告，是调查活动成果的体现。作为整个调查活动的最后环节，调查的全部内容和结果要通过调查报告集中反映出来，其撰写质量直接影响整个调查研究工作的质量。要在准确判断的基础上撰写出优秀的调查报告，首先需要了解调查报告写作的内容与结构。

1. 调查报告的写作内容

较规范的调查报告大体包括以下 4 个方面的内容：

(1) 介绍调查活动的目的或意图；

(2) 叙述和说明调查活动的具体情况，如调查方法、范围、对象等，侧重于调查活动的过程；

(3) 提出有关的政策性建议，并对问题进行分析研究，提出解决问题的方式、方法；

(4) 做出综合归纳，全面总结，以供有关决策机构参考。

2. 调查报告的写作结构

一般来说，调查报告在结构上可分成标题、导言、主体、结尾和附录，其中导言、主体、结尾组成调查报告的正文。

(1) 标题。标题可以反映报告的内容和所调查的问题，有的标题还可以吸引读者的注意，写法可以灵活多样，但应当注意标题要与报告的内容相符，不能为了引起读者的注意而使用超出报告内容的标题。

调查报告的标题一般有单标题和双标题两类。

① 单标题就是只有一个标题，单标题又分公文式和文章式两种类型，公文式标题由“事由+文种”构成，如《××公司公共关系形象调查》。文章式标题可以由作者通过调查得到的观点构成，如《调整公关策略，增加公关投入》；也可以直接用调查对象的名称作为标题，如《××市的城市公共关系形象塑造》；还可以通过提问的语言来引起读者注意，启发人们思考，如《××品牌为什么走不远》。

② 双标题就是两个标题，由正标题和副标题所组成。正标题是标题的核心部分，说明主要事实或态度，可采取提问式或结论式，而副标题一般陈述调查对象和内容，多用陈述式表达，其主要作用是解释和补充说明正题，如《为了造福子孙后代——××公司植树造林公益活动调查报告》。

(2) 导言。导言是调查报告的前言，其作用是简洁、明了地介绍有关调查的情况，或提出全文的引子，为正文写作做好铺垫。通常，导言的写法具体有以下几种。

① 介绍调查情况，即在前言中交代调查的时间、地点、方法、范围、对象、调研数据及其分析等，使读者了解调查工作的历史条件和有关背景。

② 说明调查的目的和意义，有利于读者把握调查报告的主旨和基本精神。

③ 写明调查研究的结论，即先在前言中指出调查研究的结论，然后在调查报告的主体部分中一一论证并加以说明。

④ 提出调查研究的问题。为了吸引读者的注意，或使读者带着问题去阅读、思考、判断，

可以在前言的开头首先提出问题，设下悬念，然后在主体部分展开详细说明。

(3) 正文。正文是调查报告的主体，是对调查得到的事实和有关材料的具体分析，对所做出的分析、判断进行评论，是对调查研究的结果、结论、观点的归纳和总结。调查报告的正文应列出系统、明确的信息，并提出看到的问题和解决的对策。

根据逻辑关系安排材料的不同，调查报告正文的结构可分为横式结构、纵式结构和综合式结构三种类型。

① 横式结构，根据调查现象本身所包含的各种不同性质、不同特征或不同方面分成几个部分，并将这几部分并列排放，分别逐一描述、分析和比较的结构。这种结构又称并列式结构，各部分是相对独立的，但又有机地联系在一起，全面、完整，便于从多个方面、多个角度表达主题。横式结构应注意两点：第一，并列的几个侧面必须共同围绕主题展开，不能有离开主题的部分；第二，各部分虽然相对独立，但必须分清轻重、主次。

② 纵式结构，又称递进式结构，根据事物发展的脉络和人们认识发展的逻辑次序来安排结构，可根据调查现象本身所具有的时间顺序，也可根据某一现象或问题的来龙去脉，使读者了解问题的起因、现状、发展和变化状况。这种结构的优点在于内容集中，由提出问题、分析问题到解决问题，层层深入，逐步推进，清晰明了，具有很强的逻辑性，也有利于读者了解事物发展的全过程。

③ 综合式结构，是横式结构与纵式结构的结合使用，属于较为复杂的结构形式。一是以纵式结构为主，辅以横式结构，纵中有横；二是以横式结构为主，辅以纵式结构，横中有纵。大型的综合性调查报告主体部分常采用这种纵横交错式的结构形式，尤其是一些关系到事物发展过程的调查报告中，往往先按照事物发展的时间顺序分为几个阶段，在每个阶段中又分为几个方面来论述，即以纵式为主，横式为辅，纵中有横的结构形式。这种形式既能层次清晰地将复杂的事物发展叙述表现出来，又能分点分面地议论、分析、总结，从而增加了调查报告的深度和广度。

此外，还可按照内容表达的层次不同，组成不同的框架。分别有："情况—成果—问题—建议"式结构，多用于反映基本情况的调查报告；"成果—具体做法—经验"式结构，多用于介绍经验的调查报告；"问题—原因—意见或建议"式结构，多用于揭露问题的调查报告；"事件过程—事件性质结论—处理意见"式结构，多用于揭示案件是非的调查报告。

(4) 结尾。结尾是正文分析问题和解决问题的必然结果，内容大多是调查者对问题的看法和建议。调查报告的结尾主要有归纳式、补充式、深化式、建议式、激发式等。

(5) 附录。附录是调查报告的附加部分，作为正文的补充。附录也包括一些不便在正文中出现，又必须附带说明的情况、问题，如收集数据资料所使用的调查表、问卷、心理测量表等。

调查的成败及调查结果的实际意义都体现在调查报告上，因此，撰写调查报告时要特别认真、仔细，应注意以下方面：

① 以事实为依据提出问题，如果问题较多，着重提出突出问题，切忌事无巨细、面面俱到；

② 使用大众语汇，避免使用行话和专业术语；

③ 仔细核对全部数据和统计资料，务必使之准确无误；

④ 按照项目的重要性决定其篇幅长短和强调的程度；

⑤ 调查报告排版工整，便于阅读。

三、课堂分析与讨论

(一) 课堂讨论

学校食堂公关形象调查问卷

假设你是学校食堂管理人员，为了改善食堂形象，吸引更多的学生到食堂用餐，你会拟定哪些调查问卷问题?

他人的问卷问题	你的问卷问题

(二) 观点讨论

【观点讨论 15-1】讨论访谈调查法的优点和缺点。

参考观点	你的观点
优点：方便灵活、准确可靠、深入细致 缺点：成本较高、隐私回避、记录困难	

【观点讨论 15-2】讨论公关形象调查与一般市场调查的区别。

参考观点	你的观点
(1) 目的不同。公关形象调查侧重组织形象，而市场调查更注重利益。 (2) 内容不同。公关形象调查主要围绕企业的知名度和美誉度方面存在的问题进行调查，而市场调查主要围绕目标市场的需求及其发展空间进行调查。 (3) 作用不同。公关形象调查对于提升企业的知名度和美誉度具有较大的作用，通过市场调查可以为企业找到更合适的细分市场，有利于开发产品，实现企业利润	

四、任务实训

实训一　制订公关形象调查方案

【实训目的】通过制订公关形象调查方案，加强对公关形象调查的理解，锻炼公关形象调查的策划、组织与安排能力。

【实训步骤】

(1) 4～5 人为一组，全班同学分成若干小组；

(2) 以小组为单位，选择一家公司，了解该公司相关情况；

(3) 以小组为单位，讨论对该公司进行公关形象调查需要准备的相关工作；

(4) 以小组为单位，完成该公司公关形象调查方案；

(5) 每组派代表在全班做总结发言。

【实训要求】团队合作，共同努力。公关形象调查方案结构合理，内容完整，方法可行，语言表述准确、通畅。

【实训评价】

评价指标	自我评价	小组评价	教师评价
参与度			
完整性			
准确性			
成效性			

实训二　设计公关形象调查问卷

【实训目的】通过实训，能针对调查目的把握调查内容，设计科学、合理的调查问卷。

【实训步骤】

(1) 4～5 人为一组，全班同学分成若干小组；

(2) 以小组为单位，延续前一实训项目，为选定的公司设计公关形象调查问卷；

(3) 小组充分讨论，设计调查问卷；

(4) 通过问卷星或其他问卷完整发布该调查问卷；

(5) 提供调查问卷的网络链接。

【实训要求】调查问卷格式规范，内容全面，设计合理，能有效达成调查目的。

【实训评价】

评价指标	自我评价	小组评价	教师评价
参与度			
完整性			
准确性			
成效性			

五、内容小结

任务十五主要介绍了公共关系形象调查的含义、意义、原则、内容、程序和方法等，如图 15-1 所示。

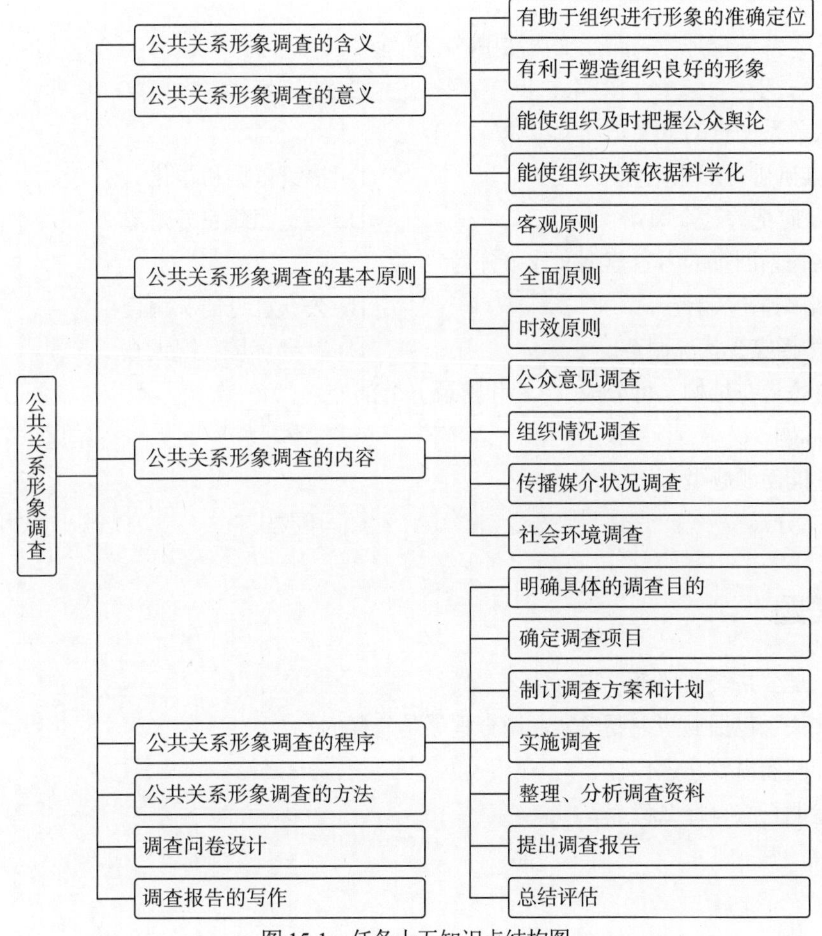

图 15-1　任务十五知识点结构图

六、课后自测

(一) 判断题

1. 公关形象调查是一种简单性活动，其调查结果具有永恒性。 ( )
2. 组织形象的知名度和美誉度信息与产品的知名度和美誉度信息同等重要。 ( )
3. 美誉度的提升比知名度的提升要困难。 ( )
4. 访谈调查法可以面对面与被访者进行交谈，节省了调查时间。 ( )
5. 问卷的主体要写明问卷设计的目的和意义。 ( )
6. 调查报告的结论需要调查者论证研究后才能得出。 ( )

(二) 选择题

1. 公共关系调查是公关四步工作法中的( )。
   A. 第一步　B. 第二步　C. 第三步　D. 第四步
2. 公共关系调查的意义是能使组织( )。
   A. 准确进行形象定位　B. 决策依据科学化
   C. 及时把握公众舆论　D. 塑造组织良好形象
3. 公共关系调查的内容范围大致可分为( )。
   A. 组织情况调查　B. 公众意见情况调查
   C. 传播媒介状况调查　D. 社会环境状况调查
4. 调查报告在结构上可分成( )和附录五个部分。
   A. 标题　B. 导言　C. 主体　D. 结尾
5. 问卷的问题题型有( )。
   A. 二分式　B. 排序式　C. 开放式　D. 封闭式

(三) 简答题

1. 什么是公共关系调查，它有什么意义？
2. 公共关系包括哪些主要内容，调查程序是怎样的？
3. 设计问卷需要注意什么？
4. 问卷调查法有什么特点？

七、课外拓展

1. 了解当地一家中小企业，分析罗列其公共关系调查的基本内容。

2. 以你所在班级为主体，组织部分同学做一次班级形象调查，具体说明班级在学校、同学及老师心目中的印象。

3. 对比网络上的几份公共关系调查问卷，分析其构成，对比其优劣。

任务十六 品牌形象推广活动策划

【任务描述】

以学习小组为单位，选择一家公司，为该公司策划一次品牌形象推广活动，完成活动策划方案的写作，并分析实施该方案的注意事项，对实施效果进行评估。

【目标与成果】

能力目标	知识目标	课程思政
1. 能按照公关策划原则与程序，创意策划品牌形象推广公关活动; 2. 能有效实施公关活动策划方案并进行效果评估	1. 掌握公共关系活动的基本模式; 2. 掌握品牌形象推广活动策划、实施、评估的程序、要求与方法	1. 公关活动模式要求内容健康、形式创新; 2. 公关活动策划与执行要求具有创新能力、踏实努力、团结协作
学习成果	品牌推广活动策划方案	

一、案例导入

案例一 “戴帽果汁”来中国

红遍欧洲的“戴帽果汁”来中国了

2020 年，英国果汁品牌 innocent 开始在中国售卖，首发于江浙沪的盒马鲜生、超级物种、G-Super 绿地优选等高档超市，未来将逐渐布局全国多个城市。这个成立于 1999 年的果汁品牌，凭借其瓶身的可爱编织帽，近几年可谓火遍外网。但是，这个“果汁界萌宠”的大火，难道真的仅仅因为它可爱爆表的颜值?

一个重要原因是，给果汁瓶戴上帽子让商业变得有趣。

现在，越来越多的饮品品牌都开始在瓶身上大做文章，试图吸引消费者的注意力，例如农夫山泉的故宫瓶、诗歌瓶，三得利的猫咪瓶盖以及 innocent 果汁瓶上的小帽子。

说到 innocent 的小帽子，有趣、招人喜爱的同时其背后又包含着浓浓的善意，令人动容。

innocent 与小帽子的故事起源于 2003 年的一个冬天，在英国，冬天寒冷又漫长，innocent 发现，不少老人因为缺少足够的衣物和食物而染上疾病甚至不幸去世。于是，innocent 觉得应该为这些老人尽一份责任，便找到了专门为老人服务的慈善机构 Age UK，举办“the innocent Big Knit 天真大爱小帽”活动，所有毛线帽都由受助的老人与志愿者们手工编织而成，每卖出一个，innocent 便会向 Age UK 捐助 0.25 英镑，用于帮助老人们。

随着活动影响力的扩大，众多英国名人也被这份爱心所感染，加入了编织帽子的大军，包括设计大师保罗·史密斯、知名演员史蒂夫·弗莱等。

17 年来，innocent 一共收到了 900 万顶小帽子，募集了超过 2200 万英镑善款。可以说，每一个购买“戴帽子”果汁的人，都在用行动让这个世界变得更好。

小帽子已经成为 innocent 品牌的一项隐形资产，成为品牌文化基因中的一部分。

而且，innocent 来到中国之后，其产品依旧戴着小帽子，品牌依旧上线了“大爱小帽”活动，并在微博上发布了“帽子征集令”，鼓励更多人参与帽子编织活动，献出一份爱心。不同的是，innocent 将募集到的善款捐赠给中国贫困地区的孩子，帮助他们改善生活，让他们健康成长。

(资料来源：https://www.sohu.com/a/443406411_120807251)

思考：innocent 品牌推广活动有哪些值得大家学习的方面？

案例二　长城汽车营销传播

长城汽车 30 周年品牌营销传播获大奖

在长城汽车三十而立的特殊时刻，人们都在期待长城汽车会举办一场怎样的“生日盛宴”，没想到打头阵的是一则自我拷问的视频短片，主题更是有点“吓人”——长城汽车挺得过明年吗？在业内吸引了广泛关注。

在这个 30 周年庆的特别电影中，长城汽车选择了用这样一句自省引发行业共鸣——“长城汽车挺得过明年吗？”影片中，“挺过明年”“命悬一线”这样带有强烈危机意识的词语表达出长城汽车对品牌当下的反思和对中国汽车行业的思辨。

紧接着，7 月 16 日，长城汽车董事长魏建军发布公开信《致长城汽车伙伴们的一封信：长城汽车如何挺过明年》，瞬时间将业内的危机和自省推向了另一个高潮。

在这封信中，魏建军解答了长城汽车如何“挺过明年”的方法论，魏建军在信中坦言，“面对全球化大背景下，数字化、智能化的波涛汹涌，我们必须进行一次‘脱胎换骨’式的改变，必须完成从‘中国汽车制造企业向全球化出行科技公司’的蜕变，唯有如此，唯有一次彻彻底底的自我革命，我们才有更多可能在未来更加残酷的竞争中走得更远。”

具体如何做，魏建军也非常清晰地给出了具体答案，从机制创新到组织、文化基础层，从品牌、商企、研发的打通到企业作战单元的打通，魏建军为长城汽车规划了一系列由内而外，切实可行的自我变革措施。

这一系列营销也让业界看到了一家企业掌门人的企业家思维和格局，不仅引发了众汽车品牌对自身的思考，更引起了业内的深刻共鸣。长城汽车凭借真挚的内容、自省的态度，不仅赢得了社会大众的好评，增加了消费者的好感，更展现了一个正在积极变革的全新长城。

(资料来源：https://new.qq.com/omn/20200729/20200729A093HA00.html?pc)

思考：此前一向给人不擅品牌营销印象的长城汽车，为何能迅速在营销上做出“花样”？

二、相关知识

知识点一 公共关系活动模式

公共关系活动模式是具有特定公共关系功能的工作方法系统，由一定的公共关系目标和任务，以及相应的若干技巧和方法所构成。国内外的公共关系专家对各类社会组织开展的公共关系活动进行分析和研究后，归纳出了一系列的模式，这些模式为组织解决公关问题提供了可供选择的各类方法和途径，对公共关系活动的开展具有指导作用，也能使公关效果更加完善。

常见的公共关系活动模式有战略型和战术型两大类型。

1. 战略型公共关系活动模式

根据组织所处的发展阶段、公关环境和公关目标的不同，采用不同的公关战略。

(1) 建设型公共关系活动，是指社会组织为开创新局面而在公共关系方面所做的努力，也称开拓型公共关系活动。它适用于组织的开创时期以及推出新产品、新服务项目的时期，是组织拓展公众领域，为组织形象塑造或品牌成功打基础的公关模式，包括开业庆典、剪彩活动、开业广告、开业酬宾、展销会、新产品发布会、社会赞助活动等，通过宣传和交际等高姿态公关活动精彩亮相，提高知名度，树立品牌形象。

(2) 维系型公共关系活动，是指社会组织在稳定发展阶段用来巩固良好形象的公共关系活动模式，适用于组织机构稳定、顺利发展时期。它通过采取中低姿态，用渐进的、持续不断的方式向目标公众传递信息，施加影响，使组织的良好印象逐步形成并始终保留在公众的记忆中，这种经过长期形成的观念，一旦发挥效能是不会轻易改变的。维系型公共关系活动具体可分为“硬维系”活动和“软维系”活动，前者维系目的公开、明确，如实行会员制、折扣活动、提醒性广告等；后者活动意图与活动形式比较超脱、隐蔽，以低姿态的宣传为主，如寄送贺卡、赠送带有企业标识的礼物等。

(3) 防御型公共关系活动，是指社会组织采取积极防御的方式来维护和保持良好形象的公共关系活动模式，适用于组织出现潜在的公共关系危机的时候。当组织和公众之间出现摩擦苗头时，及时调整政策，采取措施，防患于未然，避免矛盾尖锐化，同时注意防御与引导相结合，始终将组织与公众的关系控制在良性运行的轨道上。

(4) 进攻型公共关系活动，是指社会组织采取主动出击的方式来维护和树立良好形象的公共关系活动模式，适用于组织与环境发生某种冲突、摩擦，而实际条件有利于组织的时候。其特点是抓住一切有利时机，以较高的姿态、较强的频度，采用进攻的方式开展工作，以攻为守，积极地改善环境，维护自身的合法权益和良好形象。

(5) 矫正型公共关系活动，是指社会组织在遇到问题与危机，组织形象受到损害时，为了挽回影响、扭转公众对组织的不良印象或已经出现的不利局面而开展的公共关系活动，适用于组织公共关系严重失调、形象受到严重损害的时候。其特点是及时发现存在的问题或潜伏的危机，通过努力改变或消除这些负面影响，知错就改，转危为安，重塑组织形象。

2. 战术型公共关系活动模式

不同的问题有不同的特点和解决方法，可以根据要解决的具体公关问题，选择不同的公关战术。

(1) 宣传型公共关系活动，是指运用各种大众传播媒介和交流方式进行内外传播，向公众传递组织的信息，争取公众的了解与支持，以树立良好组织形象的公共关系活动，具有目的性强、主导性强、时效性强、传播面广、推广组织形象效果快等特点。宣传型公共关系活动有展销活动、新闻发布会、印发宣传资料、制作视听资料、宣传橱窗、新闻报道、专题采访、经验介绍等。

(2) 交际型公共关系活动，是指在人际交往中联络感情、广结良缘、深化交往层次，建立社会关系网络的公共关系活动，其特点是节奏快、灵活性强、人情味浓。交际型公共关系活动有招待会、座谈会、工作晚餐会、宴会、茶话会、联谊会、会晤、信函往来、开放日活动等。

(3) 服务型公共关系活动，是指一种以提供各种优质服务为主要手段，获得公众信任与好评，树立良好组织形象的公共关系活动，其主要特点就是以实际行动做好工作，为公众提供实实在在的服务。服务型公共关系活动有提供咨询服务、完善服务措施、加强售后服务，以及提供消费教育、消费指导、优质服务、最佳服务等。

(4) 社会型公共关系活动，是指组织通过举办各种社会性、公益性、赞助性活动，扩大组织的社会影响，塑造组织注重文化、乐善好施形象的公共关系活动模式，其主要特点是公益性、文化性和有影响力。社会型公共关系活动有组织节日庆祝活动、赞助社会福利事业、开展慈善捐赠活动、举办或参加公益性文化艺术活动等。

(5) 征询型公共关系活动，是指通过舆论调查、信息采集、民意测验等办法采集与分析研究信息，为组织经营管理决策提供参考意见的公共关系活动。这类活动可以由组织自身组织开展，也可以请专门的咨询公司或机构来进行，具有长期性、复杂性和艰巨性的特点。征询型公共关系活动有公关调查、民意测验、征集意见、征集方案、市场综合分析等。

了解公共关系活动模式是公关活动策划的基础，策划人员应根据组织面对的问题、所处的发展阶段、具备的条件等各种实际情况策划相应的公关活动。

知识点二　品牌形象推广活动及策划程序

1. 品牌形象推广活动

品牌形象推广活动是指组织为了塑造好的品牌形象而进行的营销传播和公关运作。公共关系的主要目的是塑造与维护组织形象，大部分公关活动都是对组织品牌形象的推广，提升公众对组织品牌的认知度和美誉度。在公共关系活动类型中，品牌形象推广战略上主要体现为极具主动性的建设型公关，而在具体战术上，各种战术型公关活动均可采用。

2. 品牌形象推广活动的策划程序

(1) 确立活动目标。公关活动目标是指公关活动所要达到的理想境地和标准。品牌形象推广活动都有共同的大目标，即提升组织认知度和美誉度，而具体活动策划中的目标则应进一步具体化，明确组织在当前环境、条件下必须达到的实际结果，如“促使公众对本品牌的改观，提升公众对本品牌的认同，使 75%的消费者公众认为本品牌已经属于一个具有流行与时尚元素的品牌”。同时活动目标还应该尽量是可评估、衡量的，而且是根据实际情况可以在一定时间内实现的。

(2) 分析目标公众。明确活动目标后，必须分析哪些公众是这次形象推广活动必须关注、交流和影响的目标公众。可以先划定公众范围，然后将有关公众按与组织关系的密切程度、影响的大小、相关事情的缓急程度等因素进行排序，选出最为重要的部分作为目标公众。确定公众之后，还应分析他们的基本权利、特殊要求、观念和行为特点。以尊重公众的权利需求为出发点进行活动策划，是组织形象塑造的基础。

(3) 设计活动主题。活动主题指形象推广活动所要表现的中心思想。能否提炼出一个统一、鲜明的活动主题，主题能否吸引公众、抓住人心，是活动策划成败的重要标志。表现公关活动主题的形式多种多样，可以概括为一个口号，也可以是一句陈述或表白。主题需要有创意，需要体现活动宗旨，与活动目标保持一致，需要讲究个性的突出，富于特色，注重公众的接纳、认同心理，还要高度凝练、朗朗上口、便于记忆与传播。

(4) 策划活动内容。首先需要根据活动目标与主题找到富有创意的活动形式。宣传型公共关系活动模式中的庆典活动、交际型公共关系活动中的招待会、服务型公共关系活动中的最佳服务活动、社会型公共关系活动中的赞助活动和有新意的文化活动等，都是比较好的品牌形象推广活动形式。确定好活动类型后，按照一定的逻辑顺序，将活动流程表现出来，时间、地点和责任人也需要一并落实与安排清楚。

(5) 选择传播媒介。形象推广活动策划者必须熟知各种媒介，了解不同媒介的优缺点，根据公众的媒介偏好选择媒介，并善于通过巧妙组合的方式，达到优势互补、交相辉映的整合性传播效果。策划者需要思考清楚整个推广活动主要由哪几个传播活动组成，每一个传播活动的特色是什么？各采用什么传播方式？如何控制好节奏交错进行？每个传播活动以及整个传播的理想效果、整体效果是什么？做好媒体传播是形象推广活动策划的关键一步。

(6) 编制活动预算。经费预算既可给实施者带来事前心中有数的方便，也使决策者认可策划方案成为可能。形象推广活动的经费开支主要包括日常行政经费、器材设施费、劳务报酬经费及具体公共关系活动项目开支经费，如宣传广告费、调查活动费、人员培训费、场地租用费、赞助费、接待费等。另外。还应考虑一般占总费用 20%的机动费用，以防意外突发事变。

(7) 审定活动方案。品牌形象推广方案提出后，要经过可行性论证和审定才能正式确定下来。需要在目的性、可行性和降低耗费等方面对方案进行优化，在此基础上由有关领导、专家对活动目标、限制性因素、潜在问题进行分析，对预期结果进行综合效益评价论证，最后形成书面报告，交决策层审核批准，再予以实施。

知识点三　公共关系活动实施

公共关系活动实施是对公共关系创意策划进行策略设计并进行实际操作与管理的过程。公共关系活动解决公关问题，决定了公共关系目标的实现程度。不经过实施的公共关系活动策划无异于空中楼阁。一个好的公共关系策划方案可能因无效的实施而无法达到预期的效果，而一个有着欠缺的公共关系方案也可能因为有效的实施最终得到完善。

1. 公共关系活动实施原则

(1) 准备充分原则。准备越充分，公共关系实施就越顺利，失误就越小，绝不能打无准备之仗。要将各项准备工作落实到具体的人，并负责到底。

(2) 目标导向原则。必须保证公共关系计划的实施活动不偏离目标。要不断将实施结果与目标要求相对照，发现差距，及时努力，务必实现目标。

(3) 控制进度原则。按照一定的程序，根据计划中各项工作实施进度的要求，掌握进展速度，及时发现超前或滞后的情况，搞好协调和调度，使各项工作有序进行。

(4) 整体协调原则。要使所涉及的方方面面达到和谐、合理、配合、互补和统一的状态，即使发生矛盾，也能及时加以解决。整个实施部门统一意志、统一指挥、统一行动，提高工作效率，减少或杜绝各方面的浪费。

(5) 反馈调整原则。要将实施结果与原定目标进行比较以影响、调整下一步公共关系活动计划的制订与实施。

(6) 选择时机原则。应对时机进行精心选择和安排。要注意避开或利用重大节日，注意避开或利用国内外重大事件，还应注意不应在同一时间内同时进行两项公共关系活动，以免影响效果。

2. 公共关系活动实施要求

(1) 做好公共关系活动实施前的准备工作。实施前的准备工作通常包括组织机构、人员和经费的落实，工作人员的培训和分工，所需物品和材料的准备，与媒体的联系与沟通，活动现场的布置及活动前准备等，还可以对公关活动进行预演和展示，以确保活动实施的成功。

(2) 做好公共关系活动实施的动态调整。外部环境的变化或内部环境的变化、原方案中的疏漏等，都可能引起原策划方案与现实不符合，需要对原方案进行调整、修改，以保证在较合理的情况下，顺利完成规定的任务。因此，需要做好实施过程中的监控和动态调整。

(3) 做好公共关系活动实施的过程管理。公共关系处于动态的环境之中，一套完备的策划方案很容易在面对种种意外时偏离计划轨道。所以，公共关系的实施需要严格而有效的过程管理，如保证领导的指挥权，实行科学的管理方法，建立相宜的控制标准和反馈机制，提高执行力，提升团队精神，及时排除遇到的目标障碍、传播沟通障碍及突发事件障碍等，这样才能使公共关系活动顺利进行，达到公共关系活动预期目标。

知识点四　公共关系活动评估

公共关系活动评估是公关工作的最后一个阶段，即依据科学的标准和方法，对公共关系计划的实施情况进行总结、分析，找出经验和教训，提出借鉴性、修正性意见，有利于强化组织与员工的公关意识，改进公共关系工作，提高公共关系水平。

1. 公共关系活动评估原则

(1) 定量分析与定性分析相结合。定量分析是从数据事实方面分析公共关系活动效果，如写了多少篇公关文章，发到了多少家媒体，现场来了多少人，有多少条评论转发点赞等。定性分析则是从价值评判方面评估活动效果，如关键信息提炼是否准确、表达是否到位和新颖、媒体是否有效覆盖目标受众、参加活动的人是否匹配传播目的、活动创意有多高、公众态度及改变情况、推广工作的顺利与否等。合理的评估需要定量分析与定性分析相结合。

(2) 长远效益与近期效益相结合。公共关系活动的实际效果不可能在短时间内全部得到体现，这是公共关系活动效益的特殊性。有些活动近期效益明显，但缺乏长远效益；有些活动虽然没有近期效益，但长远效益明显，能够为社会组织的未来发展创造有利条件。只有既考察近期效益，又考察长远效益，评估的结论才能做到科学、公正。

(3) 标准性与变化性相统一。一方面要有标准化的考评内容和考评项目，另一方面也要根据特定的公共关系活动，适当变通其部分测评项目，以保证评估结论的科学性。

(4) 局部评估与整体评估相结合。首先要评估整体的效果，没有整体，局部再美也是枉然；其次也要看局部，整体是每一个局部拼接而成的。公共关系活动策划方案中的每一项做得很出色，才有可能带来整体的传播效果。

2. 公共关系活动效果评估的标准

(1) 准备过程的评估标准。准备过程的评估应评估总体目标是否明确、现场布置是否得当、人员分工是否能保证各就各位、背景材料是否充分、信息内容是否正确与充实、信息的表现形式是否恰当与新颖等。

(2) 实施过程的评估标准。实施过程的评估标准主要包括主题是否在实施过程中体现、措施是否得力、方法是否有效、过程是否完整、现场分工协作及突发状况的应变能力情况、实施过程中参与活动的传播媒介与公众的数量、质量等。

(3) 实施效果的评估标准。实施效果的评估标准主要包括活动主题与活动目标呈现效果、传播信息的数量与质量、关注及接受信息内容的公众数量、改变态度与发生期望行为的公众数量、达到的目标与解决的问题、对社会经济和文化发展产生的影响、组织的美誉度是否有提高等。

(4) 实施人员的评估标准。对公关人员和工作绩效的评估标准一般结合不同岗位职责、任职资格和绩效要求来确定，主要包括计划管理能力、工作态度、责任心、形象力、专业度、执行力、沟通合作能力、应变反应能力、学习成长力、创新力及工作业绩的贡献度等。

3. 公共关系活动效果评估的方法

常用的公共关系效果评估方法有内部总结法、民意测验法、专家评估法、访问面谈法、媒介测定法、实验法、指标分析法等。其中实验法是利用公共关系活动实施过程中存在的相互关系，通过调节某一变量因素来评估另一因素变化的方法，可将公关实施活动分为实验组和非实验组，然后在两组之间进行对比。指标分析法是通过对知名度、美誉度、信任度、注意率和熟知率的变化率等几个常用公共关系评估指标的调查和分析来考察公共关系活动效果的方法。计算方法如下：

$$\text{知名度的变化率}=\frac{\text{活动后组织的知名度}-\text{活动前组织的知名度}}{\text{活动前组织的知名度}}\times 100\%$$

其中：$\text{知名度}=\frac{\text{知晓组织的人数}}{\text{被调查者总人数}}\times 100\%$

$$\text{美誉度的变化率}=\frac{\text{活动后组织的美誉度}-\text{活动前组织的美誉度}}{\text{活动前组织的美誉度}}\times 100\%$$

其中：$\text{美誉度}=\frac{\text{赞誉组织的人数}}{\text{被调查者知晓组织的人数}}\times 100\%$

$$\text{信任度的变化率}=\frac{\text{活动后组织的信任度}-\text{活动前组织的信任度}}{\text{活动前组织的信任度}}\times 100\%$$

其中：$\text{信任度}=\frac{\text{信任组织的人数}}{\text{被调查者知晓组织的人数}}\times 100\%$

$$\text{注意率}=\frac{\text{被调查者中看过组织信息的人数}}{\text{被调查者总人数}}\times 100\%$$

4. 公共关系活动评估报告的编写

公共关系评估报告是提供给组织的一种正式的公正性文本，通过文字、图表或相应的其他形式来体现公共关系工作的成绩、经验、教训、建议等评估工作成果，具有业务性强、理论性强、经验性强等特点。公共关系评估报告的撰写，除了要遵循科学、公平、真实等原则外，还要符合针对性、完整性、及时性、客观性、独立性等原则。一份公共关系评估报告应体现以下内容。

(1) 评估的目的：为什么要进行公共关系评估，通过评估解决什么问题等。

(2) 评估的范围：明确公共关系评估的范围，突出重点，利于评估结果的使用，否则会出现重点不突出、对象不明确等问题。

(3) 评估的标准和方法：说明评估的标准或具有可测量的具体化的目标体系，以及评估过程所采用的方法。

(4) 评估过程：简要说明评估过程是怎么进行的，分哪些阶段。

(5) 评估对象的基本情况：必须明确评估对象的基本情况，包括活动或项目的名称、开展时间、实施的情况与特点等。

(6) 评估内容的分析与结论：写明被评估的公共关系活动、工作或项目的内容，对运行与执行情况及效果、效益进行分析，进而得出客观、公正的结论。

(7) 存在问题及建议：这是撰写分析报告的主要目的，要根据所掌握的材料，有针对性地提出问题，并提出建设性意见。

(8) 附件：主要包括文中需要用来说明问题的附表、附图、附文等。

(9) 评估人员名单与评估时间。

三、课堂分析与讨论

（一）案例分析

东风风行以用户为中心开展主题活动

前不久，东风风行打造了一场“菱智之星车主盛典”活动。活动现场，东风风行不仅利用搜集到的车主笑脸素材打造了一面“百万车主笑脸墙”，用笑容开启盛典之路，还邀请了不少车主到现场分享自己的故事，从第一视角为现场观众还原故事内容。活动现场还播放了一位车主妻子的告白视频，致敬车主为美好生活的付出，车主眼含热泪的画面，一度将现场氛围推向高潮。

这些走心环节的设计，不仅强化了活动现场的氛围，让其更具感染力，也展现了东风风行以用户为中心的品牌特质。

(资料来源：https://baijiahao.baidu.com/s?id=1682332320200473336&wfr=spider&for=pc)

分析：东风风行举办这场活动的创新意义在哪里？试想策划、实施这样一场活动需要做哪些准备工作？可以从哪些方面进行评估？

参考分析	你的分析
创新意义：东风风行以品牌的百万车主为核心，打破常规的创意形式，力求让每一位用户都能直观感受到品牌带来的尊贵服务体验，由此不仅赋予了活动温度，拉近了品牌与用户的距离，也让用户看到了品牌自身实力，以此持续获得用户的好感与信赖	

（二）观点讨论

【观点讨论 16-1】 活动现场布置要注意什么？

参考观点	你的观点
(1) 整体应凸显活动主题，并与组织文化形象相符。 (2) 现场布置体现隆重、别致、新颖、整洁，保持视觉上和摄影摄像的良好艺术效果，能使人受	

(续表)

参考观点	你的观点
到感染并留下深刻印象。 (3) 氛围和谐、平等、融洽，便于交往，轻松舒适，不使人感到拘束、压抑和沉闷。 (4) 各种设备要件准备到位，做好安装、调试工作，确保万无一失。 (5) 认真考虑相关的公共关系礼仪要求，工作人员各就各位，专业有素，热情真诚	

【**观点讨论 16-2**】如何提高组织的执行力？

参考观点	你的观点
执行力是部门和个人理解、贯彻、落实、执行决策的能力。 (1) 领导以身作则，尊重制度，严格执行； (2) 日事日毕，日清日高； (3) 明确目标，层层分解，落实到人； (4) 建立畅通的工作沟通渠道，加强对过程的严格监控； (5) 建立完善的员工培训体系和激励与约束机制	

四、任务实训

实训一　某公司开业典礼活动

【实训目的】掌握开业典礼筹备方式、议程安排及庆典的规范服务，能创意策划庆典活动，通过庆典活动实现品牌推广。

【实训步骤】

(1) 4～5 人为一组，全班同学分成若干小组；

(2) 以小组为单位，讨论开业庆典活动的准备工作；

(3) 头脑风暴确定开业庆典活动的具体内容；

(4) 讨论开业庆典活动的仪式和程序，完成活动方案提纲；

(5) 每组派代表在全班做总结发言。

【实训要求】有具体的活动方案提纲，活动安排合理，富有创新性，能提升品牌的知名度、美誉度和影响力。发言者思路清晰，表达清楚。

【实训评价】

评价指标	自我评价	小组评价	教师评价
参与度			
完整性			
准确性			
成效性			

实训二　品牌营销活动策划

【实训目的】锻炼品牌营销策划能力，能创意策划品牌营销活动，提升品牌影响力。

【实训步骤】

(1) 4～6 人为一组，全班同学分成若干小组；

(2) 为本地某品牌策划一次营销推广活动；

(3) 通过网络与实地调研，对该品牌进行全面了解；

(4) 小组内头脑风暴，形成品牌营销创意；

(5) 完成品牌营销活动策划方案。

【实训要求】全员参与，活动有创意，符合品牌文化，能体现品牌精神。策划方案结构合理，表述准确，可行性强，能产生较好的传播效果。

【实训评价】

评价指标	自我评价	小组评价	教师评价
参与度			
完整性			
准确性			
成效性			

五、内容小结

任务十六主要介绍了公共关系活动模式以及品牌推广活动策划、实施与评估等，如图 16-1 所示。

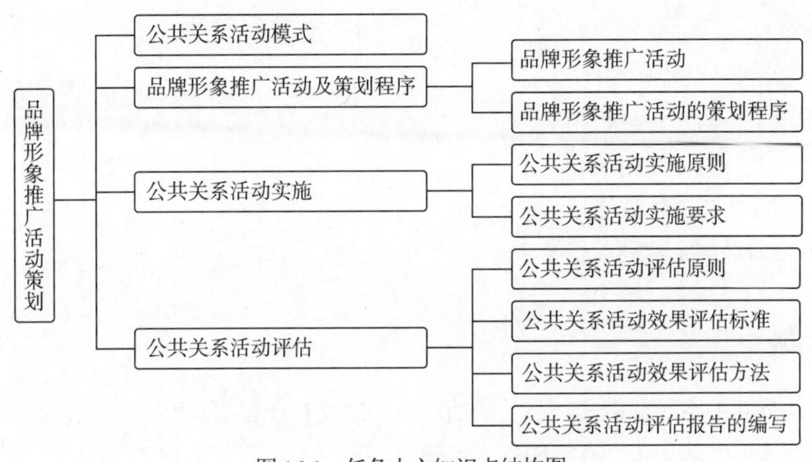

图 16-1　任务十六知识点结构图

六、课后自测

(一) 判断题

1. 维系型公共关系活动具体可分为“硬维系”活动和“软维系”活动，“软维系”活动的目的比较公开、明确。 (　　)
2. 社会型公共关系活动的主要特点是公益性、文化性和有影响力。 (　　)
3. 活动目标应该是可评估衡量的，而且是高远的、难以实现的。 (　　)
4. 活动方案提出后，要经过可行性论证和审定才能正式确定下来。 (　　)
5. 一个有欠缺的公共关系方案可能因为有效的实施最终得到完善。 (　　)
6. 公共关系活动评估可以增强公关人员的公关意识，提高工作信心。 (　　)

(二) 选择题

1. 以下属于宣传型公共关系活动模式的活动项目有(　　)。
   A. 新闻发布会　　B. 专题采访
   C. 民意测验　　D. 展销活动
2. 战术型公共关系活动包括(　　)。
   A. 宣传型　　B. 征询型
   C. 防御型　　D. 服务型
3. 公共关系活动实施原则不包括(　　)。
   A. 目标导向原则　　B. 整体协调原则
   C. 准备充分原则　　D. 多项并进原则
4. 交际型公共关系活动的特点是(　　)。
   A. 传播面广　　B. 人情味浓

C. 灵活性强　　　　　　　　　　　　　　D. 节奏快

5. 公共关系的评估原则是(　　)。
   A. 定量分析与定性分析相结合
   B. 标准性与变化性相统一
   C. 局部评估与整体评估相结合
   D. 社会效益与企业利益相结合

(三) 简答题

1. 什么是公共关系活动模式？公关活动模式的确立有什么意义？
2. 品牌形象推广活动策划有哪些基本步骤？
3. 如何做好公共关系活动实施的过程管理？
4. 公关活动经费一般包括哪些主要支出项目？

七、课外拓展

(一) 拓展阅读

策略综合评估检核表

策略综合评估检核表是一种测评判断公共关系策划方案合理程度的评价方法，其主要内容如下。

(1) 针对性——目标公众，尤其是关键公众确定是否清晰、准确？所策划的策略是否符合公共关系活动目标要求或是否有利于促进公共关系活动目标的实现？

(2) 区隔化——该策略是否把市场细化？

(3) 可行性——策略成功实施的资源与条件保证及实现目标、赢得竞争的可能。

(4) 定位状况——定位是否清晰？是否具有优势？

(5) 竞争优势——是否存在持续性的竞争优势？差异化卖点是否可以赢得特殊地位？

(6) 引导策略——对公众的心理、需求、行为过程及特征分析是否清晰，是否采用多步引导策略？

(7) 采用工具——打算采用的各类传播工具的种类和范围及其合理性。

(8) 时间计划——选择实施时机的合理性及具体实施时间表。

(9) 整合水平——是否很好地整合所有的信息、传播工具和各种资源？

(10) 环境分析——政治、经济、文化等因素属于全球因素还是地方因素？是否充分利用环境因素等。

以上内容可以根据组织自身具体项目的实际需要进行修订或增删。根据每个策划方案在每一项内容上的表现为其打分或排序，通过打分选择最佳策划方案。

(二) 课外实践

1. 你所在的学校最近有无举办过庆典活动或校园文化品牌推广活动，试用所学内容分析该活动的成功与不足。

2. 组织参观考察当地的一次大型公关专题活动，并对活动的策划及实施效果予以评析。

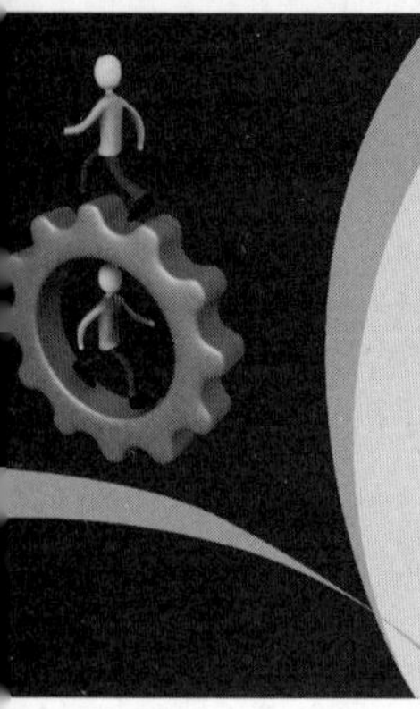

任务十七　新闻发布会

【任务描述】

1. 为某公司策划一场新闻发布会。
2. 以小组为单位拍摄或现场展示一场新闻发布会。

【目标与成果】

能力目标	知识目标	课程思政
1. 能为公司策划新闻发布会方案; 2. 能按照策划流程执行新闻发布会	1. 掌握新闻发布会的含义、特征、准备工作; 2. 了解新闻发布会策划流程与要求	1. 新闻发布会应确保新闻的真实性、准确性和时效性; 2. 明确新闻发布会策划应严谨、精益求精
学习成果	1. 某公司新闻发布会方案; 2. 新闻发布会模拟视频	

一、案例导入

案例一　与众不同的发布会

杭州国际健康生活节新闻发布会玩出健康新花样

中国首个关注都市中青年人健康生活方式的城市嘉年华 O！Health Lifestyle Festival 杭州国际健康生活节举行了一场与众不同的新闻发布会。

不同于常规印象，主办方将发布会以会展的形式表现出来，现场不仅可以参观袖珍展位，还有一场城市青年健康分享会，吸引了不少大健康行业的关键意见领袖到场。全场融合海洋、游轮、船长等主题元素，与现场不同行业的健康观察家共同起航。

发布会上，主持人介绍了当年的杭州国际健康生活节将于 5 月 17 日至 19 日在杭州白马湖国际会展中心举行，在前一年展览的基础上全新升级，不仅将体育部分安排在 C 位，更是将体育运动无界化，将体育场景融合在会展的各个角落。

在分享会上，策展人季丽君表示运动是健康生活比较重要的部分，希望运动在楼下、街边，在每个人身边触手可及的场所，融于每个人的生活。与去年不少参展人表示运动元素较少的情况相比，季丽君说：“在运动部分，我们会结合一些户外跑步活动、室内表演与赛事，让现场一起动起来。”

健康 IP 丁香医生主编董洋也来到现场分享了以“当今青年健康观念&健康辟谣 101”为主题的演讲。

据丁香医生数据统计，当下 70%的消费者认为品味生活是以健康为主，同时它们超过 45%的粉丝的年龄为 21～30 岁，这个数据可以直观地看出随着城市建设和经济的不断发展，现代人在生活品质提升的同时，越来越关注健康的生活方式。健康不仅是对疾病的治疗，还是全生命周期的生活习惯，让关注健康变为一种有趣、时尚、超有范儿的生活方式，这也是国际健康生活节一直不懈的追求。

这场有信息、有内容、有深度的发布会无疑是在为城市青年健康发声，为健康生活带来全新内容。

(资料来源：http://www.yidianzixun.com/article/0L1fY3Pz)

思考：这场新闻发布会有何与众不同之处？

案例二 火上浇油的发布会

H 酒店回应女子遭袭事件新闻发布会

网友@弯弯_2016 于 4 月 3 日在北京 798 附近的 H 酒店被陌生男子拖拽劫持，险被其强行掳走。4 月 6 日下午 3 点 45 分左右，H 酒店终于对此事做出回应，整个过程非常简短，也并未给予记者提问的机会，说明会的时间只有 5 分钟，远没有记者等待的时间长。

H 酒店方面回应称：通过对各方面情况核查，酒店在事件处理中存在安保管理、顾客服务不到位，酒店服务人员对顾客关注度存在缺失，代表酒店向当事者及公众道歉。H 酒店集团将对该酒店整改，追究管理人员责任，加强全国酒店出入人员核查，各酒店以此为戒，全力提供安全、舒适的环境。“郑重向弯弯女士道歉，将责无旁贷进行整改，避免和杜绝所有安全类问题的发生。积极地协助政府的相关部门处理相关事件。”在做出短暂回应之后，H 酒店发言人便以稍等为借口离开现场。

(资料来源：http://www.mnw.cn/news/shehui/1143480.html)

思考：H 酒店的新闻发布会为什么不仅没有达到应有的效果，反而在炽热的舆论上火上浇油，进一步引起社会不满？

二、相关知识

知识点一 新闻发布会的含义与特征

1. 新闻发布会的含义

新闻发布会是社会组织为公布重大新闻或解释重大事件、重要方针政策而邀请媒体记者参加的一种公共关系专题活动，是一种定期、不定期或临时举办的信息和新闻发布活动，直接向新闻界发布组织信息，达到令众人关注的目的。对企业而言，新闻发布会是协调与新闻媒介之间的相互关系的一种最重要的手段，是塑造企业形象、打造企业品牌文化的一种途径。

新闻发布会通常有正规的形式，符合一定的规格，根据发布会所发布的内容精心选择召开的时间和地点，并且邀请记者、新闻界人士、行业部门主管、各协作单位代表及政府官员参加。这样就实现了时间集中、人员集中、媒体集中，通过报刊、电视、广播、网站等大众传播手段的集中发布，迅速将信息扩散给公众，帮助企业树立良好形象。

2. 新闻发布会的特征

举行新闻发布会必须有恰当的新闻由头，也就是发布的内容应具有新闻价值。举办新闻发布会的目的是迅速、及时地把组织的重要信息传播给社会公众。新闻发布会具有以下特点。

(1) 正规性。形式正规，程序严谨，时间和空间精心安排，规格较高，相对比较隆重。

(2) 针对性。邀请对象主要是新闻界人士及其他重要嘉宾，主题亦比较集中，针对性较强。

(3) 互动性。双向互动，先发布新闻，后请记者根据自己感兴趣的方面提问并予以回答。双方信息交流较为充分。

(4) 优越性。发布的信息由报刊、电视、广播、网站等媒体在集中的时间段集中发布，能迅速扩散到公众，传播效果更为深广，比其他形式优越。

新闻发布会、媒体报道、新闻稿发布等都是企业产品推广、市场公关的必备手段，特点对比如表 17-1 所示。

表 17-1 新闻发布会与其他媒体传播的对比

新闻稿发布渠道	花费	媒体范围	操作难度	适用范围及要求
新闻发布会	大	广	大	适用于大型企业、重大事件
代发	小	广	小	产品推广、日常公关、重大事件
自建媒体关系	很小	小	中	需要文案专员、媒介专员，费用小
免费投稿	无	小	大	稿件创意及质量要求高，难以嵌入广告信息
传媒代发	小	广	小	大中小企业均适用，适合进行产品推广，速度快、费用低

知识点二 新闻发布会的准备工作

新闻发布会的准备工作包括主题的确定、标题的明确、时空的选择、人员的安排、与会人员的邀请、资料准备等具体工作。

1. 主题的确定

召开新闻发布会之前，首先确定其主题。新闻发布会的主题是指新闻发布会的中心议题，主要是发布某一消息、说明某一活动或者解释某一事件，一般以组织开业、周年纪念、经营方针改变、新产品发布、遇到重大事故、高级领导层发生变化、组织遭到社会舆论误解或批评等作为新闻发布会主题。另外，主题应集中、单一，不能同时发布几个不相关的信息。

2. 标题的明确

每个新闻发布会都会有一个名字，这个名字会出现在关于新闻发布会的一切表现形式上，包括请柬、会议资料、会场布置、纪念品等。在选择新闻发布会的标题时，一般需要注意以下几点。

(1) 避免使用新闻发布会的字样。我国对新闻发布会是有严格申报、审批程序的，对企业而言，并没有必要如此烦琐，所以直接把发布会的名字定义为“××信息发布会”或“××媒体沟通会”即可。

(2) 最好在发布会的标题中说明发布会的主旨内容，如“某某企业2021新品信息发布会”。

(3) 通常情况下，需要指出会议举办的时间、地点和主办单位，这个可以在发布会主标题下以稍小的字体出现。

(4) 有时，可以为发布会选择一个具有象征意义的标题作为主题，副题说明发布会的内容，主题表现企业想要表达的主要含义，如“海阔天空——五星电器收购青岛雅泰信息发布会”。

3. 时空的选择

时空指的是新闻发布会时间和地点的选择。一般而言，新闻发布会整场时间通常在上午10点或下午3点，时间控制在1.5小时左右，避开节假日、重大社会活动、其他单位的新闻发布会，避免与新闻界的宣传报道重点撞车或相左。具体时间一般选择事件前一个月或两个月左右，如滑雪节12月5日召开，则10月中旬召开新闻发布会。

地点可以考虑本单位所在地、活动或事件所在地，也可以考虑当地最具有影响力的建筑物、大型中心会场、宾馆多功能厅等。

现场场地背景可以选用主题背景板，内容含主题、会议日期，有的会写上召开城市，颜色、字体注意美观大方，颜色可以以企业形象识别色为基准。会场外可以做一些外围布置，如横幅、竖幅、飘空气球、拱形门等。

新闻发布会的席位摆放一般是主席台和课桌式座位组合摆放。注意确定主席台人员，且需摆放席卡，以方便记者记录发言人姓名。摆放原则是“职位高者靠前靠中，自己人靠边靠后”。

现在很多会议采用主席台只有主持人位和发言席，贵宾坐于主席台下的第一排的方式。一些非正式、讨论性质的会议是圆桌式。

摆放回字形会议桌的发布会现在也出现得较多，发言人坐在中间，两侧及对面摆放新闻记者座席，这样便于沟通，同时也有利于摄影记者拍照。注意席位的预留，一般会在会议室后面准备一些无桌子的座席。

4. 人员的安排

准备新闻发布会时，主办方要做好相关人员的安排。首先选好主持人和发言人，通常主持人为本单位的公关部部长、办公室主任或秘书长；发言人是会议的主角，一般由本单位的主要负责人担任，也可以设专职新闻发言人。

除了主持人和发言人，还要精选一些本单位的员工负责会议现场的礼仪接待，按照惯例一般选择善于交际的、应变能力较强的女性担任。

5. 与会人员的邀请

新闻发布会主要邀请的是新闻界人士，媒体邀请的技巧很重要，既要吸引记者参加，又不能过多透露将要发布的新闻，在选择上要有所侧重，有所针对性。邀请的时间一般以提前3～5天为宜，发布会前一天可做适当的提醒。联系比较多的媒体记者可以采取直接电话邀请的方式。相对不是很熟悉的媒体或发布内容比较严肃、庄重时可以采取书面邀请函的方式。

邀请哪些方面的新闻界人士实际上和新闻媒体有关系，一般新闻媒体分为电视、报纸、广播、杂志、网络等5种。在邀请与会记者时应适当考虑各类新闻媒体的优点和缺点。

根据新闻发布会的内容，邀请新闻界人士时必须有所侧重。组织为了提高本单位的知名度，邀请新闻媒体多多益善；如果是说明某一活动、解释某一事件时，特别是当本组织处于守势时，邀请新闻媒体的面不宜过于宽泛。最好考虑邀请那些影响力大、口碑好、记者相对友善的新闻媒体。

6. 资料准备

提供给媒体的资料，一般以广告手提袋或文件袋的形式，整理妥当，按顺序摆放，再在新闻发布会前发放给新闻媒体，顺序依次为会议议程、新闻通稿、演讲发言稿、发言人的背景资料介绍(应包括头衔、主要经历、取得成就等)、公司宣传册、产品说明资料(如果是关于新产品的新闻发布的话)、有关图片、纪念品(或纪念品领用券)、企业新闻负责人名片(新闻发布后进一步采访、新闻发表后寄达联络)、空白信笺、笔(方便记者记录)。

知识点三　新闻发布会流程

(1) 会前准备就绪。正式发布会前提前一到两个小时，检查一切准备工作是否就绪，将会议议程精确到分钟，并准备好意外情况的补救措施。

(2) 来宾签到、贵宾接待。嘉宾报到后，安排到会议签到席签到，签到完毕发放会议资料和礼品，然后由专人引导嘉宾入场。

(3) 宣布发布会开始。发布会开始时，主持人简要说明召集会议的目的、所要发布的信息。

(4) 发言人讲话。发言人对整体信息进行有条理、有逻辑的全面阐述。注意态度诚恳，简明扼要，信息披露直指核心，维护信息的权威性和可信度。

(5) 回答记者提问。一般由一位主答人负责回答记者提问。如果涉及专业性强的问题，可由专业技术人员辅助回答。对一些恶意刁难或有争议的难点问题，要善于机智应对、诚恳做答；对于不相关的问题，可以礼貌、委婉地拒绝回答。

(6) 接受重点采访。对一些太过复杂的问题，可以先在答问环节简单阐述要点，后面再安排一个重点采访环节进行详细说明、探讨。

(7) 发布会结束。主持人对各位嘉宾朋友的到来再次致谢，安排会后聚餐交流或礼送离开。

知识点四 举办新闻发布会应注意的事项

(1) 注意组织形象。举办新闻发布会是组织向社会公众展示自身实力、提高组织形象的较好时机，工作人员的形象也是展现组织形象的窗口，充分利用自己的人格魅力增加信息的可信度，引导公众心理倾向，使公众对组织产生良好的印象。

(2) 迎宾考虑周全。新闻发布会现场的背景布置和外围布置需要提前安排。一般在大堂、电梯口、转弯处有指示牌，可以事先请好礼仪小姐迎宾。如果是在企业内部安排发布会，也要酌情安排人员做好媒体记者的引导工作。

(3) 做好硬件保障。发布会现场道具安排一定要专人管理，最主要的道具是麦克风和音响设备。一些需要使用电脑展示的内容还需要投影仪、笔记本电脑、联线、上网连接设备、投影幕布等设备，相关设备在发布会前要反复调试，保证不出故障。

(4) 过程安排合宜。举办新闻发布会，会议过程要安排得详细、紧凑。新闻发布会的举办涉及组织者、公众尤其是新闻界等多方面的人士，因而活动要求严密、规范，富有新意，既有规可循，又要不拘于陈旧的形式，活动现场要严谨而不失活跃。

(5) 沉着应对问题。在新闻发布会正式举行的过程之中，往往会出现种种这样或那样的确定和不确定的问题，有时还会有难以预料到的情况或变故出现。要应对这些问题，需要主办单位的全体员工齐心协力、密切合作，更重要的是代表主办单位出面的主持人、发言人要善于沉着应变、把握全局。

(6) 注意媒体关系。整个新闻发布会要协调主办单位与新闻界人士的关系，欲要取得新闻发布会的成功，就必须求得各方的配合。主办单位的相关人员与新闻界人士打交道时应注意：

① 要把新闻界人士当作自己真正的朋友对待。

② 要对所有与会的新闻界人士一视同仁，不要有亲有疏、厚此薄彼。

③ 要尽量向新闻界人士提供对方所需要的信息，提供的信息要真实、准确、时效性强，不要弄虚作假，爆炒旧闻。

④ 要尊重新闻界人士的自我判断，不要拉拢收买对方，更不要试图左右对方。

⑤ 要与新闻界人士保持联络，经常与对方互通信息，常来常往，争取建立双方的持久关系。

知识点五 对新闻发言人和主持人的要求

新闻发布会通常由新闻发言人自己主持，即承担发布会活动中的新闻发布、请记者提问、回答问题等所有环节的工作，也有的新闻发布会既有主持人，又有发言人。

1. 发言人

发言人所要做的主要是主旨发言、答复疑问，会议的发言人由组织或部门的高级领导担任，因为他们清楚组织的整体情况、方针、政策和计划等问题，又具有权威性。

新闻发言人一般应满足以下几方面的要求：

(1) 公司的头面人物之一——新闻发言人应该在公司身居要职，有权代表公司讲话。

(2) 良好的外形和表达能力。发言人的知识面要丰富，要有较好的语言表达能力、倾听的能力及反应力，外表包括身体语言整洁、大方得体。

(3) 执行原定计划并加以灵活调整的能力。

(4) 有现场调控能力，可以充分控制和调动发布会现场的气氛。

2. 主持人

主持人的工作职责是主持会议、引导问题，一般由有较高专业技巧的公关人员担任。需要特别强调的是，主持人和发言人必须保持一致的口径，不允许公开顶牛、相互拆台。对于新闻媒体人士提出的某些过于尖锐或者难以回答的问题时，主持人要想方设法转移话题，一旦主持人给予新闻媒体提问机会，发言人一般要给出适当的回答。

3. 发言人和主持人要相互配合

发言人和主持人的言行都代表主办单位，所以必须重视自己的措辞，讲话要有分寸。不管是发言还是回答问题，要做到简明扼要，不要卖弄口才、口若悬河，更不能欺骗媒体，杜绝以旧闻、谎言搪塞媒体和公众。

发言人和主持人面对冷场或者冲突爆发在即，都应适当地采用一些幽默、风趣的语言、典故来化险为夷。新闻记者大都见多识广，加之又是有备而来，所以一些记者在新闻发布会上经常会提出一些尖锐而又棘手的问题，遇到这种情况时，发言人能答就答，不能就巧妙闪避，要做到温文尔雅、语言谦恭敬人。

按照惯例，主持人、发言人需要进行必要的化妆，以淡妆为主，发型应当庄重大方。男士宜穿深色西装套装、黑袜黑鞋，并且打领带；女士宜穿单色套裙、肉色丝袜、黑色高跟皮鞋。服装必须干净，一般不佩戴首饰。

知识点六　新闻发布会效果检测

(1) 整理记录材料，总结会议的组织、布置、主持和回答等方面的工作，汲取经验和教训，将总结材料归档备案。

(2) 收集到会记者在各种媒介上的报道，进行归类分析，检查是否达到预期目标，是否有由于失误造成的谬误。对检查出的问题，要分析原因，设法弥补失误。

(3) 对照会议签到簿，看与会记者是否都发了稿件，并对记者所发稿件的内容及倾向给予分析，以此作为以后举办新闻发布会邀请记者范围的参考依据。

(4) 收集与会记者以及其他与会代表对招待会的反应，检查招待会接待、安排、提供方便等方面的工作是否有欠妥之处，以便今后改进。

(5) 若出现不利于企业的报道，应做出良好的应对策略。针对不正确或是歪曲事实的报道，应立即采取行动，说明真相，向报道机构提出更正要求。如果报道虽是正确的事实，但不利于本企业，这种情况完全是由企业内部信息错误造成的，对此应该通过该报道机构表示虚心接受并致歉意，以挽回企业的声誉。

三、课堂分析与讨论

(一) 案例分析

老乡鸡200块钱的土味发布会

曾手撕员工联名信而一举成为新晋网红的老乡鸡董事长束从轩日前以实践告诉大家，一场新闻发布会可能只需要200块钱——他在农村做了一场“老乡鸡战略小会”，并成功实现在社交网络刷屏的效果。

从视频中不难看到，发布会的现场选在了农村村头广场，而不是通常的酒店高大上之场所；现场没有媒体，看热闹的村民倒是有一些；主持人、嘉宾、礼物等都没有，桌子、话筒、水杯、热水壶、粉笔和墙上的黑板就是主要设备，因此，200块钱真的可以。

在发布会上，57岁的束从轩在一片穿插网言网语流行梗的搞笑氛围中宣布了老乡鸡2020年的战略布局，并强调“今年老乡鸡全国直营店的数量必须突破1000家，扩张城市包括北京、上海、杭州、广州和深圳”。

(资料来源：https://mp.weixin.qq.com/s/T9wDtMMj9MG8AbOMreE4Nw)

分析：老乡鸡200块钱的土味发布会为什么能火？

参考分析	你的分析
老乡鸡200块钱的土味发布会火了的原因： 真性情：束从轩在发布会中简单介绍了老乡鸡的起源，公布了老乡鸡的三大战略。简洁明了，没有过多包装，这一切反而更让人觉得真实、可信。 正能量：展现出来的正能量，不仅符合大众对负责任的企业家的期待，也和主流的社会情绪相吻合，因而很能引发大众的共鸣。 玩创新：在两个方面不走寻常路有关，一个是发布会形式的创新，另一个是董事长讲话内容的创新	

(二) 观点讨论

【观点讨论17-1】新闻发布会的具体形式有记者招待会、酒会、新闻发布会等，它们有无区别？

参考观点	你的观点
一般来说，记者招待会较为正式，一般是专题性的，以“答记者问”为主要特色。	

(续表)

参考观点	你的观点
酒会更自由、随意、非正式一些，气氛也相对轻松，可单独召开，也可附属于其他形式。比如，有的在记者招待会后举行酒会或茶会。 新闻发布会由公关负责人执行即可，而记者招待会一般有更高层次的官员出席	

【观点讨论 17-2】发生重大危机事件后，应该在多长时间内开新闻发布会？

参考观点	你的观点
对于特别重大或者重大突发事件，应该在 24 小时内召开新闻发布会，而官方的首发信息不迟于接报后 1 小时，权威信息公布不能超过 5 小时——这是 2019 年 5 月起实施的《中华人民共和国信息公开条例》规定的。 对于企业而言，建议要比政府更快，因为企业的体制更灵活。如果错过最佳时机，发布会的效果会大打折扣，在移动互联网时代，负面信息可以在 60 分钟内遍及全网	

四、任务实训

实训一　某公司新闻发布会方案策划

【实训目的】通过为某公司策划新闻发布会方案，了解新闻发布会筹备内容及注意事项，培养筹办新闻发布会的基本能力。

【实训步骤】

(1) 4～6 人为一组，全班同学分成若干小组；

(2) 以小组为单位，选定一家公司，对该公司进行全面了解；

(3) 假设该公司拟将进行一场大型公益活动，讨论如何为该公司公益活动举办一场新闻发布会；

(4) 以小组为单位，撰写该公司大型公益活动新闻发布会方案；

(5) 每组派代表在全班做方案展示；

(6) 教师点评，学生完成小组评价、个人评价与个人总结。

【实训要求】团队合作，全员参与。新闻发布会方案结构合理，内容全面，流程规范，表述准确，可行性强，能取得较好的传播效果；小组代表方案条理明晰，演示充分。

【实训评价】

评价指标	自我评价	小组评价	教师评价
参与度			
完整性			
准确性			
成效性			

实训二　新闻发布会模拟

【实训目的】通过对新闻发布会的模拟举办，了解新闻发布会的作用、基本流程、主要内容及操作规范。

【实训步骤】

(1) 延续实训一；

(2) 以小组为单位，搜集并观看新闻发布会视频，学习新闻发布会操作流程与基本要求；

(3) 以小组为单位，模拟举办某公司大型公益活动新闻发布会；

(4) 通过视频拍摄、现场模拟等方式进行小组展示；

(5) 小组互评，教师点评，完成实训总结。

【实训要求】团队合作，全员参与。新闻发布会模拟过程完整，程序规范，迎宾、主持人、发言人等主要角色的表现符合角色要求。

【实训评价】

评价指标	自我评价	小组评价	教师评价
参与度			
完整性			
准确性			
成效性			

五、内容小结

任务十七主要介绍了新闻发布会的特征、准备工作、基本流程、注意事项等，如图 17-1 所示。

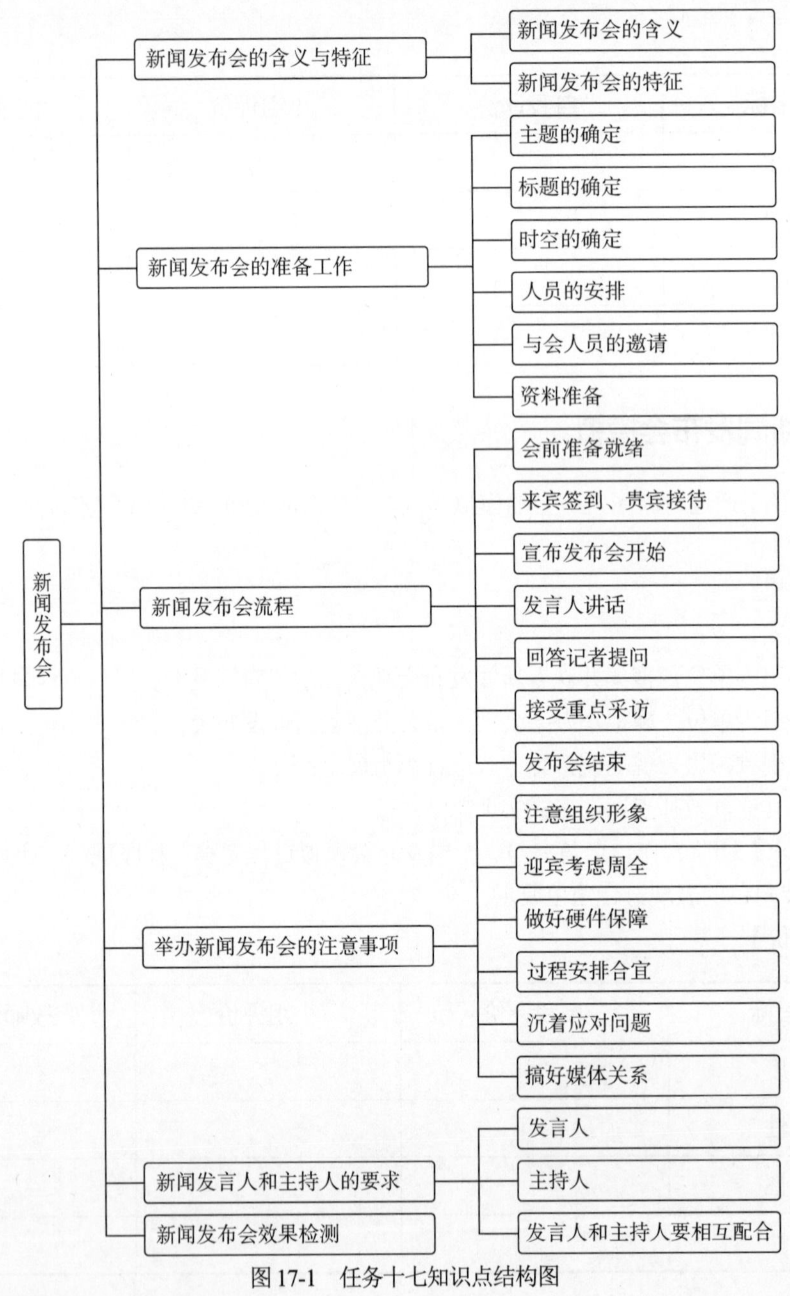

图 17-1　任务十七知识点结构图

六、课后自测

(一) 判断题

1. 新闻发布会是社会组织为公布重大新闻或解释重大事件、重要方针政策而邀请媒体记者参加的一种公共关系专题活动。（　　）

2. 新产品发布会是新闻发布会，所以新闻发布会就是新产品发布会。 (　　)

3. 当组织遭到社会舆论误解或批评时，也可以召开新闻发布会。 (　　)

4. 发言人是会议的主角，一般由本单位的主要负责人担任，也可以设专职新闻发言人。(　　)

5. 媒体邀请的技巧很重要，既然要吸引记者参加，就需要多透露一点将要发布的新闻。 (　　)

6. 发布会后要了解与会记者是否都发了稿件，并对稿件内容及观点倾向给予分析，以此作为以后举办新闻发布会邀请记者范围的参考依据。 (　　)

(二) 选择题

1. 新闻发布会特征包括(　　)。

A. 正规性　　B. 针对性　　C. 互动性　　D. 优越性

2. 新闻发布会的时间通常在(　　)。

A. 上午10点或下午3点　　B. 上午8点或下午2点

C. 上午10点或下午4点　　D. 上午9点或下午2点

3. 新闻发布会场地的选择可以考虑(　　)。

A. 单位本部所在地　　B. 事件发生地

C. 有影响力的建筑　　D. 宾馆多功能厅

4. 发言人讲话时要做到(　　)。

A. 简洁明晰　　B. 面带微笑　　C. 态度诚恳　　D. 权威可信

5. 新闻发布会效果监测的工作内容包括(　　)等。

A. 发布会各项材料总结　　B. 与会记者的报道情况分析

C. 对不利报道做出反应　　D. 加强主持人、发言人培训

(三) 简答题

1. 新闻发布会有哪些特点？
2. 新闻发布会应做好哪些现场材料的准备？
3. 新闻发言人有哪些要求？
4. 如何进行新闻发布会的效果检测？

七、课外拓展

(一) 拓展阅读

华北电力大学新闻发布工作管理办法(节选)

第五章　新闻发布会的组织管理与实施

第十三条　对于适宜对校外发布并需要正式、大范围对外传播的重要信息，经学校主管领导审批，由党委宣传部指导组织实施，可以“华北电力大学”的名义举办新闻发布会。

第十四条　新闻发布会的申报与审批：

(一) 党委宣传部根据新闻发布计划或对外新闻宣传的实际需要可提出组织新闻发布会的建议，报学校主管领导审批。

(二) 学校各单位、部门需要举办新闻发布会，须提前一周向党委宣传部提出书面申请，经党委宣传部审核，报相关主管校领导审定。

第十五条　新闻发布会的组织实施：

(一) 新闻发布会由党委宣传部指导，由直接发起单位、部门具体实施，学校各相关单位、部门应予支持和配合。

(二) 新闻发布会一般由学校新闻发言人主持并发布新闻，根据所发布新闻的实际需要，可由相关单位、部门新闻发言人发布。

(三) 新闻发布会的新闻资料由提请召开新闻发布会的单位、部门或与发布信息直接相关的单位、部门负责准备，并报党委宣传部审核，特高规格或特大规模的活动、关系学校方针政策的重大信息、关系全局的重大信息、校内重大突发性事件的新闻资料须报校党委常委会或校长办公会审议。

(四) 新闻发布资料按程序审定后方可向媒体发布。

(五) 新闻发布会到会媒体由党委宣传部审定并发出邀请，根据实际需要可交由相关单位、部门发出邀请。

(六) 在新闻发布会召开后，直接发起单位、部门应及时做好有关新闻报道的反馈、收集和总结工作，并将新闻发布资料及相关资料报党委宣传部备案。

第十六条 记者招待会按新闻发布会程序组织，适用于传播范围较大、主题较宽泛的新闻发布活动。

(资料来源：华北电力大学新闻中心)

(二) 课外实践

1. 搜集国内、国外最新新闻发布会案例，对案例进行对比、分解、分析。

2. 通过网络或实地调研本地社会组织的一场新闻发布会，了解发布会的准备工作、现场实施、媒体传播等方面的情况，对发布会上组织的表现进行评价。

任务十八 新品发布会

【任务描述】

1. 策划某公司新品发布会方案。
2. 制作某公司新品发布会 PPT。

【目标与成果】

能力目标	知识目标	课程思政
1. 能为公司策划新品发布会方案; 2. 能制作高质量的新品发布会 PPT	1. 掌握新品发布会的含义、特征、准备工作; 2. 了解新品发布会的基本流程与组织要求	1. 明确新品发布应从用户需求出发，要有用户思维; 2. 明确新品发布会设计应不断创新，要有创新思维
学习成果	1. 某公司新品发布会方案; 2. 某公司新品发布会 PPT	

一、案例导入

案例一 招商银行信用卡新产品发布

“总有人正年轻 正在发生的未来”招商银行信用卡新产品发布

执行时间: 2019 年 12 月 3—15 日

企业名称: 招商银行信用卡中心

品牌名称: 招商银行信用卡

代理公司: 爱创营销与传播

项目概述: 招行信用卡结合自身消费大数据带来年轻人对消费、生活、世界的理解，洞察年轻人需求的变迁，对品牌年轻化策略提出自己的见解，并基于洞察打造年轻客群专属的信用卡，通过新产品发布会重构与年轻人的连接。

项目调研：中国银行协会发布的《中国银行家调查报告(2018)》显示，有近五成的银行家将信用卡业务列为个人金融业务的重点，在个人金融业务重视程度中排第三位。当下的线上消费市场，早已迎来"80后""90后"时代。《中国互联网消费生态大数据报告》显示，"80后"是中国互联网消费的中坚力量，"90后"的消费力也正迎头赶上，成为消费升级的重要驱动力，二线及以下城市的"小镇青年"群体消费潜力巨大。

相关数据显示，截至2019年上半年，招行累计发卡量9061万张，信用卡消费额2.04万亿，股份制银行中双双位于第一，这离不开招商银行充分践行的年轻化战略。在此背景下，在发卡十七周年之际，招行信用卡推出年轻客群专属的星座守护信用卡和自由人生白金信用卡，重构与年轻人的连接。

项目策划过程如下。

1. 目标：通过本次新产品的发布，让本次发布会获得更多年轻人的关注，吸引行业、媒体、用户的关注是本次活动最大的目标。

2. 策略：与以往的发布会、媒体沟通会不同，本次活动从场地选择到活动形式，整体调性需要呈现年轻活力。

作为年轻人专属的两款信用卡产品的发布，邀请年轻人关注的短视频、运动健康、旅行、二次元等领域的权威参与共同讨论，为后期传播提供更多内容。

3. 受众：年轻人。

4. 内容创意如下。

不一样的新产品发布：主题"总有人正年轻 正在发生的未来"成为这场活动的主基调。

一场漫步在云端的发布会：本次发布会特地选址在上海中心52层的朵云书院，一个被誉为离天空最近的书院。现场以简洁的象牙白为主色调，在蔚蓝天空的照映下，呈现出纯洁梦幻之美。入场后穿过网红路牌，可以看到由上千只纸鹤组成的巨型飞鸟艺术装置——"自由人生"，也是本次发布会的"颜值担当"。

让有料、有分量的人说：本次活动除了多领域的媒体外，还邀请到了年轻人喜爱的哔哩哔哩等合作方，由内而外展示对泛Z世代的洞察与判断。

紧凑的节奏高效引爆关注：从活动前期年轻范儿的预热海报，到活动后的全方位报道和招行信用卡自有自媒体矩阵图文、视频、大咖海报等多种形式的集中发声，再到传播后期分别结合自由人生白金信用卡及星座守护信用卡的针对性传播，一周的传播时间，吸引了大量的行业、媒体、用户的关注。

5. 媒介策略：媒介组合更宽泛，活动后期传播，除常规党政、财经垂直、TMT等媒体报道外，充分利用年轻人关注的其他内容传播渠道，通过紧凑的传播节奏，达到短时间引爆年轻人关注的目的。

(资料来源：https://www.iaiad.com/cn/award-case/2020/vertical-awards-2020/2336.html)

思考：预测该新品发布会的实施效果，与真实实施情况进行对比。

案例二　冰淇淋发布会

费列罗健达冰淇淋发布会

为了推出联合利华与费列罗联名的健达冰淇淋，联合利华将极寒的“北极”带到了德国汉堡。通过健达冰淇淋冷冻店，联合利华成功地打造了一个引人注目的、真实的品牌体验，并推出了新产品。除了受欢迎的冰淇淋品尝，多感官的产品体验也为客人们提供了许多惊喜。

2019 年 3 月，全球首家健达冰淇淋店在汉堡举行全球发布会。三天的时间内里，客人们不仅可以在这里品尝到两款新冰淇淋——健达 Bueno 冰淇淋棒和健达 Joy 冰淇淋，还可以探索这个极寒的“北极”快闪店。活动营销公司策划实施了独特的体验，让客人们可以看到和感受到，目的是创造一个令人信服的和真实的品牌体验，新产品被整合到了场景之中。充满创意的冰淇淋店与新口味产品的体验相结合，会激发人们分享他们的体验。

活动的基础是在一个空的店面里重新进行设计搭建。室内由人造冰和真冰进行“冰封”，结合各种声音、雾和光的效果运用，让现场变成了一个真正的“冰窟”。整个活动现场对于客人而言是一场感官的盛宴，每一处布景都值得拍照上传。除了现场的活动，一整套的公关、户外和数字推广措施都对健达冰淇淋店进行了相关的报道。在对公众开放前，为名人举办的独家开幕派对在社交媒体、电视和报纸上引起了极大的轰动，参加的嘉宾包括丹妮拉·卡岑贝格尔(德国电视明星)，薇若娜·普斯(德国当红主持人)和活动的主持人凯西·哈默尔斯以及许多知名人士。

呼啸的寒风，噼里啪啦作响的冰块，空中飘来的雾——联合利华把“北极”带到了汉堡。三天活动期间，数千人品尝了 8 万份冰淇淋。全球首家“零下”快闪店活动为客人创造了独特的品牌体验。这种冰爽、极寒的体验给参观者带来了新的、积极的品牌情感记忆，这将产生可持续的、长期的品牌忠诚度。

(资料来源：https://baijiahao.baidu.com/s?id=1681667693177913182&wfr=spider&for=pc)

思考：案例中的新品发布会体现了哪些方面的创新？

二、相关知识

知识点一　新品发布会的含义与特征

1. 新品发布会的含义

新品发布会又叫产品发布会、新产品发布会或发布会，是指以发布新产品或与新产品有关的信息为主要内容的会议。

举办新品发布会是企业组织沟通、协调客户关系的一种重要手段。发布会的常规形式是某一企业组织将相关客户或潜在客户、相关媒体等邀请到一起，在特定的时间和场所举行一次大型会议，会上隆重推出新产品或产品新信息。

2. 新品发布会的特征

(1) 发布会的标的是新产品或与新产品有关的信息。发布会内容可能是已经正式推向市场的最新产品，也可以是与最新产品有关的重要概念和信息。

(2) 发布会的最终目的是将新产品推向市场。发布会可以提供组织与公众亲密沟通的机会，帮助公众了解企业组织的新发展新成就，提高品牌的曝光度，但最终目的是扩大产品的知名度、销售渠道和销售额。

(3) 发布会非常注重新闻宣传。发布会现场的公众数量是有限的，需要通过媒体渠道扩大宣传。所以，召开发布会特别要注意媒体的邀请、安排与服务，注意发布会内容的新颖呈现和宣传资料的准备。

(4) 发布会的会场设计要求高。发布会对会场环境布置、会场展示功能要求较高，如现场灯光、音响的布置和环境氛围的营造等；发布环节的设计也要注意高标准、有创意，才能给现场观众更好的体验，才有利于相关信息的广泛传播。

知识点二　新品发布会的准备工作

1. 主题与流程的确定

发布会的主题是整个发布会的灵魂，主办者要精心设计最能代表产品特色、本质的主题，将产品价值生动地传达出来，易于人们理解和传播。

发布会流程的新颖、合理可以给新产品的推出带来积极的影响，需要认真策划，力求创新，确保发布会取得良好的效果。

2. 发布会时间的确定

选择合适的时间是新品发布会取得成功的重要保障。确定新品发布会的时间要注意几个“避开”：避开节日和假日，避开当地重大活动，避开其他单位尤其是竞争对手的发布会，避开与媒体宣传报道重点相冲突的时间点。所以在确定发布会具体时间之前，一定要做好本地市场活动的调研及媒体沟通，避免发生冲突。

3. 工作人员的安排

新品发布会工作人员安排的关键是主持人和发言人的选择。主持人一般由公关部长或办公室主任担任，他们了解产品的基础知识，同时具备一定的专业素质，也可邀请与产品相契合的专业主持人担任。发布会主持人要求仪表俊美，反应灵活，知识面广，语言流畅，风趣幽默，善于把握大局，提问互动和控制会场，主持会议的经验丰富。发言人一般由企业主要领导担任，基本要求是要有较好的社会形象，学识渊博，思维灵敏，口才流利，与媒体关系融洽。

发布会还需要精选一批礼仪人员，一般由形象姣好、认真负责、亲切优雅、善于交际应酬的年轻女性担任。

4. 嘉宾与媒体的邀请

主办单位需要邀请一些与企业产品相关的人士作为嘉宾出席发布会，可以包括政府相关部门领导、合作者、投资人、行业中有影响力的客户、明星等。嘉宾级别要和发布会的规格、定位相匹配。确定好名单后，最好提前一周发出请柬，重要的嘉宾会前应再做确认。应根据传播策略选择级别、类型对应的媒体，再根据活动需求制订相应的邀请计划。

5. 场地的选择与布置

新品发布会的场地需谨慎选择，考虑要全面，要与发布内容的重要程度相匹配，还要考虑空间大小、交通便利、停车方便、传播效果等因素。会场布置要考虑整体风格设计、背景板设计、产品展示体验区布置、席位座次的安排、摄像位置、场地外围的布置等。

6. 现场材料的准备

准备好需要在会场使用、发放或摆放的各种材料，这些材料的准备要根据发布会主题和内容的具体要求而定，尽量做到全面、形象、详细、精致，形式多样，具体包括：

(1) 发言提纲，指发言人在新品发布会上进行发言时的内容提要。发言提纲应紧扣主题，准确、生动、详略得当地展现产品及相关信息。

(2) 互动题目提纲，指发言人在现场互动环节可能被问及的问题及参考答案。需要对主要题目进行预测，使发言人有所准备，使现场表现自如。

(3) 发布会幻灯片，指发布会现场展示的PPT。需要考虑运用的场合、用途、现场人数、演示时长、屏幕尺寸、屏幕分辨率、现场的设备支持、软件版本等，对PPT各模块进行精心设计和现场演练。设计是否高端精致、展示过程是否顺利将直接影响整个发布会的质量和观众的观感。完美的发布会幻灯片具有简洁清晰、空间感强、浑然一体等特点。

(4) 形象化视听材料。供与会者使用的有关企业组织文化、新产品情况的视听材料可增强发布会宣传效果，如企业宣传片、宣传单、宣传册、新产品图文说明书、资料提纲等，形式上可包括图表、照片、实物、模型、音像、光碟等。

(5) 发布会过程材料，包括发布会流程中使用到的其他材料，如台卡、邀请函、参会证、海报、人员名单、会议议程表、签到本、会场资料袋、纪念品领用券、餐券等。这些材料制作需要注意版式设计、用料品质，结合主题增加创意，可起到意想不到的传播效果。

7. 发布会的模拟演练

各项工作准备就绪，还需要在真实场地进行发布会的模拟演练，避免各种可能发生的意外状况，确保活动能够顺利进行。演练和彩排过程要注意加强保密措施，以免信息泄露，影响发布会现场的参与热度和参与人数。

8. 安全保卫工作的安排

活动安全是整个发布会最重要的事情，需要安排专人负责活动安全。前期确定舞台美术方案时，要有专业的结构工程师、安全监理参与，发布会场地的工程搭建需确保人员、设备的安全。

发布会应按时开场和散场，减轻进场和离场的安保压力。对于活动现场可能出现的设备故障，应提前做好双保险。主持人或发言人应该针对意外导致的冷场做好第二手准备，如提前准备几个有趣的小故事，以缓解尴尬气氛。观众区可分布人员处理突发状况。发布会结束后，做好观众的安全疏散和送离工作，租用场地要及时清理、归还。

知识点三　新品发布会的流程

1. 预热和造势

发布会前的宣传和预热非常重要，直接决定现场参会人数和嘉宾质量，可采用线上线下同步邀请、开展线上互动活动等方式，进行裂变式推广。

会场正式开场前，播放背景音乐和主视觉暖场。背景音乐应与发布会主题相符合。主视觉是品牌高效传递信息的常用范式和必要手段，包含的主要信息有品牌或产品 logo、主标题、副标题、内文、核心视觉主体、联系方式等。这些信息不一定全部出现，可根据需求进行信息组合或信息增减。

2. 嘉宾媒体签到

可改变仅让来宾在签到簿上签下姓名、单位、联系方式的传统做法，增加签到环节的仪式感和体验感，如走红毯、设签到墙、拍照等，然后由礼仪人员引导嘉宾入座。

3. 主持人开场

主持人宣布新品发布会开始，介绍来宾，公布会议的主要内容、基本流程、提问范围等，是会议的主持者和组织者。主持人能在短时间内将观众的注意力集中过来，还能为演讲嘉宾的上场起到很好的桥梁作用。

4. 主题报告环节

主题报告环节是介绍产品信息的最重要环节，主要诠释产品的研发设计、功能革新、软硬件优势、性能结构、应用价值等与最终用户关系密切的内容，要求主讲人有扎实的产品知识和优异的演讲能力。有的公司让产品每个模块的负责人来分别讲解不同的内容，有的公司让优秀的创始人或 CEO 来承担所有内容的讲解，不管采用何种方式，重要的是讲解人对产品要非常熟悉。

主题讲解过程穿插现场演示、示范，搭配图片、视频，期间要有设计好的高潮环节，让观众对产品或产品故事发出惊叹、赞美，从而烘托发布会的整体氛围。

主题报告环节除了传递产品信息，还需要讲述公司的宏大愿景和精彩故事，突出企业的社会价值，激发现场观众的认同感、价值感和惊喜感。

5. 互动环节

增加交互性是增强来宾参与感、减少观众提前离场率的有效方式。可采用的互动方式有现场抽奖颁奖、投票、手机交互问答、现场客户问题解答、产品体验、游戏节目、公布售价和销售、合影留念等。

6. 晚宴

一般产品发布会结束之后会安排一个答谢晚宴，以增进嘉宾、媒体、客户与企业组织之间的关系。晚宴适合安排在发布会结束后的 30 分钟左右。有的发布会晚宴安排来宾自由用餐，有的发布会晚宴内容较为丰富，安排了主持人主持，准备好串词将领导人发表祝酒词、抽奖颁奖、歌舞表演等内容串联起来，使晚宴气氛热烈，为整个发布会打上圆满的句号。

7. 媒体同步推送

媒体推广活动应贯穿产品发布会的整个过程。活动前期，发布消息进行会议预热和造势，需要做好媒体选择，通过外部媒体或自有媒体平台，尽可能地吸引公众眼球，最大限度地激发公众的参与热情；发布会当天，通过媒体直播或图文形式传播产品和活动的核心信息，激发现场观众运用自媒体、社交平台形成一定的信息扩散；后期给媒体提供新闻稿、营销数据等，通过媒体做好活动收尾和总结性宣传。

知识点四　新品发布会的效果评估

效果评估是新品发布会的最后一个阶段，通过对发布会的组织实施情况进行检查、分析，总结成绩，发现不足，衡定效益，为后面的工作提供参考。

1. 效果评估的内容

效果评估的内容从准备工作、实施过程和实施效果三方面进行确定。

(1) 准备过程的评估内容。需要评估背景调研是否充分，是否充分占有资料，分析判断是否准确，发布会的策划是否周密、有创意，选择的嘉宾、媒体是否合适，针对目标公众所进行的信息传播是否准确、及时、适宜，人员与预算是否充足，发布会各种材料、信息表现形式是否恰当、合理、新颖，是否能达到引人注目、给人以深刻印象的要求。

(2) 实施过程的评估内容。评估发布会实施流程是否顺利，工作人员表现是否到位，观众参与率是否充分，观众投入程度、兴奋程度和对新品的理解程度如何，现场发布的视频、音频次数，发出的稿件、宣传资料的数量，等等。

(3) 实施效果的评估内容。评估发布会信息被媒介转发的数量、接收信息的目标公众数量，了解新品信息内容的公众数量，提升对企业组织和产品好感度的公众数量，发生与重复购买新产品行为的公众数量，发布会达到的目标与解决的问题，发布会对社会经济和文化发展产生的影响，等等。

2. 效果评估的方法

实施效果评估，要根据评估对象、评估目标、时间要求等选定与之相适应的方法。常用的新品发布会效果评估方法如表 18-1 所示。

表 18-1 常用的新品发布会效果评估方法

评估方法	操作方式
民意测验法	选择一定数量的目标公众，通过问卷等形式，征求他们对新品发布会的意见，测定其态度变化，并加以分析、统计
专家评估法	选择评估的项目，并制定相应的标准，邀请本行业或本领域内的权威专家，让他们在独立环境中提出自己的观点和意见，再将各位专家的意见进行综合，得出最后的评估结论
访问面谈法	通过个别交谈和集体访谈的方式，了解公众对发布会的意见和看法
媒介测定法	通过对媒介的调查，了解媒介对发布会报道的深度、广度及频率来测定活动的影响力和效果
实验法	利用新品发布会实施过程中各因素存在的相互关系，通过调节某一变量因素来评估另一因素变化的一种方法。可用对比的方法进行，将实施活动分为实验组和非实验组，然后在两组之间进行对比
指标分析法	通过对知名度、美誉度、信任度、注意率、购买率等几个常用评估指标变化率的调查和分析来考察活动效果

知识点五 新品发布会的创新策划

传统发布会千篇一律的形式逐渐丧失吸引力，人们在不断探索各种形式的创新。

1. 讲解内容创新

内容层面上，发布人要站在产品用户的角度去思考。产品解决了哪些痛点，使用产品的场景有哪些，品牌背后的客户理念是什么，等等。只有从用户利益角度出发，才能给用户带来真实、温情的体验，而抽象的数据、冰冷的阐述只会增加隔阂与疏离。

2. 发布方式创新

发布形式上，也应从产品用户的特点出发进行创新。例如针对年轻群体的产品发布会，将发布会现场提前开放，让用户先进行产品体验和游戏互动活动，后面再进行产品发布；有的发布会采用快闪形式，在市井之中安排有吸引力的艺术演出，其中融入产品信息；有的新品发布会摒弃传统的产品介绍环节，用脱口秀的方式将新品推出，频频爆出的金句、笑点打破了以往发布会的沉闷感，也让发布会在后期宣传上更加有记忆点。

3. 环境布置创新

新品发布会的创新较多体现在环境布置、气氛的渲染上，创新方式由简单的内部空间装饰的变化走向大手笔的奇异空间营造。最近有许多创新都是通过灯光的设置和多媒体技术营造沉浸式场景，或通过逼真的场景和道具，创造身临其境之感。例如某冬季服装品牌为了让嘉宾获得真实体验，装置了一个 0℃的活动空间；某汽车厂商把户外的美景带到汽车展示厅中，利用灯光的色调和多媒体节目，让观众感受到从黎明到正午再到日落的自然时间的流逝；某法国时装品牌，将发布会安排在薰衣草田或麦田，让观众在自然的微风中享受唯美而浪漫的南法风情。环境的创新具有无限的空间，需要人们不断去开发、去创造。

三、课堂分析与讨论

(一) 案例分析

金融圈首场喜剧直播发布会

2020 年 10 月 13 日，百信银行发布旗下全新信贷服务品牌好会花，并携手开心麻花在快手、微博同步直播金融圈首场喜剧直播产品发布会。

在发布会上，开心麻花艺人王成思携一众喜剧演员亮相直播间，与好会花产品团队组成“双花搭档”，爆笑演绎日常生活消费情景，通过轻松喜剧的形式诠释“好生活，好会花”的品牌理念，“倡导能赚会花”的产品价值主张。

(资料来源： https://baijiahao.baidu.com/s?id=1680514610440952874&wfr=spider&for=pc)

分析：对该场直播产品发布会做进一步了解，分析其创新点。

参考分析	你的分析
(1) 由传统产品发布会常用的线下形式改为线上形式； (2) 与新媒体平台和娱乐大咖紧密合作，提升交互性和扩散度； (3) 以轻松、幽默的喜剧形式演绎日常生活消费情景，于欢声笑语中诠释品牌理念； (4) 充分体现了品牌对用户产品使用场景的深度了解，能激起潜在用户的情感共鸣	

(二) 观点讨论

【观点讨论 18-1】与线下发布会相比，线上发布会具有哪些优势？

参考观点	你的观点
森博营销： (1) 线上发布会是一个全新的升维营销新物种，是从单一产品发布升维到品销合一的系统性营销战役，从千篇一律升维到耳目一新的体验，从单向传递信息升维到互动沟通双向传播，更多触达、更多分享，实现裂变	

(续表)

参考观点	你的观点
式扩散； (2) 线上发布具有更高的效能和效率，费用投入更有效率，降低差旅、搭建等大量低产出投入，同时突破媒体、经销商等 B 端受众，直接触达千万级目标用户； (3) 线上发布会更快、更便捷，避免复杂的线下环节，易组织实施，可快速推进，信息资源更可高效、重复利用	

【观点讨论 18-2】新品发布会应该由企业自己做还是由公关公司做？

参考观点	你的观点
易道行： 公关公司在创意、项目经验、媒体资源、服务等方面更有优势，但企业和公关公司之间需要较长时间的磨合，费用较高。 企业自己做，更了解自身传播意图，能够更多地与消费者沟通交流，更节省成本，也能培养自己的团队。但在业务专业性方面没有优势，不一定能达到最好的效果	

四、任务实训

实训一　某公司新品发布会方案策划

【实训目的】通过某公司新品发布会方案策划，了解新品发布会筹备与实施的各项事务，培养筹办产品发布会的基本能力。

【实训步骤】

(1) 4～6 人为一组，全班同学分成若干小组；

(2) 以小组为单位，选定一家公司，对该公司进行全面了解；

(3) 以小组为单位，讨论如何为该公司某新产品举办发布会；

(4) 以小组为单位，撰写该公司新品发布会策划方案；

(5) 每组派代表在全班做方案展示；

(6) 教师点评，学生完成小组评价、个人评价与个人总结。

【实训要求】团队合作，全员参与。新品发布会策划方案结构合理，内容全面，富有创意，可行性强；小组代表方案展示 PPT 设计美观，条理明晰，演示充分，气氛活跃。

【实训评价】

评价指标	自我评价	小组评价	教师评价
参与度			
完整性			
准确性			
成效性			

实训二　某公司新品发布会主题报告环节情境模拟

【实训目的】通过某公司新品发布会主题报告环节情境模拟，提升发布会现场实施的核心能力。

【实训步骤】

(1) 延续实训一中的学生分组和实训成果；

(2) 针对实训一所策划发布会方案，模拟实施其中的主题报告环节；

(3) 小组分工合作，完成新品发布会 PPT 制作、主题演说稿写作、主题报告排练等工作；

(4) 分组实施情境模拟；

(5) 教师点评，学生完成小组评价、个人评价与个人总结。

【实训要求】团队合作，全员参与。情境模拟表演顺畅自然，能较好地传递产品信息和公司文化。发布会 PPT 制作简练明晰、精致美观、风格统一。

【实训评价】

评价指标	自我评价	小组评价	教师评价
参与度			
完整性			
准确性			
成效性			

五、内容小结

任务十八主要介绍了新品发布会的特征、准备工作、基本流程和创新策划等，如图 18-1 所示。

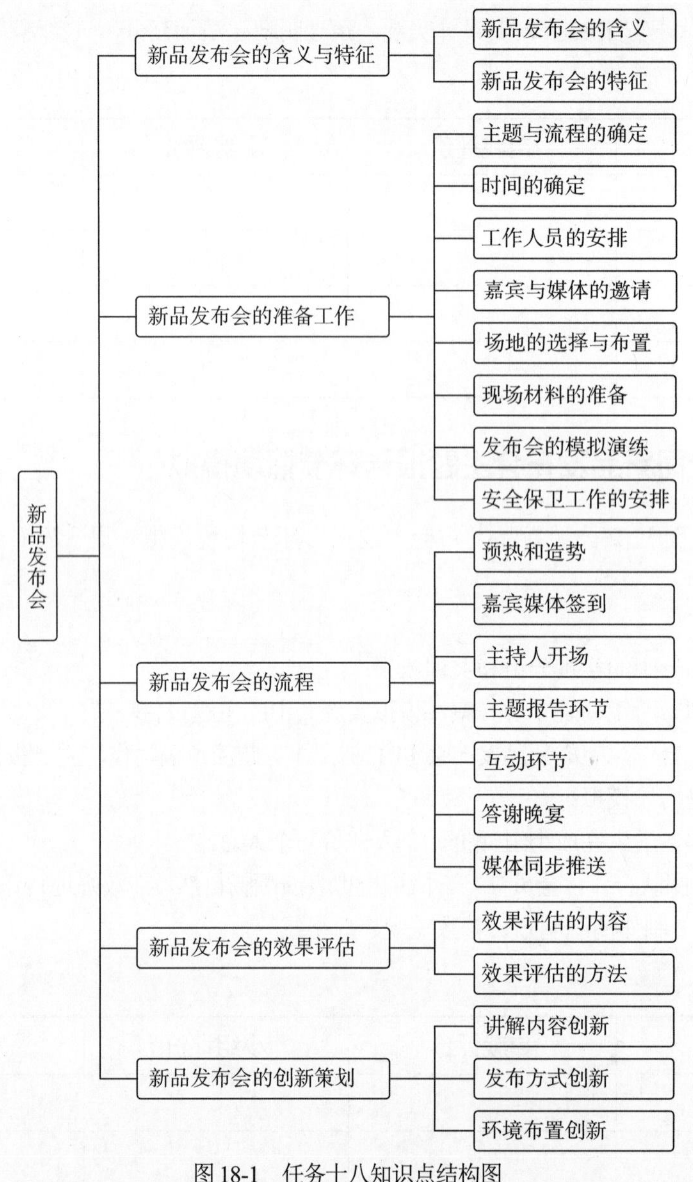

图 18-1 任务十八知识点结构图

六、课后自测

(一) 判断题

1. 新品发布会是指以发布新产品或与新产品有关的信息为主要内容的会议。 ( )

2. 新品发布会的最终目的是与公众亲密沟通。 ( )

3. 在确定发布会具体时间之前，一定要做好本地市场活动的调研及媒体沟通，避免时间上相冲突。 ( )

4. 新品发布会邀请的嘉宾级别要和发布会的规格、定位相匹配。（　）

5. 新品发布会准备阶段的模拟演练无须保密，影响越大越有利于发布会的成功。（　）

6. 发布会的主题报告环节是介绍产品信息的最重要环节，主要诠释产品的研发设计、功能革新、软硬件优势、性能结构、应用价值等。（　）

（二）选择题

1. 确定新品发布会的时间要注意(　　)。
   A. 避开与媒体宣传报道重点相冲突的时间点
   B. 避开节日和假日
   C. 避开竞争对手的发布会
   D. 避开其他单位的发布会

2. 发布会礼仪人员要求(　　)。
   A. 形象姣好　B. 认真负责　C. 善于交际　D. 学识渊博

3. 发布会场地的选择要考虑(　　)等因素。
   A. 空间大小　B. 交通便利　C. 泊车方便　D. 传播效果

4. 完美的发布会幻灯片具有(　　)等特点。
   A. 简洁清晰　B. 色彩浓艳　C. 空间感强　D. 浑然一体

5. 主视觉是品牌高效传递信息的常用范式和必要手段，包含的主要信息有(　　)等。
   A. 品牌或产品logo　B. 核心视觉主体
   C. 标题　D. 主持人

（三）简答题

1. 新品发布会有哪些基本特征？
2. 新品发布会应做好哪些现场材料的准备？
3. 如何进行新品发布会的效果评估？
4. 如何进行新品发布会的创新策划？

七、课外拓展

（一）拓展阅读

线上发布会 4F 营销理论

(1) Film吸引力原则：把线上发布会做成一场“电影大片”。如果线上发布会只是直接把线下发布会搬到线上，那么线上发布会留存率低、停留时间短、线上观看体验度差等问题依然无法得到有效解决。所以需要打破常规会议模式，聚焦产品核心卖点打造一部具有视觉冲击力、代入感、惊喜感的沉浸式电影大片，围绕产品场景化应用编写剧本，应用微电影、情景剧、脱口秀等多种演绎形式将产品进行生活化、艺术化诠释，让产品成为大片的主角，让每个体验者变身为KOL，主动为品牌、产品发出声音。

(2) Flow 有效流量原则：在内容上通过打造 1 个高质量“影片”，承载 N 个创意互动内容吸引用户观看和互动裂变；在渠道上则通过建立 1 个直播主阵地，由点到面布局 N 个高流量媒体矩阵、直播、视频平台，强势推广资源，实现流量资源最大化释放和二次利用。

(3) Farm 用户运营原则：线下发布会是以产品利益点、用户价值传递为核心，而线上发布会要做到的是不仅实现产品核心利益点传递，更要实现巨大流量与产品高销量转化的联动，同时更利于数据库管理，为企业更好地积累和经营用户资源。

(4) Family 专业团队原则：做好一台线上发布会的难度，不亚于打造一场网络版春晚，除了充当创意智脑的首席内容官、直播现场总导演，对剧情故事脚本创意策划、场景化视觉体验进行精细打磨外，还需要一支专业技术加持的直播运营管理团队、视频拍摄及制作团队、网络及多媒体流直播技术团队、电商运营团队、用户运营管理团队。

“所有的伟大来自一个勇敢的开始”，线上发布会在这个伟大的时代里可以说是一个冲锋号，一个旗帜，也是全力冲击市场的里程碑式开端。谁能快速抓住这个机遇，谁就能顺势飞扬。

(资料来源：https://baijiahao.baidu.com/s?id=1659412463934537321&wfr=spider&for=pc)

(二) 课外实践

1. 搜集一些近期的新品发布会案例，对案例进行分解、分析，学习其创新性。

2. 通过网络或实地调研本地一家企业的一场新品发布会，了解发布会的准备工作、现场实施、媒体传播等方面的情况，对该场新品发布会的效果进行评估。

模块六　公共关系危机预防与管理

任务十九　危机预防

【任务描述】

1. 搜集公共关系危机预防案例，说明公共关系危机预防的作用与要点。
2. 为某公司制订公共关系危机预警方案。

【目标与成果】

能力目标	知识目标	课程思政
1. 能通过案例分析，准确说明公共关系危机预防的作用与要点； 2. 能为具体公司制定公共关系危机预警方案	1. 掌握公共关系危机预防的作用； 2. 掌握公共关系危机预防要点	1. 明确公共关系危机预防能维护公关组织与公众的和谐关系； 2. 明确树立公共关系危机意识是公关组织和公众的双赢
学习成果	1. 体现公共关系危机预防作用的案例； 2. 某公司公共关系危机预警方案	

一、案例导入

案例一　扬州世园会

2021 年扬州世园会首次载客万人压力测试圆满收官

青山绿水东风煦，一日看尽世界花。3 月 22 日，2021 年扬州世界园艺博览会迎来首次载客万人压力测试，世界园艺大观园正式亮相，接受检阅。园内繁花似锦，园外万紫千红，好地方扬州又打开了一扇生态绿色之门。

预计 4 月 8 日开幕，仪征不断操练每个工作流程，夯实每个工作细节。备战首次载客万人压力测试，3 月 21 日下午，仪征市委副书记、市长孙建年率队逐一视察世园会各大停车场及指挥控制中心，认真询问交通组织、停车引导、警示标牌设置、票务安排、世园安防、疫情防控等工作筹备情况。

孙建年强调，停车场是世园会给游客的第一印象，要抓紧优化、提升停车场建设，统一标识标牌，抓好绿化补植、破损修缮、扬尘管控等工作；要对票务站房进行统一设置，优化进园流程，强化疫情防控，确保游客顺畅入园。要加快推进园区安防筹备工作，科学调配园区警力，安排好一线工作人员轮休轮值；要严密安防措施，认真组织安全检查，全力以赴做好安保工作，确保园区运营平稳有序。

3 月 22 日当天上午 7：00，在世园会园内、园外道路与节点，安保、交通、防疫、志愿者、安检通道、检票闸机工作人员全部布岗到位，接驳公交车在园外指定地点按序停放，停车场布点工作人员准备就绪，为游客提供泊车指示与服务。

本次测试采用实体票入园方式，开园开馆时间为 8：30 开始测试，中午 12：00 结束。上午 8：30，首批游客持票进园，梦幻叠瀑以“飞流直下三千尺”的气势热情迎客。观光电瓶车载客沿大环线游览，并根据客流量按时按需调整路线。园内志愿者为游客提供志愿服务，园区运营井然有序。当天，“相约好地方，探访世园会”融媒体集中探园活动正式拉开帷幕，吸引 50 多位来自中央、省、市媒体的记者，以及自媒体网红达人打卡。

据统计，当天入园人数约 2 万人。本次小客流测试以实战化方式展开，园区内确保参观者游览安全有序，园区外运行无缝衔接。压力测试指挥部统筹决策，“一办八中心”各司其职，对测试中发现的问题和不足限时整改，不留隐患。

春日好风景，繁花只待君。第二次载客大客流测试安排在 3 月 28 日，届时负荷人数预计将达到 3 万人。

(资料来源：http://jsnews.jschina.com.cn/sxzt/2021yzsyh/2021yzsyh2/202103/t20210331_2755902.shtml)

思考：扬州世园会为什么要在正式开园前做载客万人压力测试？阅读这个案例后你觉得该如何进行危机预防活动？

案例二　华为事件启示

华为事件启示：惶者生存

惶者生存，危机意识的存在，可以让企业预防失败，保持持久而旺盛的战斗力。

过去一个月，华为事件引起全球关切。说真的，企业真是太无辜了，全球化时代，产业链上的国际协作非常普遍，所以很多企业都成为国际产业链上的一环，这也是很自然的事情。如今，美国政府脸一翻，就要把产业链剪断，受重创的绝不仅仅是华为！

中国有句老话，“一根绳上的蚂蚱，跑不了你，也跑不了它”。华为手机已经在全球占有近 30%的市场份额，对于那些断供的美国企业来说，失去这样一个优质大客户，无疑是一笔巨大损失。

危机发生后，华为创始人任正非的应对态度赢得了舆论的赞许。他传递出层次丰富的信息，既对打赢这场战争富有自信，又不失分寸感，带着“君子绝交，不出恶言”的风度，更给他日双方修复关系留下了余地。

但高超的公关技巧绝不是华为核心的战斗力，这家公司就像一座深矿，蕴藏着巨大的能力。

已知的信息是，华为旗下海思半导体总裁何庭波在内部公开信里说，海思将启用“备胎”计划：“所有我们曾经打造的‘备胎’，一夜之间全部‘转正’！”

海思半导体公司 2004 年便已经成立，2009 年推出了第一款手机芯片，2012 年又推出了第一款自用的手机芯片。这是一个什么样的时间段呢？有本书相信大家还记得，美国经济学家托马斯·弗里德曼所著《世界是平的》，当时正风靡国际。

也就是说，当人们还在热火朝天地讨论全球化时，华为已经做出过极限生存的假设。正如任正非所说：“芯片暂时没有用，也还是要继续做下去，在别人断了我们粮食的时候，备份系统要能用得上。”

“备份”这个词，超脱了它物理学的定义。万科董事长郁亮也曾提到这个词，认为大企业最重要的是保证安全，一定要有备份，就像飞机永远需要两套航电系统，一旦一个失灵，另一个马上可以投入使用。

通过企业家的这些观点，一种相似的危机意识便被感知了。顺着它，我们还能找到更多的成功企业，例如平安集团 CHO 蔡方方告诉我，危机感是平安的底层文化。

无论是华为、万科还是平安，都已经有 30 多年历史，是具有相当成熟度的企业，在漫长的时间里，它们都曾经历过周期的转换、外部环境的变化，甚至是生存的挑战，可以说，危机意识是它们在经验上的共识。

让我们回到 2001 年，在这之前的 6 年里，华为投入了 1/3 的研发力量终于攻克了 3G 技术，但国内的 3G 牌照却迟迟不发，没有市场，巨额的投资无法回本，华为曾站在崩溃的边缘。当年，任正非写下《华为的冬天》，袒露了他由来已久的危机感：“10 年来，我天天思考的都是失败，对成功视而不见，也没有什么荣誉感、自豪感，只有危机感，也许是这样才存活了 10 年。”

“信心比黄金更重要”，其实，对于企业来说，在长期经营过程中，保持危机感也很重要。

如任正非所说，惶者生存。

（资料来源：https://baijiahao.baidu.com/s?id=1635931891267411036&wfr=spider&for=pc）

思考：华为事件说明了什么？对一个组织来说，危机预防是否重要？

二、相关知识

知识点一　公共关系危机的含义及特点

1. 公共关系危机的含义

公共关系危机是指社会组织因组织内部或外部的某种非正常因素引发的、严重危害组织正常运作的、对组织形象造成重大损害的、具有比较大的公众影响的突发性事件。危机事件的突发会使组织的公共关系状态严重失常，如果不及时、妥善地处理和解决，会直接威胁组织的生存。

2. 公共关系危机的特点

(1) 突发性。突发性是公共关系危机事件最基本的特征。公共关系危机事件通常是在组织没有准备的情况下突然发生的，往往使人措手不及，因而极易给组织成员和公众造成精神上的压力和心理上的恐慌，同时也常常会使组织蒙受重大损失。例如在 2021 年 4 月 19 日上海车展上，特斯拉展台出现突发事件，一位身穿“刹车失灵”T 恤的女子，突然站在国产 Model 3 特拉斯展车的车顶上，在现场高喊“刹车失灵”，欲向特斯拉讨要说法，这一突发状况引起社会的普遍关注。

(2) 普遍性。危机的发生带有普遍性。任何组织，大到一个政府，小到一个企业，都有可能陷入公共关系危机。如今世界上许多知名的跨国公司，诸如三星、奔驰等企业都在其发展的过程中遇到过不同性质、形式各异的公共关系危机。

(3) 危害性。无论是哪种类型的公共关系危机，一旦发生，都有可能会导致组织的工作秩序发生混乱，严重地会导致财产损失乃至人员伤亡，使组织的信誉一落千丈，导致组织在公众中产生信任危机，其结果很可能给社会造成混乱，使组织的形象受到很大的影响，甚至直接威胁到组织的生存。例如 2021 年 5 月 22 日，由甘肃白银市委、市政府主办，景泰县承办的第四届黄河石林山地马拉松百公里越野赛在进行约四小时后，突遭极端天气，造成多名参赛选手遇难。公众对主办方未能做好安全预案，未能及时叫停赛事，引发公众不满。总之，危机事件造成的后果是非常严重的，必须引起高度重视。

(4) 关注性。无论是哪个组织，一旦发生公共关系危机，都会造成相当大的社会影响。因为现代社会大众传媒的传播速度是相当快的，不仅社会成员之间的信息传播非常迅速，而且危机事件一旦发生，各个媒体会马上给予高度关注，甚至全程跟踪报道，形成强大的社会舆论。很短的时间内，危机事件就会成为社会舆论和新闻媒体密切关注的焦点与热点，成为媒介捕捉的最佳新闻素材和报道线索。有时是在一定范围内，有时则可能波及社会各个阶层甚至更为广泛的范围。例如日本政府计划将福岛第一核电站的核污水排入大海，在韩国首尔，当地时间 2020 年 10 月 26 日，非政府公民组织在首尔世宗文化会馆举行了一场示威活动，抗议日本福岛第一核电站处理过的放射性水可能被排放到海洋中，敦促日方撤销该计划。在日本东京，当地时间 2021 年 4 月 12 日，活动人士在首相官邸外参加抗议活动，反对日本政府的这一计划。这些活动在当时都在非常短的时间内成为全世界各大媒体广泛报道的焦点。

(5) 潜伏性，又称未知性，指公共关系危机包含许多未知因素，具有不可预测的特点，它往往潜伏着。有时某一因素可能会成为诱发危机事件的导火索，从而引发一次危机事件的发生；有时是几个因素的碰撞引发了危机事件的爆发，各种情况都可能发生；有时是组织内部因素引发的；有时可能是组织外部因素引发的。一般来说，汽车公司会预测遇到交通事故，但不可能预测什么时候会发生交通事故。一家企业可以想象会受到舆论的批评、顾客的指责，但却很难预料什么时候受到批评和指责，事情是否会越闹越大，会不会由此使企业陷入更加不利的境地。所以重要的在于用积极的态度对待危机事件，当危机事件未发生时，积极做好危机的防范工作；当危机事件发生时，尽快、有效地处理好危机事件，把损失降到最低。

(6) 复杂性。公共关系危机有比较显著的复杂性。一旦组织发生危机，无论是处理危机、控制危机，都需要对危机所涉及的方方面面进行协调，投入比平时更多的人力、物力、财力。

知识点二　公共关系危机的类型

公共关系危机根据不同的划分标准，可以分为不同类型，如表 19-1 所示。

表 19-1　公共关系危机的类型

划分标准	类型	内涵
根据危机产生的主客观原因分类	人为公关危机	主要是指由人的某种行为引起的公共关系危机，具有可预见性和可控性的特点
	非人为公关危机	主要是指不是由人的行为直接造成的某种危机，包括各种自然灾害、飞机失事以及社会大动荡等，具有无法预见和不可控性的特点
根据危机发生程度分类	重大危机	主要是指组织所面临的事关全局、危及组织存亡的公共关系危机，如组织的重大工伤事故、重大生产失误、火灾造成的严重损失、突发性的商业危机、重大的劳资纠纷等
	一般性危机	主要是指常见的公共关系纠纷。从某种意义上说，它还算不上真正的危机，只是公关危机的一种信号、暗示和征兆，只要及时处理，做好工作，就不会向公关危机发展。但它带来的危害是不可忽视的，轻则破坏声誉，影响产品销售，造成形象损失；重则可能危及企业的生存和发展。常见的公共关系纠纷主要有内部关系纠纷、消费者关系纠纷、同业关系纠纷、政府关系纠纷、社区关系纠纷等
根据危机与组织利益的关系程度以及危机归咎对象分类	内部危机	主要是指发生在组织内部的公共关系危机。可以是发生地在组织内部的危机事件，或者是造成危机的责任在于组织的内部成员的过失。此类危机的特点是波及范围小，主要影响本组织的利益。危机的主体是本企业的领导和职工，因而相对来说容易处理
	外部危机	主要是指发生在组织外部，影响多数公众利益的一种公共关系危机。相对于内部危机而言，外部危机的特点是波及的范围较广，不可控因素较多，较难处理，需要有关各方密切配合行动
根据危机不同内容分类	信誉危机	主要指组织在经营理念、组织形象、管理手段、服务态度等方面出现失误造成的社会公众对组织的不信任感，如组织由于不履行合同、不按时交货、质量问题等所形成的公共关系危机都是信誉危机
	效益危机	主要指组织在直接的经济收益方面面临的困境，如原材料价格上涨、同行业产品价格下调、组织投资出现偏差等
	综合危机	主要指兼有信誉形象危机和经济效益危机在内的整体危机。它是一种迅速蔓延、向四面发展的危急状态，也是一种最严重的危机状况。这种危机的爆发往往是由于出现了影响重大的突发性事件，而且会从信誉危机引发经济利润全面下降
根据危机的外显形态分类	显在危机	又称显性危机，是指已发生的危机或危机趋势非常明朗，爆发只是时间问题。如组织经营决策失误造成的产品积压、市场缩小的危机等
	内隐危机	又称隐性危机或潜伏危机，是指危机的因素已经存在，但没有被人们意识到的危机，如安全防火设施遭到破坏、缺乏防火意识等。与显在危机相比，内隐危机具有更大的危险性

知识点三　公共关系危机预防的含义及作用

1. 公共关系危机预防的含义

公共关系危机预防是对公共关系危机隐患进行监测、预控的危机管理活动。

2. 公共关系危机预防的作用

(1) 严密防控，防微杜渐。公共关系危机在组织的整个生命周期中是不可避免的。对于危机，最重要的是预防它的发生，并预见可能发生的危机。组织越早认识到存在的威胁，越早采取适当的行动，越有可能控制住问题的发展。

(2) 从容应对，降低损失。公共关系危机预防的一项有效手段就是提前拟订应急反应计划，做好应付危机的准备工作。尽管一般的危机都是由突发性事件引起的，是不期而至的，但是，只要做到“有备无患，防患于未然”，即使危机突然发生，也能做到临危不乱，按照计划迅速、果断地采取有效措施，将危机对组织造成的损失和影响降到最低程度，转危为安，化险为夷。

知识点四　公共关系危机事件预防的要点

公共关系危机事件虽然因其突发性而很难预测，但是若是以积极的态度防范的话，就可以把损失降到最低，甚至可能从根本上杜绝某些危机事件的发生。

1. 树立正确的危机意识

没有危机意识的个人，将随时面临困难；没有危机意识的组织，将随时面临经营的困境。

组织的全体员工，上到领导，下到一般员工，都应居安思危，将危机的预防作为日常工作的组成部分。要培养组织全体员工的忧患意识，组织领导人首先要具备强烈的危机意识，能把危机管理工作做到危机实际来临之前，并为企业应对危机做好组织、人员、措施、经费上的准备。教育员工要认清每个部门、每个环节和每个人的行为都与组织形象密切相关，危机的预防有赖于全体员工的共同努力。全员的危机意识能提高组织抵御危机的能力，有效地防止危机发生。即使产生了危机，也会把损失降到最低程度。

正确的危机意识还体现在对危机的看法上。危机不仅指危险，而且蕴含着机遇。危机如果处理得好，可以广泛建立社会与各界的良好关系、增进彼此的了解和沟通，获得相关公众的理解、谅解和支持，借助危机提高知名度的同时扩大组织的美誉度。如果组织有正确的危机意识，就不仅仅是处理危机，还会利用其中的机遇。

预防危机要从组织创办之日起就着手进行，伴随着企业的经营和发展长期坚持不懈。出现危机才想到公关，把公关当作一种临时性措施和权宜之计的做法是不可取的。在公关工作中，要时刻把与公众沟通放在首位，与社会各界保持经常联系，保持良好关系，企业内部双向沟通顺畅，消除危机隐患。

危机意识还体现在严格管理上，许多事故是由于管理不善、要求不严、有章不循、马虎大意引起的。企业对生产、销售等各个环节的管理必须从严，严格按操作规程和规章制度办事，克服短期行为。经常自我审查，如发现违章违规、违背政策、损害公众利益的行为，应及时纠正。

2. 成立危机预防管理委员会

成立危机管理委员会是发达国家的成功经验，是顺利处理危机、协调各方面关系的组织保障。委员会成员一般是兼职，由组织的领导人，公关部、安全、生产、后勤、人事、销售等部门人员组成，其职责如下。

(1) 全面、清晰地对各种危机情况进行预测；负责日常危机预警、预控和员工的危机应对培训。

(2) 为处理危机制订有关策略和计划。

(3) 监督有关方针和步骤的正确实施。

(4) 在危机实际发生时，对全面工作做指导和咨询。

3. 强化危机预警

强化危机预警，首先要组织的领导者重视这项工作，有备才能无患，必须使危机管理制度化、规范化，建立健全的危机管理机制和防范预警系统。预警系统的主要任务是：加强信息的搜集、分析、整理工作，随时把有价值的信息提供给危机事件处理小组；加强与组织内部成员和组织外部公众的沟通，以便获得更多、更有价值的信息，及时掌握情况、发现问题，力争把矛盾消灭在萌芽状态；有重点、有目的地选择社会公众作为沟通对象，扩大企业的正面影响。要经常性地进行市场调查和预测，分析自己的市场竞争力，了解同行业竞争对手的情况，以便调整自己的经营管理，不断预测市场前景，寻找可能产生危机的因素，尽量把这些可能引发危机事件的因素事先化解掉。

4. 制定危机预警方案

公共关系危机预警方案是组织在全面分析、预测的基础上，针对危机事件出现的概率而制定的有关工作程序、施救方法、应对策略措施等的方案。

预警方案的制定能使组织在危机来临时目标集中、决策迅速、反应快捷、掌握主动，能使各方面都有心理准备，从容面对，能保障紧急状态中的资源供应，降低成本、减少损失。

一份完整的公共关系预警方案一般包括危机处理的对策、具体运作方式和注意事项等，并以书面的形式表现，其侧重点在于具体危机出现后如何施救处理。

5. 组织危机预演

为了强化全体工作人员的危机意识，提高危机期间的危机实战能力，检测危机处理协调程度，完善并修正危机应急预案，组织有必要定期对危机应急方案进行模拟演练，让有关人员对危机爆发后的应对措施有一个大体的了解，积累一定的危机处理经验。

危机预演的形式有很多，可采用录像观摩、案例学习、危机模拟演习等。

6. 做好危机预控

在日常工作中，如果社会组织已意识到危机事件的发生有其难以预测的特征，且一旦发生又极易造成人员生命或财产的重大损失，那么就应尽可能做到未雨绸缪，把危机意识转化为组织的自觉行动。也就是说，当公关部门在日常管理中搜集到相关信息，预感到可能有危机事件发生时，就应立即启动危机预警机制，积极做好防范，包括舆论宣传、信息沟通、内部动员、全面部署，力争在危机发生后把损失降到最小。同时，还应该认识到，由于危机事件有其突发性的特征，在平时就应该强化对可能发生危机的预测，并且与处理危机的相关单位建立良好的合作关系，一旦危机发生，能够立即启动这个合作网络。平时加强沟通、增进了解，建立起相互信赖、相互支持的友好合作关系，危机发生时，就会相互支援、并肩战斗，有利于危机的解决。

三、课堂分析与讨论

(一) 案例分析

【案例分析 19-1】　　肯德基因疫情暂时停用吮指原味鸡广告语

据《今日美国报》报道，肯德基全球首席营销官凯瑟琳·坦-吉莱斯皮(Catherine Tan-Gillespie)在一份声明中表示："我们陷入了一个特殊的处境，有的标志性广告语不完全契合当前的形势。尽管我们正在停止使用'吮指回味，自在滋味'的广告语，但请放心，我们被全世界很多人喜爱的食物口味不会有任何改变。"

此外，声明强调，该广告语并非永久弃用，"还会在合适的时候重新使用"。报道称，"吮指回味，自在滋味"是肯德基最受欢迎的广告语之一，肯德基已经使用了长达 64 年。

报道提到，根据美国疾控中心此前提供的资料显示，为避免感染新冠病毒，措施之一就是勤洗手，并避免用手触碰嘴巴、鼻子和眼睛。

肯德基的这项决定也引起网友热议，网友对此褒贬不一。

有网友赞同肯德基的这一做法，并称对于现在的情况来说，舔手指不是一个好行为。

然而，有网友则认为，大家都会在吃饭前洗手，"舔一下又怎么了？"

美国有线电视新闻网也报道了这件事，认为虽然肯德基发布的声明是出于好意，但其本质是一场"聪明的营销活动"。不仅如此，一些网友也认为，肯德基是在变相"打广告"。

有网友说，这是肯德基社交媒体团队的商业行为，是"免费广告"。

还有人则表示，这场营销很管用，"现在每个人都在谈论吮指原味鸡"。

你怎么看？

(资料来源：https://baijiahao.baidu.com/s?id=1675976100740661210&wfr=spider&for=pc)

分析：你是如何看待肯德基在疫情期间发出撤下"吮指回味，自在滋味"这一广告的声明的？

参考分析	你的分析
肯德基撤下"吮指回味，自在滋味"这一广告的声明，说明肯德基具有积极的危机预防意识，在疫情防控期间，积极、主动地撤下与防控中心提倡的措施相违背的广告，避免了可能引起的公众的质疑，很好地预防了一次可能发生的公关危机，说明了危机预防的重要性。至于有公众认为这是一场"聪明的营销活动"，是"免费广告"，这也同时说明了一个好的公关活动一定是多种公关手法的运用，包括利用热点事件制造新闻等，引起公众的关注，达到塑造良好的组织形象，取得社会效益和经济效益的公关目的	

【案例分析 19-2】　　三天内两起老虎伤人事件

2021 年 5 月 23 日上午，安徽蚌埠市禹会区的张公山动物园饲养员杨师傅在日常工作时被饲养的老虎袭击，后被紧急送往医院后宣布不治身亡。

据医院介绍，伤者颈部、头部、背部均有明显的咬伤或抓伤，经检查已无明显生命体征。

据了解，这名饲养员 55 岁，在张公山动物园饲养老虎近 20 年。根据当地主管部门介绍，初步认为饲养员未确保老虎隔离间门锁住的情况下进入老虎笼打扫卫生。

(资料来源：https://baijiahao.baidu.com/s?id=1700552579747442814&wfr=spider&for=pc)

2021 年 5 月 25 日上午，淅川县上集镇丹江孔雀谷发生一起饲养员喂养老虎时被咬伤、两只老虎跑出铁笼的突发事件。

受伤饲养员贾某某被第一时间送医，经抢救无效后死亡。事发后，淅川县委、县政府迅速启动应急预案，组织县应急、公安、武警、林业、消防、卫生和上集镇等单位有关人员，紧急赶赴事发现场应急处置，组织谷内无关人员和孔雀谷周边群众迅速疏散撤离。出笼的两只老虎被控制在孔雀谷内，经过多次诱捕未果，为保证群众生命安全，遂根据现场态势并报上级主管部门批准后，14 时 20 分和 15 时 12 分，两只老虎先后被击毙，安全风险解除。

据初步调查，两只老虎系安徽宿州市某马戏团所有，由孔雀谷租赁展演，持有营业执照和驯养繁殖许可证等手续。目前，正在按照相关法规和程序进行善后处理与事故调查工作。

(资料来源：https://baijiahao.baidu.com/s?id=1700781328422396453&wfr=spider&for=pc)

分析：你是如何看待三天内两起老虎伤人事件的？

参考分析	你的分析
三天内发生两起老虎伤人，与其说是老虎伤人，还不如说是安全管理上存在的漏洞害人害虎。如此大的风险或许源自猛兽日常饲养的"缺斤少两"，或许源自关键设施的缺乏维护，或许源自工	

（续表）

参考分析	你的分析
作人员某一刻的疏忽大意。而更重要的是，隐患早已在走过场的培训中、尘封的应急预案里以及管理者“利益至上”的思维方式里深深埋下了。案例很好地说明了公关危机的特点和具备危机意识、强调危机预防的重要性	

(二) 观点讨论

讨论公关危机预防和一般安全预防的区别。

参考观点	你的观点
对象范围不同，一般安全预防着眼于人身、财产安全，公关危机预防除了注重人身、财产安全之外，还负责舆情监控等。 任务不同，一般安全预防主要体现在人身、财产安全方面，公关危机预防则体现在组织形象安全方面。 着眼点不同，一般安全预防着眼于人身、财产安全的保证，公关危机预防除了注重人身、财产安全，更着眼于公关主体在公众心目中良好形象的维护	

四、任务实训

实训一　搜集公共关系危机案例

【实训目的】通过采集一系列公共关系危机案例，加强对公共关系危机预防的作用与要点的理解。

【实训步骤】

(1) 4～5 人为一组，全班同学分成若干小组；

(2) 以小组为单位，每人采集至少一个公共关系危机案例；

(3) 以小组为单位，每人讲述自己的采集的案例，经小组讨论，选出两个最精彩的案例；

(4) 每组派代表在全班做总结发言。

【实训要求】搜集的公共关系危机案例可以是危机预防成功的，也可以是危机预防失败的；实训步骤(3)要求经过讨论，明确所列举的案例具有公共关系危机性质，指出它们成功或失败的原因，需与危机预防有关；小组代表发言应对小组活动情况做真实概括，总结性强。

【实训评价】

评价指标	自我评价	小组评价	教师评价
参与度			
完整性			
准确性			
成效性			

实训二　公共关系危机预警方案制定

【实训目的】通过为某公司制定公共关系危机预警方案，提升公共关系危机预防能力。

【实训步骤】

(1) 4～5 人为一组，全班同学分成若干小组；

(2) 熟悉一家本地公司；

(3) 以小组为单位，讨论该公司公共关系危机预防的要点、方法；

(4) 为该公司制定公共关系危机预警方案；

(5) 小组代表课堂分享，教师点评；

(6) 以个人为单位完成实训总结。

【实训要求】全员全程参与，团队合作。公关预警方案结构合理，方法正确，可行性强，表述得当，能产生较好的危机预警效果。

【实训评价】

评价指标	自我评价	小组评价	教师评价
参与度			
完整性			
准确性			
成效性			

五、内容小结

任务十九主要介绍了公共关系危机的特点、类型，公共关系危机预防的作用与要点等，如图 19-1 所示。

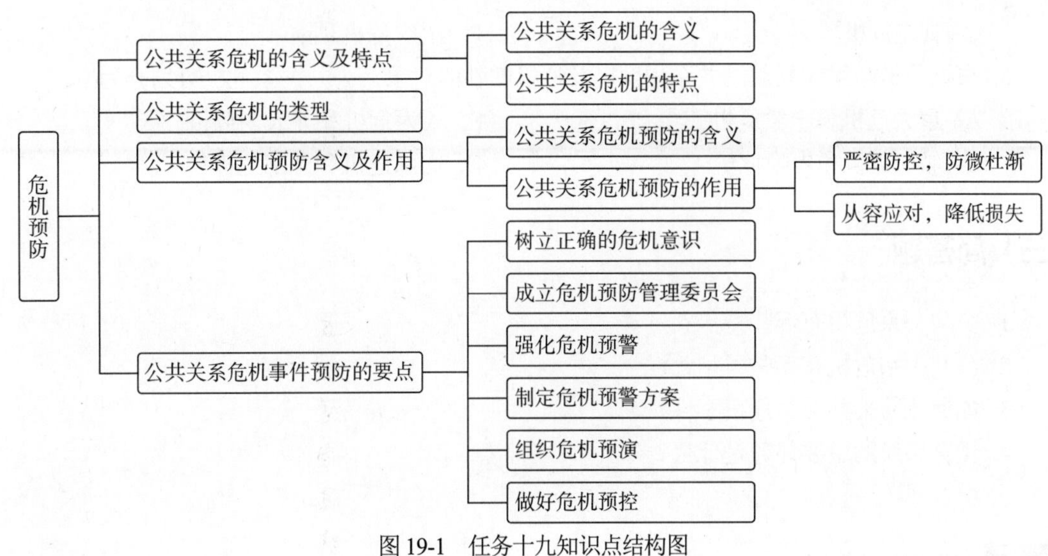

图 19-1　任务十九知识点结构图

六、课后自测

(一) 判断题

1. 普遍性是公共关系危机事件最基本的特征。　(　　)

2. 外部危机主要是指发生在组织外部，影响多数公众利益的一种公共关系危机。　(　　)

3. 相对于内部危机而言，外部危机的特点是波及的范围较广，不可控因素较多，较难处理，需要各有关部门密切配合行动。　(　　)

4. 危机预演的形式有很多，可采用录像观摩、案例学习、危机模拟演习等。　(　　)

5. 严密防控，防微杜渐是危机预防的作用之一。　(　　)

6. 潜伏性是公关危机特点之一。　(　　)

(二) 选择题

1. 公共关系危机事件最基本的特征为(　　)。

A. 危害性　B. 关注性　C. 普遍性　D. 突发性

2. 根据危机发生的程度，公共关系危机可划分为(　　)。

A. 内部危机和外部危机　B. 人为危机和非人为危机

C. 显在危机和内隐危机　D. 重大危机和一般危机

3. 以下不属于根据危机的不同内容划分的危机类型是(　　)。

A. 信誉危机　B. 效益危机　C. 显在危机　D. 综合危机

4. 危机模拟演习是(　　)的形式之一。

A. 强化危机预警　B. 树立危机意识

C. 制定危机预案　　D. 组织危机预演

5. 根据危机与组织利益的关系程度以及危机归咎的对象，公共关系危机可划分为(　　)。

A. 重大危机和一般危机　　B. 人为危机和非人为危机

C. 显在危机和内隐危机　　D. 内部危机和外部危机

(三) 简答题

1. 公共关系危机有哪些特点？
2. 公共关系危机有哪些类型？
3. 如何预防公共关系危机事件？
4. 预警系统的主要任务是什么？

七、课外拓展

(一) 拓展阅读

如何撰写危机预警方案

危机管理的关键在于预防，在于捕捉危机信息。危机管理预警方案就是危机预防的书面体现。如何撰写危机管理预警方案呢？可以参考以下步骤。

1. 搜集危机信息

可以从不同的方面搜集危机信息，如从消费者窗口、市场营销部门、财务部门、生产部门、人事部门等渠道搜集显性和隐性的危机信息。通常，企业或组织应该建立舆论监测或反馈系统来捕捉危机信息。

2. 建立专家小组

专家小组和危机管理小组的成员可以是交叉的，也可以是不交叉的。搜集的信息应提交给各位专家成员。

3. 分析、评价危机信息

专家小组和危机管理小组成员将显性的、隐性的信息集中起来，进行评价。危机会由于企业种类、状况、规模、发展程度的不同而各异，因此要从本单位实际出发，将危机信息进行分类，事先估计危机发生的概率，以制定相应的对策。

4. 针对每种潜在危机制定策略

要设想最坏的可能，为每种潜在危机制定策略。比如，人员怎么召集？何人就何事做什么工作？谁向谁传达什么样的指令？又如，谁负责处理企业停工问题？谁负责产品处理？谁对外沟通？类似问题必须有明确、具体、清晰的应对之道。

5. 危机管理预警方案的内容

危机管理方案是对危机预防、分析、对策等全面内容的表述，其主要内容就是危机管理计划的具体化。

6. 对检查做出规定

由于工作非常繁忙，企业领导和危机管理小组成员容易忽视或忘记对预警方案执行情况的检查。因此，在危机管理预警方案中，还应该确定对危机防范情况定期检查的若干规定。比如，什么时候检查？哪些人主持检查？检查什么？用什么方式检查？

(资料来源：谢红霞. 公关实训[M]. 大连：东北财经大学出版社，2008.)

(二) 课外实践

通过网络或实地调研一家组织的公关预防工作，了解、学习该组织的典型公关预防工作案例。

任务二十 危机管理

【任务描述】

1. 为公共关系危机案例提出危机处理方案。
2. 搜集危机公关案例，说明危机管理的基本程序。

【目标与成果】

能力目标	知识目标	课程思政
1. 能妥善处理公共关系危机; 2. 能运用危机管理的基本程序分析具体公关案例	1. 掌握公共关系危机管理的原则; 2. 掌握公共关系危机管理的基本程序	1. 危机管理过程中强调责任担当; 2. 危机处理强调公众利益优先
学习成果	1. 公共关系危机处理方案; 2. 体现危机管理基本程序的公关危机案例	

一、案例导入

案例一 爆炸发生之后

突发爆炸，湖北十堰政府危机公关

据央视新闻客户端消息，2021 年 6 月 13 日 6 时 30 分，湖北十堰市某小区发生燃气爆炸事故，爆炸造成多人被困，部分人员受伤。

据人民日报客户端消息，截至 11 时，前方现场救援指挥部搜救出 144 人，目前均在医院接受救治，其中重伤 37 人，死亡 11 人。

事故发生后，湖北省省委书记应勇第一时间做出批示，省委副书记、省长王忠林正赶往现场组织救援，事故原因正在调查中。

目前十堰已成立现场抢险救援指挥部，市委书记胡亚波、市长黄剑雄任指挥长。

指挥部下设 8 个工作小组。一是综合组，由市委常委、组织部部长胡志莉负责；二是现场抢救组，由副市长、公安局局长董奇峰负责；三是伤员救治组，由副市长刘运梅负责；四是安全稳定组，由市委副书记、政法委书记王济民负责；五是事故调查组，由副市长王晓负责；六是网络舆情组，由市委常委、宣传部部长吴烨负责；七是后勤保障组，由市委副书记、政法委书记王济民负责；八是危房鉴定组，由市人大常委会副主任刘学华负责。

另据极目新闻消息，发生爆炸的是十堰市某小区，附近菜市场被炸毁。据知情人介绍，这是一个比较大的菜市场，事发时，市场已经开市营业，买卖蔬菜、吃早餐的人很多。

目击者张先生称，当时他正准备到菜市场里的餐馆吃早餐，还没走到菜市场，突然听到巨大的爆炸声，然后看到整个菜市场被掀翻了，瞬时砖头瓦砾满天飞，飞来的砖块差点砸到了他。

事故发生后，十堰市民自发踊跃报名献血，十堰市中心血站呼吁广大市民错峰献血，不要扎堆。

(资料来源：https://www.sohu.com/a/471922057_180220)

思考：在这篇报道中，湖北十堰突发爆炸后，政府立即做了哪些事情？这些是否符合危机公关的基本程序？指挥部下设的小组是否恰当？

案例二　特斯拉事件

2021“特斯拉事件”脉络梳理

2021 年 2 月 21 日，张女士父亲驾驶特斯拉时与其他车辆发生了碰撞。

2021 年 3 月初，张女士手持喇叭在车顶进行维权的视频在网上广为流传。

张女士表示，她的父母都在该次事故中受伤，她因内心恐惧找到特斯拉官方，要求将车辆退回。但因为特斯拉方面多次推诿甩锅，不予正面回应，所以她才采取这样一种方式维权。

3 月 6 日，针对此次事件，特斯拉愿意协助张女士进行车辆维修和保险等事宜，但是遭到了拒绝。随后，张女士将车贴上了封条，拒绝以任何形式进行车辆检测，并且提出了退车、赔偿精神损失、医疗费、误工费等多种诉求。

3 月 10 日，“特斯拉客户支持”微博针对此次维权事件称，交警方面出具的事故责任认定书显示：认定张先生(车主父亲)违反了相关法律关于安全驾驶和与前车保持安全距离的规定，对事故应承担全部责任。

3 月 11 日，张女士在个人微博上回应：监管局给出了一家鉴定机构，而且只有一家具有资质的机构，但是这个机构并没有那么权威，而且她怀疑这个机构被特斯拉所收买，所以并不认可。

4 月 19 日，2021 上海国际车展在国家会展中心开幕。张女士等两人到车展现场表达不满。期间，两人在该展台区域通过肆意吵闹等方式，一度引发现场秩序混乱。

4 月 19 日，张女士因为扰乱公共秩序而被行政拘留 5 天，与她一起的女士被行政警告。

4 月 19 日晚上，特斯拉对外事务副总裁陶琳在采访中表示：“近期的负面影响都是她(张女士)引发的，我们没有办法妥协，就是一个新产品发展必经的一个过程”，“我觉得她也很专业，背后应该是有人的”。

4 月 20 日凌晨，特斯拉微博再次回应上海车展上关于特斯拉产品安全问题的疑问和关注。称如果是特斯拉产品的问题，特斯拉一定坚决负责到底，该赔的赔、该罚的罚，这是特斯拉一贯的态度和处理方式。对于不合理诉求不妥协，同样是特斯拉的态度。

4月20日晚，特斯拉公司在其官方微博向客户致歉，并表示已成立专门处理小组，尽全力满足车主诉求。

4月21日深夜，特斯拉官方再度深夜发声，恳请郑州市市监局指定权威的、有资质的第三方检测鉴定机构，开展检测鉴定工作，特斯拉承担鉴定产生的全部费用。同时承诺，无论检测结果如何，都接受。

4月22日，特斯拉向中国市场监管报记者提供了车辆发生事故前一分钟的数据，并做出一份文字说明。

4月26日，特斯拉深夜致歉：会尽全力处理和解决好现存问题，给关心特斯拉的所有人一个交代。

4月28日，特斯拉发布关于在上海车展上维权事件的沟通进展及事件说明，说明称交警判定车顶维权女车主父亲全责。

5月6日，张女士正式起诉特斯拉和特斯拉对外事务副总裁陶琳。

(资料来源：根据网络资料整理)

思考：“特斯拉女车主维权事件”过程中，特斯拉违背了危机公关的哪些基本原则？

二、相关知识

知识点一　危机管理的含义

公共关系危机管理又称危机公关，是指组织在公共关系理论的指导下，运用公共关系的策略、措施与技巧，科学地处理组织潜在的或现存的公共关系危机，从而减少危机给组织与公众带来的影响，进而寻求公众对组织的谅解，以重新树立和维持组织形象的一种管理行为。

知识点二　危机管理的基本原则

在危机管理中，为了能够更有效地解决危机事件，应该遵从以下五大原则。

(1) 快速反应原则。危机事件一旦发生，组织要做的重要工作之一就是及时、准确地把危机事件的真相告诉公众，告诉媒体，以最快的速度做出反应，尽最大可能控制事态的恶化和蔓延，把因危机造成的损失减小到最低，在最短的时间内重塑、维护组织的形象。

(2) 真诚沟通原则。危机事件发生后，组织与公众的沟通至关重要。这时的沟通必须以真诚为前提，如果不是真心实意地同公众沟通，是无法平息舆论压力的。俗话说，“真心换真心”“将心比心”，组织若能把公众的利益放在第一位，真诚地与公众沟通，相信公众是通情达理的。

(3) 承担责任原则。危机事件发生后，利益是公众关注的焦点。危机事件常常会造成组织利益和公众利益的冲突激化。一旦遭遇公关危机事件，作为组织，必须勇于承担自己该负的责任，做到不推卸，不埋怨，不寻找客观理由，这样才能赢得公众的谅解和好感。

(4) 统一处理原则。公共关系危机发生后，在处理整个危机事件的过程中，组织者必须冷静、有序、果断，统一指挥协调、统一宣传解释、统一行动步骤，“一个声音，一个观点”，而不可失控、失序、失真，否则只能造成更大的混乱，使局势恶化。

(5) 权威证实原则。作为组织，尤其是生产企业和经销企业，产品质量是企业赖以生存发展的保障。发生公关危机后，企业应尽力争取政府主管部门、独立的专家或权威机构、媒体及消费者代表的支持，而不要自己去徒劳地自吹自擂，“王婆卖瓜，自卖自夸”是无法取得消费者信赖的，只有拿出法定权威部门的质量鉴定，用“权威”来证明自己，除此之外，别无捷径可走。

知识点三　危机管理的基本程序

公关危机事件一旦发生，如何处理就成为最重要的问题。各种类型的公共关系危机事件在规模、性质上、表现形式、涉及的公众等方面虽有不同，但在处理程序上有其共同点。这个基本程序应该与应急方案相衔接，同时根据当时情况予以调整。一般来说，公共关系危机管理的基本程序如下。

1. 成立危机管理小组

公共关系危机发生后，应立即启动常规的危机管理机制，并针对本次危机事件的特点成立危机事件应急处理小组，组长由组织的主要领导担任，公关部成员和部门负责人参加，明确分工、迅速到位，各司其职开展工作。小组的主要任务是制订应急计划，明确具体任务，让内部员工了解事情真相，统一口径，以利协调工作，与媒体取得联系并为其准备好相关资料，成立公共信息中心，及时向外界公众发布有关信息，保持传播与沟通的畅通等。

2. 迅速到达现场，掌握全面情况

组织负责人、相关部门负责人、危机处理的专家，必须在第一时间到达危机现场，掌握第一手情况，弄清事件发生的时间、地点、原因和已出现的后果，如人员伤亡和财产损失等情况，了解公众的情绪和舆论的反应，要尽可能多地、全面地掌握有关信息，了解事态的发展和控制情况，为危机对策的制定奠定基础。

3. 分析信息，确定对策，控制险情

在掌握危机事件第一手情况，了解公众的情绪和舆论的反应的基础上，深入研究，迅速确定应采取的对策和措施，及时控制危机，力争把组织和公众的生命财产损失降到最低点，这是危机发生时要果断处理的。在这个过程中，尤其要把公众的利益放在第一位，这是危机处理完毕后使组织形象得以尽快恢复的基础。接着要尽量控制危机态势的蔓延，使影响不再扩大。危机处理小组成员要按照分工积极、妥善做好分管的工作，发挥团队合作精神，齐心协力为共同的目标而努力。

4. 抓紧时机，组织力量，落实措施

这是危机处理的中心环节，公众和舆论不仅要看组织的宣言，更要看组织的行动。组织要诚恳地听取危机事件的受害者的意见，实事求是地承担责任，坚决避免在事故现场与受害者或

其家属发生争执。向媒体传递的信息要统一口径，由组织负责人公布事件真相。在实际操作中，对危机事件的处理意见统一以后，各方面负责人即同时开展工作，按照职责做到各司其职、步调统一、及时交流、保持协调，齐心协力处理危机，使局面向着利于维护组织形象的方向发展。

在处理整个事件的过程中，组织要始终把公众利益放在第一位。同时，组织还要随时向上级领导汇报情况，使上级领导随时掌握事态发展，以便及时给予指导。

5. 及时评估，总结检查，公之于众

危机事件处理工作结束后，要及时对事件处理情况进行全面检查、评估，并将检查结果向董事会和股东公布。有些重大事故也可采取致歉广告的形式在报刊上刊登，表明企业敢于承担责任，一切从公众利益出发，认真做好善后处理工作。在检查、评估中，要实事求是、一丝不苟，重点放在社会效应和形象效应方面，力争把成功的经验和遇到的困难以及失败的教训尽可能总结得全面些，为以后处理危机事件积累经验和教训，争取减少和更有效地防范危机事件的发生。

知识点四　公共关系危机产生的原因及处理办法

1. 公共关系危机产生的原因

根据公共关系危机产生的不同原因来看，组织所面临的公共关系危机事件常见类型有以下3种。

(1) 组织因自身行为不当引起的危机，如重大安全事故、废水废气泄露、劳务纠纷、内部人员贪腐等。

(2) 因外界突发事件引发的危机，如台风、泥石流、海啸、地震、洪涝等自然灾害，以及全国性或世界性的经济危机、政治变革、战乱等。

(3) 媒体报道失实引起的危机，如一些不法分子蓄意破坏、诽谤，一些竞争对手散布谣言，一些公众草率地主观判断，导致媒体传播的信息失真，引发公众误解，从来带来危机。

2. 相应处理办法

(1) 因组织自身原因引发的公共关系危机事件应采取的处理方法：果断采取措施，有效制止事态扩大；及时向公众及新闻界披露事件真相，主动公开道歉，以期迅速获得公众的谅解、宽容；采取有效措施处理善后事宜，了解公众需求，及时弥补公众的损失，力争把公众的损失降到最低；通过适当的媒体把事态的发展情况、改进措施、对公众的承诺等内容公之于众，以消除公众的不良印象，恢复公众的信任；针对此危机事件，认真总结教训，对组织的全体成员进行危机意识教育，尽量避免危机事件的再度发生。

(2) 因组织外部突发事件引起的公共关系危机应采取的处理方法：在指导思想上要把公众利益放在第一位，换位思考，这类突发事件，因为事发突然，事前不可能周密部署，此时如何把难题处理好，是对领导和公关人员素质与能力的极大考验，需要有经验丰富的人做带头人，具体指挥、部署每一道工作程序，使公众能认同组织的处理意见。这样组织形象也能尽量不受或少受损害，最终化险为夷，渡过难关。但事后一定要认真总结经验和教训，用于指导今后对公关危机事件的预防。

(3) 因个别传媒失实报道引起的公共关系危机应采取的处理方法：首先稳定情绪，避免冲动，不可看到失实报道就感情冲动，出言不逊，不计后果，保持清醒的头脑，冷静地分析失实报道给组织造成的影响和损害程度，进而明白组织目前所处的环境状态；接着要进行认真的调查研究，弄清报道失实的真实原因，确定下一步开展危机公关活动的目标；再有针对性地制订计划、采取切实可行的有力措施，尽快澄清错误报道，加强正面宣传、报道，让媒体和广大公众了解事件的真实情况，最终达到公众正确理解组织的真实意图的目的。对因失实报道造成严重恶劣后果而引发的危机事件，必要时可运用法律手段来维护组织和公众的合法权益，相信法律是公正的。一般情况下，若能在公关职能范围内通过双向沟通协调解决的，应尽量协商解决。

知识点五　危机管理中的公众沟通

公关人员在危机发生之后，必须立即着手开展危机的调查工作，并在全面掌握情况以后，针对不同对象进行相应的沟通与协调。

1. 与组织内部公众的沟通协调

(1) 在危机初期，及时向内部员工宣布危机处理小组成员、宣布本组织对待危机的态度，并且对员工提出一些应对危机的要求。

(2) 在危机稳定期，及时向内部公众通报危机事件的发生时间、地点、有无伤亡，以及本组织处理危机事件的基本原则、方针、具体的程序与对策。将制定的危机处理方案通告各部门及全体员工，以便统一口径、统一思想、协同行动。

(3) 在危机抢救期，及时向内部员工通报造成危机的原因、给直接受害者造成的损失，以及受到波及的公众范围有多大、影响有多深、事态发展趋势、事态是否得到有效控制等情况。

(4) 在危机处理末期，一方面对危机处理工作进行评估，总结经验、找出不足、奖励在处理危机事件中表现突出的有功人员，处罚危机事件的责任者，并通告有关方面情况；另一方面通过危机事件教育员工，齐心协力共渡难关。

与组织内部公众沟通协调要注意强调统一指挥、有条不紊，要做到及时、顺畅、有效，要起到稳定人心、增强信心的作用，从而充分发挥团队的作用。

2. 与受害者的沟通协调

(1) 企业和组织要全面了解危机，以及危机所造成的有关损失情况，并主动承担相应的责任，给公众留下一个责任感强的企业和组织形象。同时，要全面提供善后服务，以维护此时可能已经岌岌可危的公众形象。

(2) 危机事件若造成伤亡，一方面要立即进行救护工作或进行善后处理；另一方面应立即通知其家属，并尽可能提供一切条件，满足家属的探视要求。

(3) 要积极倾听各方面公众的意见，并合理赔偿损失。对于受害者家属的过分要求，公关人员应宽宏大量，坚决避免在事故现场与受害者发生争辩与冲突。另外，在现场与相关公众研究、处理问题时，也要做到有分寸地让步，应该注意拒绝的方法与技巧。

3. 与新闻媒介的沟通协调

(1) 在危机发生时，企业或组织内部一定要就如何向新闻媒介公布事故，以及公布时如何措辞等有关事项在内部统一认识和统一口径，以免口径不一，造成不必要的疑虑与误解。

(2) 由权威人士发言提供准确信息。一般来说，公布本企业或组织事故的时候，最好是由总负责人出面，如厂长、经理、CEO 等，以示企业或组织对危机的重视程度，这样也会给公众和媒介留下较好的印象。另外，在发布信息时，一定要保证企业或组织向新闻媒介提供的信息是准确和正式的，以消除新闻媒介的无端猜疑。对于重要的事项还应该用书面材料的形式发给记者，以避免报道失实，进一步导致危机的发生。

(3) 对于企业或组织自身来说，在事实还没有完全弄清楚之前，不要轻易对事件做出评论，也不要对危机发生的原因、损失，以及一些其他方面的任何可能性进行揣测。

(4) 危机发生后，企业和组织要主动向新闻媒介提供真实、准确的消息，公开表明组织的立场和态度，帮助新闻媒介做出正确的报道。对新闻媒介不可采取隐瞒、搪塞、对抗的态度，不可像“挤牙膏”一样地吐露信息，对确实不便发表的信息，也不要简单地说“无可奉告”，而应说明理由，取得记者的同情与理解。

与新闻媒介沟通协调要注意，当记者发表了不符合事实真相的报道后，应尽快向该媒体提出更正要求，并指明失实的地方。还要向该媒体提供与事实有关的资料，派主要发言人接受采访、表明立场，要求公平报道，当然要注意避免产生敌意。

4. 与上级领导部门的沟通协调

危机发生之后，应及时、主动地向上级组织进行实事求是的报告，不要文过饰非，更不要歪曲事实真相。在处理危机的过程中，应该定期汇报事态发展的状况，求得上级领导部门的指导、援助和支持。

与上级领导部门沟通协调要注意：危机事件处理完毕，应向上级领导部门详细报告处理的经过、解决的方法、事情发生的原因等情况，并提出今后的预防计划和措施。

5. 与业务往来单位的沟通协调

危机发生后，应尽快如实地向有业务往来的单位通报事故发生的消息，表明组织对该事件的坦诚态度，并以书面的形式通报正在或将要采取的对策和措施。如有必要，还可派人直接去各个单位面对面地进行沟通与解释。

与业务往来单位沟通协调要注意在事故处理的过程中，应定期向有业务往来单位传达处理经过。一旦处理完毕，应用书面形式表示歉意，并向给予理解、援助的单位表示诚挚的谢意。

6. 与消费者的沟通协调

(1) 设立专线电话，以应付危机期间消费者打来的大量电话，要让训练有素的人员接听专线电话。

(2) 以尊重消费者权益为前提，制订所有危机处理事件的对策和措施。

(3) 迅速查明和判断受危机事件影响的消费者类型、特征、数量、分布区域等情况，并通过不同的传播渠道，向消费者发布说明事故梗概的书面材料，公布事故处理意见。

与消费者沟通协调要注意应认真听取受到不同程度影响的消费者对事故处理的意见和愿望，尤其要热情接待消费者团体的代表，如实回答他们的询问、质询。另外，还要主动、及时地与消费者团体中的领导及意见领袖进行沟通、磋商；通过新闻媒体向消费者公布事故的经过、处理方法、与消费者团体达成的一致意见，以及今后的预防措施。

知识点六　危机管理中的信息发布

1. 危机管理中信息发布的目的

危机管理中信息发布的目的是，既要让公众对公关危机事态的程度与危害有清醒的认识，又要使他们了解组织为化解危机所做的各种努力，更要使公众保持情绪稳定，避免公众情绪失控而增加组织面临的压力、恶化组织的危机应急处理环境，还要有利于组织形象的重塑。

2. 危机管理中信息发布的要点

(1) 制定规范化的信息发布制度，发布什么信息，如何发布(信息发布方式)，由谁发布(指定新闻发言人)等，都要做出明确的规定。

(2) 掌握好信息发布的时机，能早则早，让公众在第一时间内了解事件的真相。

(3) 对发布的信息进行科学的解释，避免公众引起恐慌。

(4) 发挥新闻媒体的主力军作用，同时也要考虑公共关系危机事件变化发展的复杂性，充分利用其他信息发布渠道，如开设网上对话、开通热线电话等回答公众提出的问题，以提高信息发布的时效性、准确性，及时消除公众疑虑，安抚人心。

3. 危机管理中信息发布的主要方式

(1) 召开新闻发布会发布信息。通过新闻发布会向社会告知真相、表明态度，要掌握报道的主动权，控制事态的发展。

(2) 开设网上对话、开通热线电话发布信息。网上对话、热线电话接待人员是接受公众咨询、投诉、沟通信息和对外树立形象的重要环节，是危机公关的第一道门户，如果处理得当的话，往往会把由公关事件引起的危机影响大大地减小。

(3) 借助大众媒体发布信息。大众媒体传播信息的速度快，受众范围广，其影响是众所周知的。公共关系危机事件处理过程中，借助大众媒体发布信息主要是为了遏制公共危机事件中错误信息的进一步扩散和传播，向公众发布组织积极的动态消息，尽快重塑组织形象。

知识点七　危机管理后的评估与修正

危机管理后的评估与修正是危机管理循环周期中最后的一个环节，对危机管理循环周期中的其他环节起到反馈作用，在危机管理中具有重要意义。一方面，对危机事前、事中管理工作进行总结分析和有效反馈，提出有针对性的改进措施，进行危机管理体系的修复，实现组织变革，提高组织应对危机的处置和恢复能力，防范类似危机发生。另一方面，通过对已发生的危机事件和处理过程进行调查与评估，认知危机本质与影响，对危机后期恢复与重建进行有效指导，防范次生危机发生。

危机后应注意对组织形象进行重新建树。可充分运用传播工具进行连续性的正面报道，将企业在危机后所采取的一系列修正措施及服务方针告诉公众，使公众能真正了解组织及行为，并逐步对组织重新产生信任感。还应增加组织在承担社会责任、重视社会利益方面的活动与投入，通过积极参与社会活动向公众展示组织回报社会、服务桑梓的良好形象。同时还要进一步密切与政府部门、权威机构和著名人士、意见领袖的关系，积极参与地方建设，充分重视权威部门的监督、检查并争创优秀，邀请专业人士和意见领袖为组织出谋划策，以充分利用他们的影响力，帮助组织重树形象。

三、课堂分析与讨论

(一) 案例分析

【案例分析 20-1】 河北某交警开车不系安全带被骑手训斥

8月4日，一段“河北邯郸交警开车不系安全带并打电话，遭摩托骑手训斥”的视频引起热议。视频中，摩托骑手指出该交警开车不系安全带、打电话及汽车尾灯故障等3处问题。8月5日，邯郸市公安局交通巡逻警察支队(邯郸市公安局交通巡逻管理局)官方公众号发布了情况通报，全文如下。

情况通报

2020年8月4日，网传“冀D××××警”车辆驾驶人因“未按规定使用安全带、开车接打电话、机动车刹车灯不亮”被一名摩托车驾驶人拦停质问的视频，引起网民关注。

邯郸市交巡警支队发现后，立即对视频内容进行调查核实。经查，警车驾驶人赵某某当日受单位委派去鉴定中心收取事故鉴定结果，存在未按规定使用安全带，驾驶时拨打接听手持电话，驾驶安全设施不全的机动车(机动车刹车灯不亮)的违法行为。目前，邯郸市交巡警支队复兴一大队已依法对驾驶人赵某某的三项违法行为做出处罚，并对其本人诫勉谈话，调离执法岗位。

同时，为汲取教训、加强队伍管理，邯郸市交巡警支队即日起进行为期一个月的纪律作风整顿活动，教育民、辅警带头遵章守纪，对执勤车辆安全设施加强维护，排除隐患，杜绝类似现象发生。邯郸市交巡警支队诚恳接受并感谢社会各界和广大人民群众的监督。

邯郸市公安局交通巡逻警察支队

2020年8月5日

(资料来源：https://baijiahao.baidu.com/s?id=1674186733448189455&wfr=spider&for=pc)

分析：邯郸市公安局交巡警支队的处理方式体现了危机公关的什么原则？

参考分析	你的分析
8月4日网上视频热议，邯郸市交巡警支队发现后，立即对视频内容进行调查核实，8月5日及时回应，在官方公众号发布了情况通报，完全不回避交警知法犯法	

(续表)

参考分析	你的分析
这一事实，对当事人违法行为做出处罚，而且，邯郸市公安局交巡警支队立刻进行为期一个月的纪律作风整顿活动，诚恳接受并感谢社会各界和广大人民群众的监督。这样的处理方式体现了危机公关的快速反应、真诚沟通、承担责任、统一处理原则	

【案例分析 20-2】　三家平台表示将联合抵制一切侵犯求职者权益的不法行为

央视 3·15 晚会点名三家招聘网站泄露求职者简历，对此，三家平台连夜通过官方微博发布声明进行了回应，三家平台在声明中表示将联合抵制一切侵犯求职者权益的不法行为。

3 月 15 日晚，L 招聘官方微博发布声明回应：L 招聘高度重视央视 3·15 晚会对招聘网站简历被恶意出售情况的报道，已第一时间成立专项小组，彻查简历被不法分子非法售卖的行为。L 招聘已与其他招聘网站人力资源服务行业同仁达成共识，联合抵制一切侵犯求职者权益的不法行为。

3 月 15 日晚，Q 招聘官方微博发布声明回应：针对中央电视台 3·15 晚会报道关于招聘平台简历的问题，我们高度重视并深刻地意识到求职简历的安全管理和信息保护仍然面临诸多不足，对于给求职者带来的困扰深表歉意，同时也感谢央视和各界媒体的监督与批评。

3 月 15 日晚，Z 招聘官方微博发布声明回应：在常见的招聘场景中，企业在招聘人才时，需要获取用户简历中的联系方式以便进行沟通。但部分不法企业将拿到的用户应聘信息进行转卖导致用户的信息泄露。对该不法行为 Z 招聘已采取相应措施，并由 CEO 挂帅进行安全委员会的后续整改工作。

(资料来源：https://baijiahao.baidu.com/s?id=1694361592313589400&wfr=spider&for=pc)

参考分析	你的分析
央视 3·15 晚会点名三家招聘网站泄露求职者简历，当晚，三家官方微博发布声明回应，表明自己的态度并将进行整改工作。这样的表现体现了危机公关的快速反应、真诚沟通、承担责任、统一处理的原则	

(二) 观点讨论

讨论公关危机和危机公关的区别与联系。

参考观点	你的观点
区别：公共关系危机是一种状态、一种趋势，是对所出现的问题、事故的描述；危机公关强调的则是一种行动过程，一种结果。 联系：公共关系危机是危机公关的前提和基础，没有公共关系危机的存在，也就没有危机公关	

四、任务实训

实训一　公共关系危机处理

【实训目的】通过对危机公关案例的处理，加强对危机管理原则的理解，提升危机处理能力。

【实训步骤】

(1) 教师提供危机案例；

(2) 4～5 人为一组，全班同学分成若干小组；

(3) 以小组为单位，讨论危机处理办法与程序；

(4) 以小组为单位，撰写危机处理方案；

(5) 每组派代表在全班做总结发言。

【实训要求】小组全员参与，加强合作；危机处理举措得当，程序合理；能够妥善处理各方面的公众关系。

【实训评价】

评价指标	自我评价	小组评价	教师评价
参与度			
完整性			
准确性			
成效性			

实训二　危机管理案例采集

【实训目的】通过采集系列危机公关案例，加强对危机公关基本程序的理解和运用。

【实训步骤】

(1) 4～5 人为一组，全班同学分成若干小组；

(2) 小组中每人通过网络采集至少一个公共关系危机管理案例；

(3) 以小组为单位，讨论所采集案例蕴含的公共关系危机管理的基本程序；

(4) 每组派代表在全班做总结发言；

(5) 将优秀案例提交网络学习平台。

【实训要求】采集典型的危机公关案例，能够联系相关知识，分析案例体现的公共关系危机处理的基本程序。

【实训评价】

评价指标	自我评价	小组评价	教师评价
参与度			
完整性			
准确性			
成效性			

五、内容小结

任务二十主要介绍危机管理的基本原则、基本程序和相应对策等，如图 20-1 所示。

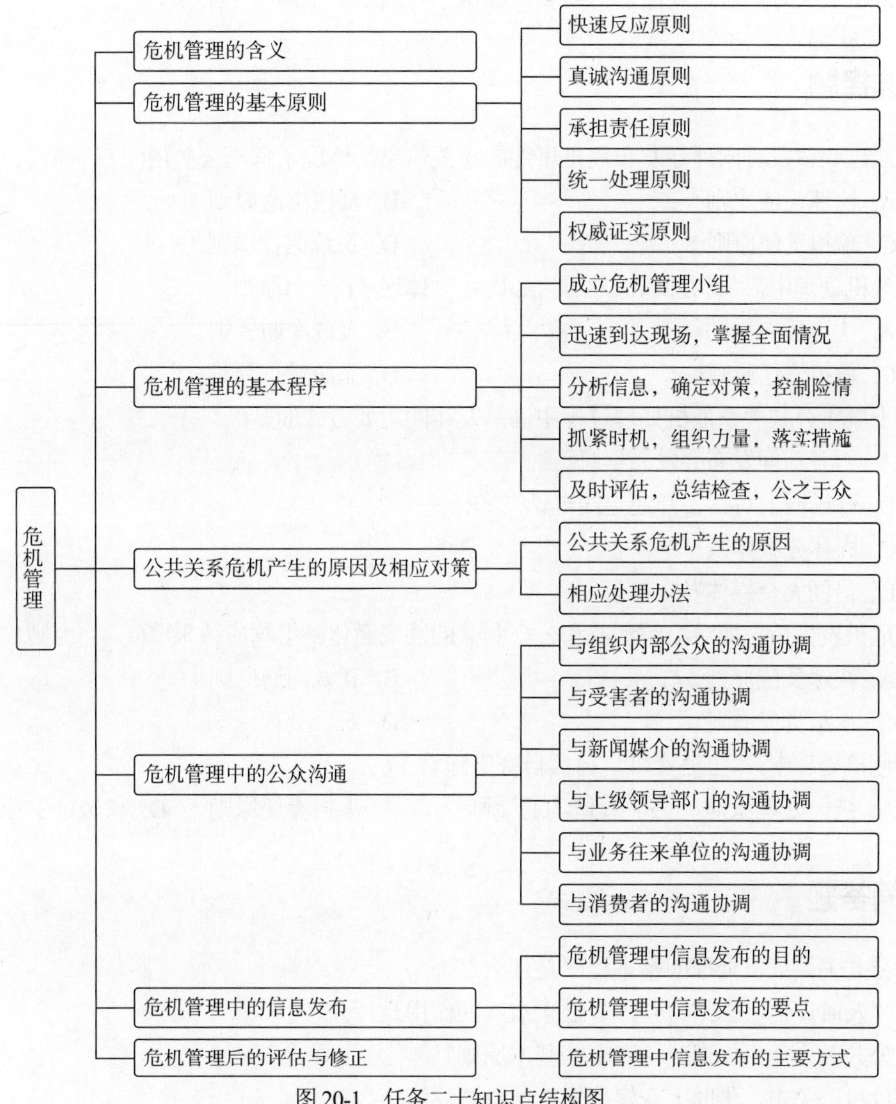

图 20-1　任务二十知识点结构图

六、课后自测

(一) 判断题

1. 危机处理时，对受害公众提出的任何要求都应答应。 ( )
2. 权威证实是危机处理时常用的原则之一。 ( )
3. 公共关系危机发生后，组织要在第一时间赶到现场。 ( )
4. 危机处理时，一定要按照原定的预防措施行事。 ( )
5. 危机公关是公共关系危机的前提和基础。 ( )
6. 危机公关时，快速反应非常重要，赢得了时间就等于赢得了形象。 ( )

(二) 选择题

1. 通过媒体及时向外界发布危机事件的相关信息，体现了危机公关的( )原则。
   A. 快速反应原则　　B. 真诚沟通原则
   C. 承担责任原则　　D. 系统运行原则
2. 危机处理中，“真心换真心”“将心比心”体现了( )原则。
   A. 快速反应原则　　B. 真诚沟通原则
   C. 承担责任原则　　D. 系统运行原则
3. 不属于公共关系危机处理过程中信息发布的主要方式的是( )。
   A. 召开新闻发布会发布信息
   B. 开设网上对话、开通热线电话发布信息
   C. 媒体分级体系
   D. 借助大众媒体发布信息
4. 危机发生后，面对组织利益和公众利益的冲突激化，组织应该采取( )原则。
   A. 快速反应原则　　B. 真诚沟通原则
   C. 承担责任原则　　D. 统一处理原则
5. 危机处理中，“王婆卖瓜，自卖自夸”违背了( )。
   A. 统一处理原则　　B. 真诚沟通原则　　C. 承担责任原则　　D. 权威证实原则

(三) 简答题

1. 公共关系危机处理的基本程序是什么？
2. “及时评估，总结检查，公之于众”的作用是什么？
3. 公共关系危机处理时，有哪些基本原则？
4. 危机公关中，借助大众媒体发布信息要注意什么？

七、课外拓展

（一）拓展阅读

危机处理原则

1. 3T 原则由英国危机公关专家里杰斯特在 *Crisis Management* 一书提出，强调危机处理时把握信息发布的重要性。

以我为主提供情况(tell you own tale)：强调组织牢牢掌握信息发布主动权。

尽快提供情况(tell it fast)：强调危机处理时组织应该尽快不断地发布信息。

提供全部情况(tell it all)：强调信息发布全面、真实，而且必须实言相告。

2. 5S 原则：承担责任(shoulder the matter)原则、真诚沟通(sincerity)原则、速度第一原则(speed)、系统运行(system)原则、权威证实(standard)原则。

3. 6F 原则：事先预测(forecast)原则、迅速反应(fast)原则、尊重事实(fact)原则、承担责任(face)原则、坦诚沟通(frank)原则、灵活变通(flexible)原则。

(资料来源：陈雅，丁旻. 公共关系实务[M]. 2 版. 重庆：重庆大学出版社，2014.)

（二）课外实践

实地调研一家企业的公共关系危机管理工作，了解该企业的典型危机公关案例。

任务二十一　网络舆情危机应对

【任务描述】

1. 熟悉一个网络舆情监测软件。
2. 发布一份网络舆情危机应对声明。

【目标与成果】

能力目标	知识目标	课程思政
1. 能对组织的网络舆情进行有效监测； 2. 能对网络舆情危机进行妥善应对	1. 掌握舆情、网络舆情、网络舆情危机的基本概念； 2. 了解网络舆情危机特点和应对方法	1. 应对网络舆情危机强调责任意识、尊重民意； 2. 舆情引导强调正面、向善
学习成果	1. 熟悉一个网络舆情监测软件； 2. 某公司网络舆情危机应对声明	

一、案例导入

案例一　带导盲犬入住酒店遭拒

盲人带导盲犬入住酒店遭拒事件

2021 年 9 月 26 日，一位视力障碍人士带导盲犬办理入住酒店，遭到酒店工作人员拒绝，引发网友关注。

视力障碍人士杨先生花费 1574 元，预定了某度假区酒店。

入住时，杨先生出示了导盲犬工作证，并告知根据《中华人民共和国残疾人保障法》相关规定，导盲犬可以出入公共场所。

酒店工作人员则表示，本地市没有相关导盲犬的规定，拒绝其进入，并在后续沟通中表示，可以将导盲犬寄养在酒店外。杨先生强调，导盲犬不是宠物，不能把自己的眼睛扔掉。

杨先生决定退房，可酒店以已进入房间为由，要扣除部分房费，随后杨先生报警。在警方的协调下，酒店方面已将全部费用退还。

9 月 28 日，该度假区官微就“盲人带导盲犬入住企鹅酒店遭拒”一事发布致歉声明。称由于酒店培训不力，导致员工在导盲犬相关接待规定上存在理解不足，造成杨先生未能顺利完成旅行计划。经与杨先生本人沟通，已向杨先生致以诚挚的歉意，杨先生已接受了道歉和邀请，并计划于近期重游度假区。度假区就酒店员工的严重不当表达所带来的误解，再次向杨先生本人致以最诚挚的歉意，将根据国家相关法律法规，全面完善面向所有视障人士及导盲犬进入度假区内酒店、餐厅及乐园等公共场所的标识体系和接待措施，持续提升度假区的管理和服务水平，并真诚欢迎所有视障人士携其导盲犬伙伴共同游览本度假区。

但针对这份致歉声明，网友们并不买账。

(资料来源：https://baijiahao.baidu.com/s?id=1712199668699913213&wfr=spider&for=pc)

思考：网友们为什么不买账？该事件可以给我们的舆情危机应对带来哪些启示？

案例二　应对负面舆情

泰山的回应，是景区应对负面舆情的范本

2020 年 4 月 3 日，有网民通过视频爆料，泰山山顶南天门附近住宿 1200 元一间，饭店不卖饭卖座位，不少游客在厕所过夜。视频发布后，引发网民对于宾馆价格、市场监管方面的讨论。4 月 5 日早，泰山景区通过官网发布《关于泰山山顶宾馆房价有关情况的说明》，对网民质疑的问题逐一回应，全文如下。

关于泰山山顶宾馆房价有关情况的说明

4 月 4 日下午，“泰山酒店价高游客挤厕所过夜”的评论引起社会关注。泰山景区高度重视，立即组织综合执法、市场监管、属地管理区等部门认真展开调查摸底，对擅自涨价牟利的宾馆将从严处罚，坚决维护游客的合法权益。现做说明如下:

一、山顶宾馆房源情况。为保护泰山世界文化与自然双遗产，泰山景区对山顶区域始终实施最严格的规划建设管控，宾馆饭店等建筑物较少。目前，山顶区域共有 13 家不同档次的宾馆(另有 2 家因维修暂停营业)，现共有 400 个房间、998 个床位。每逢节假日等旅游高峰期，游客只有提前数天预订才能订上房间。选择夜登泰山的多为青年游客，他们大多会自带或租借棉服，窝在墙角、山坳、山洞、卫生间等避风处，以露宿山顶的方式等待日出，这也是多年来夜间登泰山群体的普遍现象。由于泰山昼夜温差大，部分宾馆、饭店会暂时开放餐厅、会议室等，为没有预订到客房的游客提供明码标价的有偿消费服务，让游客可以在室内避风御寒、临时休息。

二、宾馆房价有关情况。根据《价格法》有关规定，宾馆住宿类服务业实行市场调节价，由经营者依法自主制定，政府实施日常监管。目前，山顶宾馆双人标间淡季房价为 200～1200 元，旺季价格因供求关系有一定波动，游客可根据需求自主选择。该价格是在综合考虑生产经营成本(运输、人工、运维等成本较高)和市场供求关系(游客多、房间少，一房难求)的基础上，

由经营者自主定价、明码标价、文明经营，并通过店堂、网络等公示价格、公开销售，供游客自主选择。山顶区域多年来一直是省级文明经营区，清明假日期间，市场监管部门未接到山顶宾馆“坐地起价”、单方违约等方面的投诉。

三、景区日常监督管理情况。景区综合执法、市场监管等部门始终坚持对商品和服务价格实行常态化监管，每年与驻山顶经营业户签订《价格诚信承诺书》，督促经营者严格落实明码标价。清明节前，景区管委会组织市场监管、综合执法、公安、消防等部门对驻山经营业户进行物价、食品安全、消防等排查整治，并逐一座谈各宾馆、餐饮、小商品等重点商户主要负责人，要求经营者恪守“待游客如亲人”理念，坚决杜绝价格欺诈等违法行为。假日期间，执法监管部门实行24小时不间断监管，通过行政建议、行政引导、行政处罚等方式加强价格等监管，顶格查处哄抬物价、漫天要价、强买强卖等违法违规行为。

下一步，泰山景区将举一反三、全面查摆，不断改进管理方式、加大巡查频次、提升服务品质，坚决严惩坐地起价、擅自涨价的不法商户，也欢迎社会各界对景区工作进行监督、举报，24 小时投诉电话 0538-96008888。在此，也提醒各位游客，山顶气温较低、昼夜温差大，计划夜间登山的游客务必提前预订房间、带足御寒衣物，优先推荐白天进山游览。如遇违法违规行为务必及早举报，景区将在第一时间进行查处和反馈，不断提升投诉处理效率和游客满意度。

泰山景区管委会
2021 年 4 月 5 日

(资料来源：https://baijiahao.baidu.com/s?id=1696375622378993310&wfr=spider&for=pc)

思考：为什么说“泰山的回应，是景区应对负面舆情的范本”？

二、相关知识

知识点一　舆情及其特点

1. 什么是舆情

舆情指社会各阶层民众，在一定的历史阶段和社会空间内，对利益相关的社会存在和发展所持有的各种态度、意见、看法、观点、情绪和行为倾向的总和，或泛指社情民意。

舆情是一个年轻的概念，是在舆论研究的基础上发展起来的。舆论是在特定的时空范围内，较大数量的公众对于特定社会现象、社会问题、公共事件所公开表达出来的信念、态度、意见和感觉的总和，具有相对的一致性，对社会发展、事态进程产生重要影响。舆论关注的是较重大的公共事务，是一群人相对趋同的意见，而且是公开发表出来的显性传播，所以舆论的内涵比舆情更小。

与舆情、舆论意义相近的概念还有民意。民意是舆论的一种类型，是大多数民众意愿的总和。在英文语境中，舆论、舆情、民意没有严格区分，都表示为 public opinion 或 public sentiment。

2. 舆情的特点

(1) 舆情主体的个人性和群体性。舆情是一种个人的心理反应过程，同时，它的产生和变化又受到群体心理的影响。

(2) 舆情客体的公共性和特定性。舆情的客体是公众共同关心、与公众自身利益密切相关的公共事件，包括社会事件、社会热点问题、社会活动及公众人物的言行等。舆情客体是舆情产生的刺激源，它的产生和变化是在具体的时空中进行的。

(3) 舆情本体的综合性与复杂性。舆情的本体综合了多种态度、意愿、观点、意见和情感情绪，呈现出错综复杂的状态，各种不同的观点态度和情绪意愿交织、碰撞，相互影响。

知识点二　网络舆情及其特征、功能

1. 什么是网络舆情

网络舆情是非官方个人、群体或组织对某一公共事件、热点问题、国家政策等在互联网空间发布和传播的含有认知、态度、情感与行为倾向信息的集合。

2. 网络舆情的特征

(1) 网络舆情主体的匿名性和非理性。网络行为环境具有一定的虚拟性，人与人的交往打破了等级限制，获得了平等自由的对话机会，而网络舆情主体往往可以在网络空间使用网名，具有一定的匿名性，使人们消除了现实世界的种种顾虑，敢于揭露黑暗，提出批评和建议。这在一定程度上保障了民主，促进了社会监督。但同时也使一些不负责任的言论、无中生有的谣言、负面情绪的宣泄在网络上大量流传，使网络舆情相对具有情绪化和非理性的特点。

(2) 网络舆情内容的丰富性和多元性。网络舆情内容涉及食品安全、环境、医疗业、教育业、反腐倡廉、行政官员、名人明星、交通、涉警涉法、企业及企业家等，几乎涵盖了社会生活的所有领域，内容非常丰富。人们关注时事热点，利用网络便利的表达渠道和交流环境，充分地参与讨论，表达各自的思想观念，使得网络舆情内容包罗万象，各种文化类型、思想意识、价值观念异象纷呈，具有多元性。

(3) 网络舆情传播的即时性和互动性。区别于传统媒体缓慢、单向的信息传播，网络传播的最大特点是跨越时空的即时性、交互式传播。在这种传播环境下，网民可以第一时间发布反映重大事件的原创性言论，可以迅速实现与各类社会组织、网络媒体及网民之间的信息互动，这使得网络舆情的表达与传播更为快速，更为充分。

(4) 网络舆情表达更具群体极化倾向。群体极化指群体中原已存在的倾向性，因群体内成员的相互作用而得到加强，从而形成极端化的观点。在网络传播中，相同或相近观点的人容易走到一起沟通、讨论，在相互的认同激励下，他们的观点会走向更为极端的方向。而且因为相对宽松的网络环境，群体中非理性、易激动的特点在网民中体现得更明显，导致意见表达者态度更偏激，言辞更激烈。有证据表明，网络传播中发生群体极化倾向的比例是现实生活面对面传播时的两倍多。

3. 网络舆情的功能

(1) 沟通桥梁功能。网络各种信息平台为组织与公众的沟通搭建了快捷、便利的信息通道。一方面，公众通过网络可以全面了解社会组织，针对组织的相关情况表达真实意愿和看法；另一方面，社会组织也可以通过网络舆情信息，了解公众的态度和观点，为组织与公众之间的积极互动、沟通、交流提供了更好的条件。

(2) 优化决策功能。网络舆情可以在短时间内为社会组织提供大量真实信息，社会组织对这些信息进行深入分析，可以为正确决策提供重要依据。公众的反馈和决策实施效果也可以很快知晓，进而对原有决策做出相应调整，从而提高组织的决策质量和决策效率。

(3) 监督引导功能。网络舆情监督是一种新的社会监督形式，它参与面广，影响大，监督的“眼睛”遍及社会组织存在的每一个角落，监督的“视线”可以触及社会组织行为的每一个细节，监督的方式可以全程，也可以远程。网络舆情监督成为真正意义上的全社会监督。在这种监督力量之下，社会组织承受巨大的舆论压力，必然引导、督促自身自省自正，不断进步。

知识点三　网络舆情危机

1. 什么是网络舆情危机

网络舆情危机是指在网络空间中，多数人支持的舆情形势占据主导地位并对社会或社会组织造成一定负面影响的现象。

网民将亲身经历和遭遇、对社会事件的观点与态度反映到微博、微信、论坛等网络媒介上，引起其他网民的关注和共鸣，当相关责任主体对事件处置、回应不当，网络舆情就可能恶化，最终成为网络舆情危机形成的导火索。所以，网络舆情危机生成的重要载体是网络媒介，网络舆情危机的推动力量主要来自网民和媒体，而网络舆情危机的核心是社会热点事件和公共议题。

2. 网络舆情危机的特点

(1) 危机爆发的不确定性。网络传播技术门槛降低，使网络舆情危机发生的随机性增强，网络舆情危机爆发的源头、时间、规模、态势和影响深度都是无法预测的，具有不确定性，这种不确定性往往令人猝不及防和难以应对。

(2) 舆情危机的聚焦性。网络舆情事件本身具有吸引眼球的特点，而5G时代，社会化媒体迅猛发展，在媒体的聚焦、助推下，舆情危机信息传播的速度比危机本身的发展要快得多，相关信息快速扩散，短时间内引发公众的广泛关注，成为网络热议的焦点。因事关公众的切身利益，组织对舆情危机事件的回应与处置也同样成为公众关注的焦点。

(3) 传播方式的多元化。不同于传统信息渠道的单一性和信息传播的单向性，新媒体时代，普通民众可以按照自己的意愿，通过多种网络渠道表达自己的真实想法，通过多种传播平台转载、分享自己关心的事件与赞同的观点。网络舆情信息的传播方式变得多元，更加促成了舆情危机事件的迅速发展与广泛传播。

(4) 舆情监控的高难度。舆情监控具有高难度主要有两个原因，一是海量的舆情信息，二是信息传播环境的复杂化。目前我国网民数量已在10亿左右，大量的网民，无论何时何地，只要接通网络，就可以收到实时网络信息，也可发布最新的信息，一个具有争议性的舆情事件极有可能造成海量的数据需要处理。而随着移动互联网的发展，一些半封闭属性的社交平台成为重要的传播源，视频化的信息载体也给舆情监测增大了难度，这些都给网络舆情危机处理带来了新的挑战。

(5) 危机处理的急迫性。危机处理强调速度第一，而网络舆情危机会在网络环境下进行核裂变式传播，因此对社会组织快速应对提出了更高的要求。出现危机如果没有及时应对，谣言就可以乘虚而入，满足不了知情权的公众可能变得更加激愤，舆情发展会变得难以控制，同时显示自身是一个不负责任的组织，组织形象不断受损。

知识点四　网络舆情危机应对的意义及方法

1. 网络舆情危机应对的意义

网络舆情危机应对是指利用舆情监测手段，分析舆情发展态势，加强与网络的沟通，确保信息传播的权威性和一致性，最大限度地压缩负面信息，更准、更快、更好地引导舆情。妥善进行网络舆情危机应对具有以下意义。

(1) 减轻网络舆情危机的负面影响。网络舆情危机的快速发酵与迅猛传播，可以在多方面产生负面影响，如伤害公众对组织的感情、使组织信誉受损、公信力下降、组织形象遭到破坏、降低企业品牌价值等，而网络舆情危机的及时与妥善应对，可以减轻负面影响、降低损失。

(2) 体现组织承担责任的良好形象。网络舆情危机发生后，能积极、快速地回应，发布调查报告，提出处理办法和整改措施等，而不是沉默以对或推卸责任，可以体现组织关心公众利益、勇于承担社会责任的良好形象。

(3) 化危为机扩大组织的影响力。网络舆情危机可以迅速地把一个组织推向风口浪尖，提升了组织的知名度，而此时如果应对得当，表现优秀，无疑就是一次免费的广告传播机会，可以将舆情危机转化为形象建设的契机，扩大组织影响力。

2. 网络舆情危机应对的方法

(1) 提高舆情管理意识与舆情素养。提高舆情管理意识，是要充分认识舆情管理的重要性，重视与加强舆情管理。不能认为无关紧要，在舆情冲击之下依然漫不经心、消极被动。只有提高舆情管理意识，才能事前注意把事情做好，不留漏洞，减少危机发生的可能。而在危机发生之后，应积极应对，避免危机恶化和次生危机的产生，甚至扭转乾坤，化危为机。

舆情素养指相关人员在舆情管理主观能动性方面的真实水平，是面对舆情应具有的基本认知、基本态度和处置能力。面对网络舆情危机，公关人员需要具备较高的素养。首先对民众和网络舆情要有尊重的态度。如今的网民是舆情的生产者、传播者，话语权重不断提高，逐渐对现实主流舆论形成影响，进一步影响执政者的决策。尊重他们，就是尊重规律和民意，就可以争取大多数人的支持，掌握矛盾管理的主动权。所以面对舆论公众，要放低姿态，谦卑谨慎，保持亲和力。同时，要善于运用新媒体，顺应民众的人性化需求，讲好组织自己的故事，动之以情而非晓之以理，提升内容的传播力和影响力。

(2) 加强网络舆情监测和危机预警。人人都有麦克风，摄像头无处不在，网络舆情危机防不胜防，这样的时代，做好网络舆情监测和危机预警尤为重要。组织可以利用 5G 技术，利用大数据和人工智能，利用舆情监测软件，加快舆情信息的采集、传送和闭环处置，实现对舆情信息的全面感知、快速反应和协同处理。

市场上有很多舆情监测软件，要注意寻找利用最新、最好、最适合自己的。有的智能 AI 舆情分析软件能全网、实时、多渠道覆盖，自动完成舆情分析、聚类、标签、生成回复等；可以实现 7×24 小时的舆情监测，实时洞察用户情绪，及时启动舆论风险预警，在第一时间识别、捕捉负面情绪，并进行妥善应对。这些软件能同时识别文字、图像和语音情绪，结合语义分析与意图识别，及时发现用户的不满或投诉，机器人能首先进行安抚，同时自动提醒人工介入，既保证了时效，又兼顾了用户的情绪，避免舆情持续发酵。

(3) 注意舆情反应速度与动态回应。舆情应对要争分夺秒。快速反应可以彰显有关部门重视、负责的态度，有利于赢得舆论的理解与支持，维护自身公信，为最终解决问题争取有利时机；有助于先声夺人，快速填补信息真空，及时挤压谣言的生存空间，对冲有害信息的消极影响，促进网络舆论生态的良性发展；有利于及时满足公众的知情权、监督权，打消公众的不安、忧虑情绪，稳定社会心理预期；有助于引导舆论走向，使话题热度稳步降温、及时掌握舆论话语权，实现化危为机、平息风波的目的。

另外，面对复杂舆情事件，沉默不语、一次回应难以满足及时、高效平息负面风波的基本要求，动态回应逐步成为引导舆情走向、避免事态恶化的重要方法。进行动态回应，大多需要考虑相关舆情事件是否具备以下条件：问题牵涉面广、舆情敏感度高、舆论关注度高、质疑争议点多、事件出现反转、谣言滋生扩散等。

(4) 注意危机过后的形象修复与正面宣传。舆论形象是政府机关和企事业单位重要的无形资产，发生舆情危机之后，及时采取措施维护和修复自身形象，不能“热回应、冷处理”，也不能寄希望于事态缓和后热度自然冷却。

所谓形象修复，是指涉事单位认真面对舆情危机中暴露出的问题，并同步采取纠正行为的策略。这些纠正行为一定要落到实处。实体处置效果越好，网络舆论反映就越好，促成线上线下的良性共振。提出的整改措施中，每一步进行到哪里了，效果怎么样，都要及时向公众汇报，如果实体处置措施明显超出公众预期，就能有效化解舆论场之前积攒的愤懑之气，对形象修复起到积极的作用。

危机处理之后，注意以正面宣传对冲或淡化舆论的负面情绪。例如通过媒体议程设置，将公众目光引到对正能量的关注上，使公众认识到此类事件只是例外情况，让公众看到企业日常工作和取得的成果，纠正舆论“一叶障目不见泰山”的误解和偏见。这种引导既有助于抚平舆论场中的喧哗浮躁之声，更可以与社会公众建立良好的关系，调动社会力量，激发公众情感的理解和认同。

三、课堂分析与讨论

(一) 案例分析

【案例分析 21-1】特斯拉车主车顶维权舆情事件中，特斯拉相关负责人的应对错在哪里？

参考观点	你的观点
紫金传媒智库研究员燕志华：以对抗思维而不是沟通的思维应对危机，破坏了关系生态；以强烈的只言片语的碎片化传播，而非可以自圆其说的故事来争取人心；以舶来的文化思维横冲直撞，而非融合本土国情社情舆情思维实现落地扎根；缺乏媒介素养和舆情素养，成为新旧媒体欢迎的“爆料人”；以强势而非低姿态，伤害了品牌形象，等等	

【**案例分析 21-2**】为什么说“泰山的回应，是景区应对负面舆情的范本”？

参考分析	你的分析
人民网舆情数据中心郅慧、林子蕊： (1) 景区精准回应舆论关切的焦点，网民“现身说法”印证内容。 (2) 景区回应详细地分析现实环境和旅游背景，舆论转向对于市场供需情况的关注。 (3) 多部门协同展开线下行动，通过披露工作细节还原景区真实情况，让公众充分知悉景区管理的真实状况，有效遏制了景区负面舆情的再次爆发。 (4) 正面回应体现“温度”和“人情味”，推动情感化舆情共振	

(二) 观点讨论

如何看待“舆情素养提升应从‘一把手’抓起”？如何提升“一把手”的舆情素养?

参考观点	你的观点
人民网舆情数据中心王洪波：“一把手”的舆情素养水平是舆情应对与舆情管理的“基石”。 提升舆情素养合理化建议：第一，客观认识舆论监督与负面报道。理性认识到负面报道、评论对提升单位管理服务水平的正向作用。第二，面对舆情考验，要遵循舆论基本规律，进行有效研判与应对。第三，建立健全舆情管理体制机制。第四，强化风险防范意识，建立长效学习机制	

四、任务实训

实训一　为某公司寻找网络舆情监测软件

【实训目的】了解市场现有网络舆情监测软件及其应用。

【实训步骤】

(1) 4～6 人为一组，全班同学分成若干小组；

(2) 以小组为单位，选择一家熟悉的公司；

(3) 以小组为单位，为该公司寻找一个合适的网络舆情监测软件；

(4) 每组派代表在全班介绍该舆情监测软件；

(5) 班级对各舆情监测软件进行对比讨论。

【实训要求】积极参与，团队合作。能根据公司的实际情况和具体要求选择合适的舆情监测软件。小组代表使用 PPT 做软件介绍，内容涉及软件功能及使用方法、使用效果，语言通畅，条理明晰。

【实训评价】

评价指标	自我评价	小组评价	教师评价
参与度			
完整性			
准确性			
成效性			

实训二　拟写一份网络舆情危机应对声明

【实训目的】通过网络舆情危机应对声明的拟写训练，掌握舆情危机应对的基本态度与方法。

【实训步骤】

(1) 4～6 人为一组，全班同学分成若干小组。

(2) 阅读以下案例情境：

3 月 15 日，据福建电视台综合频道《第一帮帮团》栏目报道，某粥店福州宝龙分店存在严重的食品卫生问题。记者调查发现，该店员工不仅存在未洗手便徒手抓食材、在后厨操作台吸烟等行为，甚至还将吃剩的排骨回收加入顾客购买的粥中。该粥店食品安全问题引发网民热议，呼吁有关部门加大惩戒力度、严惩违规商家，微博话题累积阅读量超过 6 亿人次。

(资料来源：人民网舆情数据中心)

(3) 以小组为单位，讨论以上案例组织的应对方式。

(4) 以小组为单位，撰写一份舆情事件发生后的声明。

(5) 小组代表上台宣读声明。

(6) 班级讨论与教师点评。

【实训要求】小组成员积极参与，团队合作。所拟写的声明舆情应对方式合理，内容恰当，语言表述准确。

【实训评价】

评价指标	自我评价	小组评价	教师评价
参与度			
完整性			
准确性			
成效性			

五、内容小结

任务二十一主要介绍了舆情的特点与特征、舆情危机应对等，如图 21-1 所示。

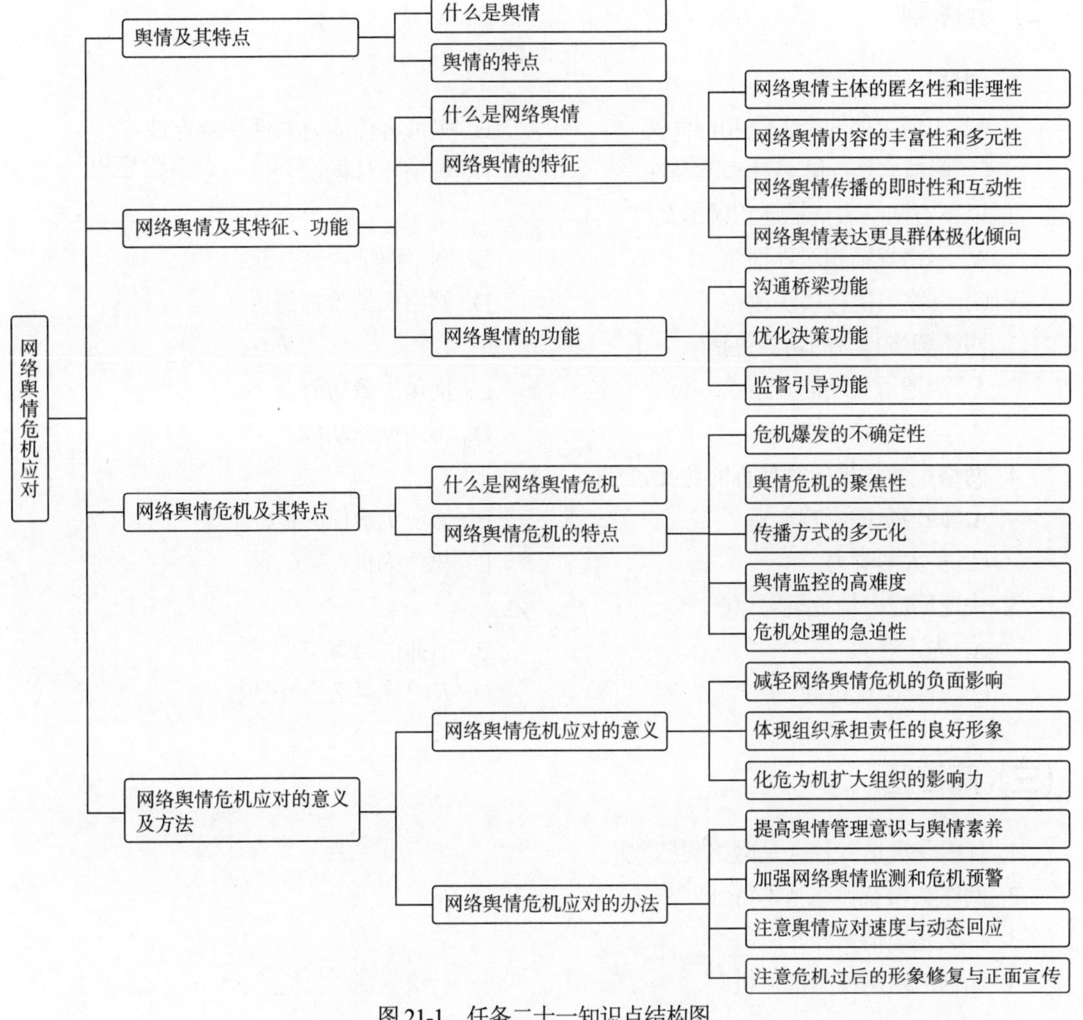

图 21-1　任务二十一知识点结构图

六、课后自测

(一) 判断题

1. 舆情和舆论是一回事儿。 ( )

2. 舆情的客体是公众共同关心、与公众自身利益密切相关的公共事件。 ( )

3. 网络舆情是官方对某一公共事件、热点问题、国家政策等在互联网空间发布和传播的信息的集合。 ( )

4. 群体极化指群体中原已存在的倾向性，因群体内成员的相互作用而得到加强，从而形成极端化的观点。 ( )

5. 当舆情事件的责任主体对事件处置、回应不当，网络舆情就可能恶化。 ( )

6. 即使及时与妥善应对网络舆情危机，也难以减轻危机带来的负面影响。 ( )

(二) 选择题

1. 舆情的特点包括( )。

A. 舆情主体的个人性和群体性　　B. 舆情客体的公共性和特定性

C. 舆情客体的匿名性和非理性　　D. 舆情本体的综合性和复杂性

2. 以下对网络舆情描述正确的是( )。

A. 网络舆情相对理性　　B. 网络舆情内容多元

C. 网络舆情传播快速　　D. 网络舆情传播缓慢

3. 网络舆情具有的功能包括( )。

A. 沟通桥梁功能　　B. 优化决策功能

C. 监督引导功能　　D. 不断创新功能

4. 网络舆情危机应对具有的意义包括( )。

A. 减轻负面影响　　B. 体现负责任的良好形象

C. 扩大影响力　　D. 化危为机

5. 快速回应舆情危机可以( )。

A. 先声夺人　　B. 填补信息真空

C. 引导舆论走向　　D. 及时满足公众知情权

(三) 简答题

1. 什么是舆情？什么是网络舆情危机？

2. 网络舆情有哪些基本特征？

3. 什么是舆情素养？

4. 如何应对网络舆情危机？

七、课外拓展

(一) 拓展阅读

1. 当前网络舆情的热点问题

(1) 个别政府官员的违法乱纪行为。

(2) 涉及司法系统法治建设等的问题。

(3) 涉及部分政府部门公共政策、公共产品、城管队伍等的问题。

(4) 群众最关心、最直接、最现实的衣食住行等系列民生问题。

(5) 涉及社会收入分配的问题。

(6) 涉及国家利益、国家安全、民族自豪感的问题。

(7) 重要或敏感国家地区的突发性事件。

(8) 影响力较大的热点明星的火爆事件。

(9) 企业舆情热点事件。

2. 舆情管理产品采购/招标注意事项

(1) 产品的实用性：能够满足舆情监测工作需要，包括舆情数据采集、舆情信息分析、舆情预警通知、舆情分析报告等。

(2) 数据的全面性：不仅需要支持针对全网进行监测(新闻、论坛、博客、社交、贴吧、电子报、境外网站、短视频等)，还需要支持对采集时间密度、采集内容、采集方式的配置管理，能够进行灵活监测。

(3) 数据的实时性：要求可以实现 7×24 小时不间断无人值守的信息采集，便于第一时间发现舆情，防患于未然。

(4) 优质售后服务：一方面要求舆情厂商具有持续研发能力，确保用户无后期运维和营运成本投入；另一方面要求舆情厂商提供产品功能免费升级服务以及必要的人工服务。

(资料来源：https://www.zhihu.com/question/378190836/answer/1844470324)

(二) 课外实践

通过网络或实地调研一家企业，了解该企业的舆情监测与管理工作情况并进行评价，或为该企业的舆情管理工作撰写一份优化方案。

参考文献

1. 陈雅，丁旻. 公共关系实务[M]. 2 版. 重庆：重庆大学出版社，2014.
2. 胡百精. 中国公共关系史[M]. 北京：中国传媒大学出版社，2014.
3. 王亚非，梁成刚，胡智强. 创新思维与方法[M]. 北京：北京理工大学出版社，2018.
4. 陈勤. 媒体创意与策划[M]. 北京：中国传媒大学出版社，2017.
5. 金水. 广告策划创意与案例分析[M]. 北京：经济日报出版社，2015.
6. 杨华玲，潘丽君，高英. 公共关系学[M]. 北京：北京理工大学出版社，2019.
7. 袁学敏，袁继敏. 公共关系学[M]. 北京：北京理工大学出版社，2019.
8. 焦玉翠. 会展公共关系[M]. 济南：山东科学技术出版社，2016.
9. 樊艳君，潘小毅，杨琼. 公共关系实务教程[M]. 成都：电子科技大学出版社，2016.
10. 李兵. 现代公共关系管理[M]. 昆明：云南大学出版社，2016.
11. 赵轶. 公共关系实务[M]. 2 版. 北京：人民邮电出版社，2017.
12. 陆季春，余斌，吴静. 实用公共关系教程[M]. 北京：经济科学出版社，2016.
13. 张逍英，巢莹莹. 公共关系学[M]. 3 版. 上海：同济大学出版社，2019.
14. 张荷英. 现代公共关系学[M]. 北京：首都经济贸易大学出版社，2017.
15. 丁西泠. 网络舆情及其应对研究[M]. 北京：新华出版社，2018.
16. 王丽萍，任静. 旅游公共关系[M]. 北京：北京理工大学出版社，2017.
17. 汪秀英. 公共关系学[M]. 北京：首都经济贸易大学出版社，2008.
18. 易开刚. 企业社会责任教程[M]. 杭州：浙江工商大学出版社，2014.
19. 胡洪力. 公共关系原理与实务[M]. 杭州：浙江工商大学出版社，2012.
20. 朱勇国，丁雪峰. 雇主品牌与企业社会责任[M]. 北京：中国劳动社会保障出版社，2011.
21.《中国建筑：品牌引领型社会责任管理》编写组. 中国建筑：品牌引领型社会责任管理[M]. 北京：经济管理出版社，2020.
22. 冯梅，魏钧. 企业社会责任概论[M]. 北京：经济科学出版社，2017.
23. 刘凤军，李辉. 品牌态度的多维内化——企业社会责任视角[M]. 北京：人民出版社，2017.
24. 唐嘉仪. 新媒体传播十问[M]. 北京：人民日报出版社，2017.
25. 刘雪梅，王沪生. 新媒体传播[M]. 广州：暨南出版社，2018.
26. 舒咏平. 新媒体广告传播[M]. 上海：上海交通大学出版社，2017.
27. 陶应虎，顾晓燕. 公共关系原理与实务[M]. 北京：清华大学出版社，2015.
28. 李国威. 品牌公关实战手册[M]. 北京：中信出版社，2020.
29. 朱星雨. 企业形象设计[M]. 北京：清华大学出版社，2015.
30. 郭玉良. CIS 品牌策划与设计[M]. 北京：中国电力出版社，2020.
31. 薛可. 新媒体：传播新格局拓展[M]. 上海：上海交通大学出版社，2017.